宁波名胜
文史摭拾

王国宝 著

宁波出版社
NINGBO PUBLISHING HOUSE

图书在版编目（CIP）数据

宁波名胜文史摭拾 / 王国宝著. —— 宁波：宁波出版社，2022.4

ISBN 978-7-5526-4521-7

Ⅰ.①宁… Ⅱ.①王… Ⅲ.①散文集-中国-当代 Ⅳ.①I267

中国版本图书馆CIP数据核字（2022）第034779号

宁波名胜文史摭拾
NINGBO MINGSHENG WENSHI ZHISHI　　王国宝　著

责任编辑	孙秀秀
责任校对	朱璐艳
装帧设计	金字斋
出版发行	宁波出版社
地址邮编	宁波市甬江大道1号宁波书城8号楼6楼　315040
印　　刷	宁波白云印刷有限公司
开　　本	710mm×1000mm　1/16
印　　张	24.5
字　　数	330千
版　　次	2022年4月第1版
印　　次	2022年4月第1次印刷
标准书号	ISBN 978-7-5526-4521-7
定　　价	98.00元

如发现缺页或倒装，影响阅读，请与承印厂联系调换，电话：0574-83875165

前言

嘉名胜概，好运宁波

泱泱古国，悠悠华夏，遣事运典，左右逢源。

宁波是一座拥有8000年人类活动史、2500年港口发展史、1200年中心城市建设史的国家历史文化名城。在两宋320年间，留存了不少物质与非物质文化遗产，涌现出大量文化人才，尤其是宋明以后，更是学派林立，文化繁荣，成一方胜概。"海定则波宁"，宁波不仅是中国大运河南端主要出海口，也是古代"海上丝绸之路"重要始发港之一。

半城拥河，半城倚海，绵长的京杭大运河亘古通今，迤逦穿城，汇入浩渺的东海，使宁波交通便捷，物阜民丰，如月之恒，如日之升。得天独厚的地理条件成就了重要对外贸易口岸的"东方商埠"，造就了如今隽永优美的"时尚水都"。

岁月积淀、历久弥珍的文化遗存，港城气韵、海派风情的街衢巷陌，人安财赡、本固邦宁的市井百态，精明低调、内发外成的黎民百姓，"石骨铁硬"又吴侬软语的民俗方言，无不尽显宁波深厚的历史底蕴和独特的人文魅力，使宁波走向世界，使世界了解宁波。宁波因此而美丽，世界更因此而精彩。

余自20世纪80年代初落脚宁波，皆因生性好奇，诸事喜求未知，故每得余暇，必"按图索骥"，遍寻城内郭

外、大街小巷，观遗存新象，领世事沧桑，心随神追数十年而不辍。凡一日内可往返者，皆单骑以探。时而疾驶，时而缓行，乐且悠哉，倦游以归。

熟谙之地，无论是世代引以为傲的"走遍天下，勿如宁波江厦"之江厦街，还是东渡路、大世界、天封塔、城隍庙、药行街、开明街、东门口、三江口、鼓楼、月湖、甬东天后宫、老外滩，无一不是宫馆玲珑、楼宇星布、津梁密织、金碧交辉。何等繁华，何等富庶。不入其门，何窥其奥？每每游及，赏心悦目，兴不可遏，达意畅神。

稍远者，天童寺、阿育王寺、东钱湖、招宝山、雪窦寺、蒋氏故里、保国寺、慈城等，力所能勉；更远者如余姚、慈溪、象山、北仑等地，时虽捉襟短资，尚能倾囊以往，抑或伺机而动。山水动人，江湖有情，或群或游，自适其适。

宁波名人荟萃，风物万千，逢时遇景，各有所宜，习为故常，故为我所喜、所慕、所重，陆路末梢已然蜕变为陆海交通枢纽。此中深意，晓人具详；此中之乐，适为人道。然不足为外人道者，乃此岸不驻，彼岸欲留，割彼凑此，胡成胡久也。深谷中虽有绝景，飞瀑下则有深潭，终是纵横满纸，仍道阻且长，应了古人"行路难，不在水，不在山，只在人情反复间"之断言。

本书乃余思穷力竭而作，欲从史料性、可读性、延展性等角度，盘点、展示、介绍宁波之自然环境、名胜古迹、人文景观；以图文并茂之形式，或与客同吟，或独自浩歌，吟咏千年韵事，唱和宁波声音。亦为贻友朋，问近好，为此滋滋昼夜，忻忻不怠，心有所寄，亲而意远，至今未曾谢幕。

奈何，宁波自然风貌之多姿多彩，人文世态之源远流长、博大精深处，远非一己之力所能及。且心虽无妄想，足亦有妄走，亦难免疏忽误植。又因所选取之部分，只以管窥蛙见之识，虽难以反映宁波全貌，但并不影响其固有之悠久、安宁与美丽。

唱读讲传，美丽宁波端由；观诵思听，发现甬城绮丽。饶有趣味，宁波是座不囿过往之城。好景有期，感受宁波之诗和远方。

嘉名胜概，向阳花木；好运宁波，向你招手！

目录

鼓　　楼	唯一见证宁波建城历史的遗存	003
三江口	宁波历史文化名城的亮丽名片	012
中山路与中山公园	社会记忆和城市历史文化的载体	021
天宁寺西塔	中国古塔的瑰宝	036
天一阁·月湖景区	书藏古今，湖揽天地	045
湖心寺与月湖桥	风月逢知己，湖山得主人	062
贺秘监祠·居士林·关帝庙	柳汀现存儒释道祠庙	069
竹　　洲	浙东历史上的名人与学术重地	079
银台第	帝师童华的故居	093
县学街	一条兴学之街	100
城隍庙	人间福地，天下福祉	109
天封塔	先于宁波设州建城	118
药皇殿与药行街	世代中医药人的精神领地	127
延庆观宗讲寺	四明古刹名寺	138
天后宫	寄托着立德、行善、大爱的妈祖文化	146
灵应庙	城市中心的神秘古庙	157

董孝子庙	孝子传说感天动地	167
南塘老街	宁波人记忆深处的街市	174
七塔禅寺	城区唯一保存完整的大规模佛寺	183
外　滩	中西多元文化在此交融碰撞	192
善　园	近代宁波帮义商严康懋的道义良知	202
梁祝庙	一段远古的爱情绝唱	213
走马塘村	中国进士第一村	219
东钱湖	浙江省第一大淡水湖	227
天童寺·阿育王寺	卓然于世，蜚声海内外	237
它山堰	中国古代四大水利工程之一	246
章水镇	四明山中奇特秀美的古村落	255
慈　城	江南第一古城	264

郑氏十七房　国内现存最大的明清古建筑群之一　277

招宝山　一夫当关，万夫莫开　285

北　仑　山川秀美、人文荟萃的万物之海　293

奉化溪口　弥勒道场，民国名镇，蒋氏故里　301

前童古镇　江南不凡古镇的原版　311

余　姚　东南最名邑　319

河姆渡遗址　宁波文化的重要符号　327

上林湖越窑遗址　最神秘高贵的文化符号　336

虞洽卿故居　先生之风，山高水长　345

鸣鹤古镇　鹤鸣于九皋，声闻于野　357

象山渔港古城·石浦　美丽的中国渔村　365

主要参考书目　375

后　记　383

风月逢知己,湖山得主人。

司马光 《寄题钱君倚明州重修众乐亭》

鼓 楼

唯一见证宁波建城历史的遗存

见证了宁波建城历史的鼓楼,其原址、形迹、旧观,迄今已逾1200年。

鼓楼又名海曙楼,是唐明州子城的南城门。现公园路一带,则为明州子城所在地,唐宋元明清衙署俱设于此,乃历代宁波政治中心,在宁波城市发展史上具有举足轻重的地位。鼓楼既是这一带主轴线交点,也是宁波历史上正式置州治、立城市的标志。

古人称鼓楼"海气横空,曙色渐吐,当此之时,万象毕聚",老一辈宁波人则惯用老话"天封塔,鼓楼沿,东南西北通走遍"谓其通达高旷,文人赞曰:举头日近,意状深远,有远古凌霄之姿,何肯为人耳目近玩。

位于宁波历史文化名城核心区域的鼓楼,际海晏河清之会,所处位置不俗,乃境内名胜之地。所在区域商务高度集聚,周边交通极为便捷,过往人流与车辆穿梭不息。这里因其拥有深厚的历史底蕴与浓重的文化气息,迄今仍为宁波最繁华的地段和最热闹的区域之一。

⊙ 昔日的鼓楼(水银提供)

鼓楼面南,是昔日明州子城的南城门,一千多年来从未移位,是地地道道的原址、旧观。鼓楼门前,乃"浙东第一街"中山路。鼓楼的北边尽头,则是著名的中山公园。其周边道路,有公园路、镇明路、北大路(今解放北路)、县前街、苍水街、呼童街、孝闻街等。

穿过鼓楼的城门往北,即鼓楼步行街,置身其中,宛若游走历史文化曲廊。街中心有戏台,飞阁流丹;两旁商铺,则画阁朱楼;上有天桥横陈,曲廊回护;建筑鳞次栉比,商品琳琅满目。居间可自润,亦方便逛游。

鼓楼地处鼓楼公园路历史文化街区,这里五色交辉,八音合奏。映入眼帘者,有阔别已久之技艺与民间老底子百态。行人虽处冗沓,然登楼不乱,越桥不杂;吃客轻身而入,饱腹而出;买卖者温存有情,和善可亲。悠悠童趣,让生活更有滋味;唇齿留香,百姓幸福指数攀升。文人至此,遍地都是斯文;游人往来,直呼七分人挤、三分景迷。

与此交会的秀水街历史文化街区,则是宁波老城内保存最为完好的历史文化街区之一,有"地近文魁连秀水"之美誉,也曾是商贾豪门青睐的风水宝地,至今留存数量众多的古建筑;附近的伏跗室永寿街历史文化街区,现存名人故居众多,自宋元时起,贵胄、望族多置宅邸于此,遂成甬上仕族府第集中区域。

鼓楼范围内,东西两侧原有永丰库、急递总铺、杨刺史祠、邱刺史祠等。永丰库,一座元代大型衙署仓储,现已在原址建成遗址公园,而其前身则是南宋常平仓。遗址以两处单体建筑基址为核心,并有与之相关的砖砌甬道、庭院、排水明沟、水井、河道等众多遗迹。急递总铺曾设铺司兵,负责投递公文,时可东至城东铺1.5公里,西至新塘铺1.5公里,南至洞桥铺5公里,北至郡厉坛2.5公里。

气势雄伟、四面开敞的鼓楼,多筑为古时城门之上方,多放置巨鼓,用作防御、瞭望之高楼,又称谯楼。明代沈一贯《海曙楼记》谓:"门上为楼以望,曰谯。"是故,昔日谯楼之上多设更鼓,下通官衢,卫城镇捍,亦壮威仪,遂成一郡伟观。

鼓乃群音之首,远古时被尊为通天神器,既作祭祀器具,亦用于狩猎征战,俗可敲打欢庆,雅则上宫廷、入庙堂。而鼓楼之鼓,大多用于装饰或报时,亦作火灾报警等用。"谤有木,谏有鼓,善有旌",鼓者,也是古代统治者了解民情、体察民隐、颂誉善类的几种方式之一。

现今的宁波鼓楼,占地面积900多平方米,城高8米余,门道深16米,门宽约5米,为拱形石构建筑。东北依城墙设踏道,可拾级而登。楼五开间,三层檐歇山顶,高22米余,在古人看来,其高度云到成团,星临可摘。有别于其他城市鼓楼的是,宁波鼓楼在楼顶正中位置,矗立的竟然是一座6米多高的西式钟楼,至此高约28米。钟鼓云乎哉?有说是古今交融,有道是中西合璧,亦有人云甚奇且新。而在大多数宁波人的心目中,观人间万象、容世事万千的鼓楼,华丽奔放,雅洁谨严,是城市历史与现代并存的守护者、见证者和缔造者。

鼓楼在不同时期有不同名称,"鼓楼"是俗称。其始建于唐长庆元年(821),与宁波建州城的时间一致,为宁波市唯一现有的古城楼遗址。1981年12月被公布为宁波市重点文物保护单位,2011年被公布为第六

⊙ 鼓楼步行街鸟瞰

批浙江省省级文物保护单位。

《宁波市志》载：海曙楼，俗称"鼓楼"，在海曙区公园路南隅。原为唐长庆元年（821）唐明州刺史韩察所建子城南城门。到了唐末，宁波建罗城（外城），而以原明州城为子城。现如今，唯子城之南城门鼓楼岿然独存，而罗城已荡然无余，只剩城墙条石、城墙砖以及城基和遗址流淌着岁月记忆。

鼓楼在五代，置明州望海军，故称"望海军门（楼）"，时为后梁开平三年（909）。到了宋代，改名"奉国军门（楼）"，以藏节度使节钺。后为谯楼，置刻漏。乾道《四明图经》载："子城，周回四百二十丈，环以水。丽谯揭奉国军之额，太守潘良贵书。……奉国军楼中有刻漏，皇朝庆历年（1041~1048）太守王周重修，是时，王文公安石为鄞宰，尝铭之。其后岁久，差舛不可信。绍兴辛巳（1161），太守韩公仲通访得吴人祝岷，考古制，冶铜为莲漏，至今用之，有记刻于石，签判许克昌文也"。传宋康王赵构曾在此避难。

到了元初，鼓楼遭毁，至治元年（1321）重建，名"明远楼"。嘉靖《宁波府志》载："明远楼，即子城楼，亦名'谯楼'，匾曰'明远'。"元末，方国珍起义，鼓楼被焚毁。

明宣德九年（1434），太守黄永鼎在唐宋旧址上重建鼓楼，前额题"四明伟观"，背额题"声闻于天"。万历十三年（1585），太守蔡贵易又重修，因取唐代杜审言《和晋陵陆丞早春游望》诗中"云霞出海曙"句，改名为"海曙楼"，云映日而成霞，惜后迭纪兴。

清代《四明谈助》卷十亦载："海曙楼，万历十三年乙酉（1585），谯楼毁，守蔡贵易重建，名曰'海曙楼'。沈文恭公一贯[1]为记，董文学大晟为赋。国朝康熙丙午（1666），守崔维[2]雅重修，待御胡文学[3]有记。康熙丙

---

[1] 沈一贯，"布衣诗人"沈明臣的侄子，明万历朝首辅。

[2] 一作崔惟。

[3] 胡文学为鄞县院士。

寅（1686），邑令汪源泽重修，大司寇张士甄[1]为记。文俱载《闻志》。俗称'鼓楼'。乾隆壬寅（1782）毁，今复新建。"后人称：一贯之记碧石堪镌，大晟之赋好句欲仙。

清顺治、康熙、雍正、乾隆、嘉庆、道光、咸丰、同治年间，屡次修城。到清乾隆四十七年（1782），除了董大晟之赋碑尚存，余均毁。现存建筑乃清咸丰五年（1855）巡道段光清督建。此后虽有修缮利用，但基本架构没有改变。

中华民国六年（1917），宁波警察厅悬警钟于三楼明间，以报火警。民国十九年（1930）增建瞭望台，置警钟台于其上，并置大时钟，让全城人得晓时之早晚，成中西合璧之独特建筑。

民国十六年（1927）开始拆城，至民国二十年（1931），城内只留下鼓楼与庆云楼。庆云楼乃罗城之钟楼，位于宁波城西南角城墙上，建造于

---

[1] 张士甄以文学及书法见长。

⊙ 曾与鼓楼呼应而建的庆云楼（王之祥摄）

⊙ 鼓楼文物保护单位标志牌

明崇祯十四年（1641），与鼓楼遥相呼应，高三层，形八角，俗称"八角楼"，1956年遭强台风损毁严重，两年后被拆除。

时至1989年，政府拨款大修鼓楼，书法大师沙孟海题"四明伟观"匾，民众对鼓楼赞誉颇高，如此数道合一、汇集大成，鼓楼遂成宁波城市形象之记忆符号。

有关鼓楼诗词歌赋多所创见，见工者不计其数，前文所提北宋庆历间明州太守王周重修刻漏，时，王安石任职于鄞县，曾为之作《明州新刻漏铭》，铭文为：

> 戊子王公，始治于明。丁亥孟冬，刻漏具成。追谓属人，嗟汝予铭。自古在昔，挈壶有职。匪器则弊，人亡政息。其政谓何，弗棘弗迟。君子小人，兴息维时。东方未明，自公召之。彼宁不勤，得罪于时。厥荒懈废，乃政之疵。呜呼有州，谨哉维兹。兹惟其中，俾我后思。

其中，戊子是指1048年；丁亥，则是1047年；王公，即王周；挈壶，为官名，自唐至清皆有"挈壶正"官职。

刻漏是中国古代的时间计量工具,历代王朝都十分重视刻漏的制作与使用,它代表着有关时间衡量与管理等的能力及有效性。王安石表面是在为刻漏作铭,而实际上却隐含着革弊维新的自任与决心。

太守新成海曙楼,风光胜绝古明州。八窗晓射扶桑日,五夜晴披析木流。

戌鼓沉沉催万户,漏声点点滴千秋。丹山赤水高深处,惟有甘棠咏蔡侯。

这是明代沈明臣在《海曙楼》诗中所描绘的刻漏之声。

沈明臣(1518~1596),字嘉则,号句章山人,鄞县栎社人,与王叔承、王稚登并称为明万历年间三大"布衣诗人"。平生作诗七千余首,明代著名文学家、戏曲家,门生屠隆曾为其作传。

写景咏怀乃文人惯例,同样写海曙楼,清末李国磐的《海曙楼赋》比明代沈一贯的《海曙楼记》、清代胡文学的《重建海曙楼记》,更容易解读。李国磐所作《海曙楼赋并序》,文采风流,字字精工,句句纯熟,篇终结句,

⊙ 鼓 楼

⊙ 鼓楼步行街

极有趣味,虽观旧作,如阅新篇。李国磐是鄞县人,曾译日文版《西洋历史》四卷,亦曾参与编撰中华民国《鄞县通志》。时其笔下鼓楼,虽荒废日久,千载下犹能稽其往事,发掘幽情,非好为揄扬,识不忘耳。是谓才子举笔,笔酣墨饱,笔机飞舞,墨势淋漓。其文曰:

  吾郡府治西南,有楼名曰"海曙",凡九间,跨衢甃石,空洞其下,以通行人。楼之东,昔有旗纛,将军祠附焉。是楼也,反宇业业,飞檐辚辚,置铜漏更鼓于其上,以资守望,甚壮观也。夫楼之雄壮诚无足幸,所幸者数百年间屡遭兵燹,再经回禄,今贤宰执,尚能复其旧观,俾斯楼之故址,昭示来世,此则有心人所乐为称道者也。

又曰:

  且以吾郡之形胜,实称道而未遑。左抗吴会青徐,日域不宾之国;右驰闽瓯交广,月窟无底之疆。而斯楼乃适建其中;前则天封之塔,直矗于彼苍;后则泮宫之芹,采掇而芬芳;左则灵江之水,浩浩兮汤汤;右则天一之阁,屹屹兮堂堂。俯视邻近,则市廛端直,薨宇精良。复庙重屋,八达九房。重客馆垣之地,万家灯火之旁。庠序党塾,弦诵幽扬。豪家巨族,车盖辉煌。及观其远,神山峨峨,清渊洋洋。挹金峨之爽气,接瀚海之遐方。百雉壮迴环之势,两湖耀日月之光。蛟宫蜃室,隐而复彰。鸡园鹿苑,窈然深藏。

其末最为精良:

凡是邦之士农工贾,或涵泳于典籍,或整理其镃基,或登场而切子来之愿,或入市而廛贸易之思。皞皞乎,熙熙乎,莫不于斯时而各执其宜。客乃恍然悟曰:此即所谓海曙之气象也。吾乃于今而知之矣。

感知阅读快感,穿梭时空隧道,复出那城墙上的拱形门,循踏道登楼,极目眺望,处处皆高楼。社会发展太快,已然没有清代孙家毂《登海曙楼远眺》之景。也罢,古代多兵火,鼓楼屡遭殃,温故而知新,没有战鼓的时代,最好。

徜徉在鼓楼的浮雕、墙画、商铺与人流之间,让人不得不感叹,能让大众褒扬和记住的,依然是那些不断重复的东西,其万载如斯,生生不息,最后变成有规则的进步与和平的阶梯。

然乎?确也。历经1200年沧桑,与宁波建城同根共祖的鼓楼,已成久远岁月的铺垫。昔日的衙署中心,为营造深厚的历史文化氛围、增添人文气息,已建成集休闲旅游、文化娱乐、美食购物等于一体的文化赏游基地。在此若能遇上善于哲思之人,可与其坐言而起行,或把酒临风,宠辱偕忘去。

三江口

宁波历史文化名城的亮丽名片

繁华千年的宁波城市,因三江汇聚而生,而兴,而名。

宁波三江,是指宁波境内的三条主要江流,即余姚江、奉化江、甬江。三江口,则是指这三条江的汇合处。三江汇聚后,流入东海。

宁波城市是伴随着三江的水流发展起来的,宁波三江口则见证了千年宁波的沧桑历史,同时也承载着宁波人的乡愁与往事,尤其在老一辈宁波人的记忆中,宁波三江口是最繁华的地段,是城市的中心,是梦里的印记。

作为宁波城内最早的港埠,海运与漕运的咽喉,三江口亦为兵家必争之地,所谓"浙东有难,必先于鄞"是也。而作为大运河连接海上丝绸之路的连接点,三江口自古以来始终是宁波对外开放的优良港口。特别是唐朝时期,"海外杂国,贾船交至",宁波与扬州、广州一起并称为中国对外开埠的三大港口;宋代,宁波又与广州、泉州并列为当时三大主要贸易港;清末,宁波被定为"五口通商"口岸之一。自宋代浙东运河全线贯通后,到达宁波的内河航船,一般从三江口换乘海船经甬江出海;同样,东来的海船在宁波三江口驻泊后,改乘内河船经浙东运河至杭州,与大运河对接。

如今的宁波三江口,已成中国大运河实现"河海联运"的黄金之枢,并在大运河的最南端以"海上丝绸之路起点"之名,承古接今,把中国与

⊙ 昔日的三江口局部（水银提供）

世界联结在一起。如今三江汇聚处旁所立的"大运河出海口与海上丝绸之路启航地交汇处"石碑，即最强印记。铭记历史，悉可稽考。

　　远古时代的宁波三江口，却是另外一番景象。那时这一带还比较荒凉，尚未成栖息之地，亦没有城墙。东晋隆安三年（399），孙恩率部自海道南下浙东沿海，入大浃口[1]，溯甬江而上，攻下句章。晋帝令刘牢之等伐之。隆安四年（400），刘牢之在三江口一带筑城墙阻之，孙恩受挫，领20万军撤往舟山群岛。刘牢之命刘裕守城。孙恩再犯，围城数十日，刘

---

[1] 今镇海入海口。

⊙ 今已改建成江厦公园的滨江路（王之祥摄）

牢之率大军援之,孙恩始退海上。隆安五年(401),宁波老城区西边筑起了我国古代东部与港口有关的最早城墙——筱墙,黄南山的《三江亭赋序》记有"刘牢之讨孙恩来句章,营于三江口,后人称其遗垒曰'筱墙'"。筱墙巷之巷名,今犹存。

据三江口一带考古出土的文物和相关文献记载,从东汉晚期开始,随着农业生产与贸易的发展,三江口区域的人口不断增加,区域经济日趋繁荣。《后汉书·东夷传》载称:"会稽海外有东鳀人,分为二十余国。又有夷洲及澶洲[1]。传言秦始皇遣方士徐福将童男童女数千人入海,求蓬莱神仙,不得,徐福畏诛,不敢还,遂止此洲,世世相承,有数万家。人民时至会稽市。"

另据专家介绍,筱墙的修建,标志着早期城市的加速成型。有资料表

---

[1] 澶洲,日本海岛,亦有说法称其为朝鲜济州岛等。

明,三江口一带在约150年的时间里水文特征几乎没有变化,在近2500年内变化也不大,属于相对稳定的风水宝地。且早在东晋时期,三江口一带海路北可达渤海湾,南可及台湾、海南岛、交趾[1]等地;漕运则通过渠水,直抵当时的郡治[2],并可顺钱塘江直达京都[3],宁波早期越窑青瓷出土于南京即为例证,三江口作为江海运输的交接处和发力点,具有很大的发展潜力。时,三江口已具港市雏形,并逐渐发展成为海内外商贸的中心地带,其市井百态和商品交易等在《宁波考古概略》里均有详载,其作为商品集散中心,发展潜力开始逐渐释放。

东晋发端后,历经南北朝、隋朝,尤其在唐朝建立之后,明州各方面都有了长足发展。据有关史料记载和专家介绍,隋开皇九年(589),句章、鄞、鄮、余姚四县合并而立句章。唐武德四年(621),改句章立鄞州,武德八年(625),再改鄞州立鄮县,开元二十六年(738),于鄮县基础上设立的明州及其附郭鄮县,初治于三江口一带。

特别是唐长庆元年(821)前后,三江口一带除了修筑明州城池,还有僧伽塔、灵应庙、开元宫、开元寺、太平兴庆寺、天庆观、纯孝庙、吴刺史庙、至圣文宣王庙等寺庙宫观,官吏、商贾、僧人、船夫、旅客等往来如织,熙熙攘攘。无论是城外的水利兴修,还是城内的基础设施建设,以及制瓷、纺织、造船等手工业和海内外各类贸易等的发展,都为明州港地位的确立,奠定了良好的基础。

---

[1] 今越南。
[2] 今绍兴。
[3] 今南京。

⊙ 昔日的新江桥(王之祥摄)

⊙ 三江口

古人特别注重风水,基于明州依山傍水、濒江带海、江河交织如网、水系四通八达以及容易引发水患等的考量,时明州刺史韩察选择三江口之西北隅营建官署,构筑城池,即明州建城时,以三面环水为吉;而城墙所围之处,则为明州子城,今鼓楼即昔明州子城南城门。经考古发掘,与《宋书》所载吻合。

唐乾宁五年(898),明州刺史黄晟兴工构筑罗城(外城)。据宝庆《四明志》载:"罗城周回长二千五百二十七丈许,计一十八里。奉化江自南来限其东,慈溪江自西来限其北,西与南皆它山之水环之,唐末刺史黄晟所筑。"黄晟墓碑亦云:"此郡先无罗城,郭民若野居。晟筑金汤壮其海峤,绝外寇窥觎之患,保一州生聚之安。"至此,明州城巍然立于世,城墙高垒,城楼高耸,吊桥高挂,闸楼高峙,本固而邦宁。其护城河之碧水,亦汇成江河伟观。

三江水流来历,分明清晰,一发于东四明,一发于西四明,俱数百里,汇于城下,出大浃江趋海。奉化江发源于四明山麓的秀水尖,出县之惠

政桥下,与诸溪水汇而南来,亘府城之南,然后与慈溪江[1]汇而入海,随潮上下。而慈溪江发源于上虞境内的四明山,至丈亭而分:一贯邑中,一环邑前,二江皆东来,至西渡复合,亘府城之北,入于海。

随着古城的修建与扩建,到了宋代,明州城的面貌焕然一新,无论是城门规制、衙署设施,还是街巷、桥梁及其他建筑的设置布局,都凸显出江南古城的独特风貌,并随着明州港与广州港、泉州港并列为我国三大主要贸易港,明州市舶司(务)地位显著。市舶司(务),即旧时管理中外互市船舶的机构。当时三江口附近的东渡门至灵桥门一带的岸上,建有专门为舶商验货入城服务的市舶务和市舶库,其标志性建筑即"来远亭"[2],还有用来专门收税的"环富亭"。

现位于江厦街与东渡路三角地段的天妃宫遗址,原建于宋绍兴三年(1133),另有一说法是绍熙二年(1191),用以供奉航海保护神妈祖,今立有"宋·天妃宫遗址碑",可见宋时三江口经济文化更加繁荣,明州城由发端走向鼎盛。

三江口有三江亭,在郡城东门之北。北宋天禧年间,郡守李夷庚曾居住于此。绍兴年间,郡守潘良贵重建。潘良贵乃浙江金华人,北宋政和年间进士,官至中书舍人、户部侍郎,曾任明州知府。他在《三江亭记》中有云:

> 四明在浙东,最为濒海,宜有瑰奇伟特之观,快登临者之心目。予到官二百余日,所向狭陋,殆未之见。一日,送客之东门。循城而行,大江横其前,群山拱其外,岛屿出没,云烟有无,浪舶风帆,来自天际。又州

---

[1] 即今姚江。
[2] 来远亭,即外国舶商办理签证等的处所。

之井屋,左顾右盼,尽在目中。予欣然曰:"噫嘻!此明州之绝景也。"于是作亭其上,以为郡人游观之所。……江之东,旧有亭,名"三江"。更兵火坏,不复存。此亭之成,人谓尽谓三江之胜,因取其名而榜之;亦从父老之愿也!绍兴十五年(1145)正月二十八日谨记。

著名史学家、文学家全祖望在《鲒埼亭集·外编》中也有《重修三江亭记》,其中有"三江之口,旧有亭焉。宋建炎兵火之后,无复存者。绍兴中,集英潘公良贵别建之。自为之记,又为之诗。谓其尽得三江之胜"之句。郡守潘良贵的《三江亭》诗,遣事运典,信手拈来,可当文读:

　　假守衰颓病日侵,湖山虽好倦追寻。
　　登城忽睹三江水,快我生平万里心。
　　聊筑小亭怡父老,敢承佳句粲珠金。
　　春涛正待诸君赏,更拂诗牌看醉吟。

宋代陈栖筠《和潘良贵题明州三江亭韵》，也写得十分精彩。

红尘一点不相侵，下瞰澄江几万寻。
地接海潮分鼎足，檐飞凤翼峙天心。
三山有路云收幕，午夜无风月涌金。
欲识龚黄报新政，满城争唱使君吟。

昔日三江沿岸的来安门、甬江楼、来远亭、天后宫、晁公祠、环富亭、扬司舶江楼、张玉田卜肆、江下寺、桃花渡、船场、超然亭、战船厂、江心寺等诸多胜迹，未能永存。

今三江口立有"日本道元禅师入宋纪念碑"。道元禅师是日本佛教曹洞宗的创始人，也是日本佛教史上最富哲理的思想家。其曾从日本来到天童寺学习，精益求精。

《四明谈助》谓三江口："凡番舶商舟停泊，俱在来远亭至三江口一带，帆樯蠹竖，樯端各立凤鸟，青红相间，有时夜燃樯灯。每遇阁广船初

⊙ 三江口鸟瞰

⊙ 东门口

到或初开,邻舟各鸣钲迎送。番货海错,俱聚于此",而三江口所在地东门口,则是四海之船、五方之贾云集之地,人流、物流、资金流、信息流俱汇于此,可谓"通古今、聚精华"。虽为弹丸之地,却历尽沧桑,浓缩为一部古代繁华史。

鸦片战争以后,宁波被定为"五口通商"口岸之一。三江口沿岸成为最早的老外滩,曾是英、法、美等国外来人士居留区域,历史上也称为外滩。从1923年到1931年,宁波城展开了拆除城墙运动,三江亭等遗址也随之拆除,让人想到了渔民们网箱中养着的鱼。物且如此,人何以堪?片时冲动,时人闹场,成一段伤情史,留下永久的痛。

让城市建设更亲民,是所有人的愿望。如今的三江口不仅繁荣,而且时尚,这当然也离不开宁波人口中的"东门口",其地早已成宁波城市的标志与象征。遍布世界的宁波帮,驶向世界的宁波港,都从这里起步。

繁华千年的宁波三江口,早已模糊了古今中外的界限,传统与现代在这里交融共存,已然是宁波的一张亮丽名片,内发,外成。

中山路与中山公园

社会记忆和城市历史文化的载体

在中国的许多城市,都有中山路和中山公园,且大多处于中心繁华地段。

一、宁波中山路

宁波中山路,古老又年轻,其名与其他地区相同,景观却独特。从这里经过,犹如穿越时光隧道,唐、宋、元、明、清,从古看到今。

作为宁波政治、文化、经济的核心街区,中山路在宁波历史上曾享有"浙东第一街"美誉,来宁波而未走中山路,必定会被人说成没有真正到过宁波。

其实,在宁波人的心目中,中山路不仅仅是一条城市道路,更是一条蕴含了悠远历史和深厚内涵的文化大道。

史料记载孙中山先生曾两次来宁波。一次在辛亥革命前,乃清政府统治时期,孙先生秘密来甬联络革命同志;另一次则是在1916年应邀前来,时上海、杭州等地的《民国日报》都刊登了孙中山先生在宁波各界欢迎会上的演说词,内容相当精彩,孙先生说:

鄙人虽初到此地，然宁波为通商大埠，则当游历各洲时，已熟闻之矣。……

且凡吾国各埠，莫不有甬人事业，即欧洲各国，亦多甬商足迹，其能力之大，固可首屈一指者也。……

宁波风气之开，在各省之先，将来整顿有方，自可为各省之模范。以地位、人材（才），均具有此项资格也。

宁波人对于工业之经验，本非薄弱，而甬江有此良港，运输便利，不独可运销于国内沿海各埠，且可直接运输于外洋，若能悉心研究，力加扩充，则母地实业，既日臻发达，因之而甬人之营业于外者，自无不随母地而益形发展矣。……

故兄弟今日之所望于宁波者，以宁波既有此土地，有此资力，苟能亟疾经营，则即不难成为中国第二之上海，为中国自己经营模范之上海。是在诸君子勉为之耳！

⊙ 早期的中山路（水银提供）

孙先生所寄之厚望，现今早已实现。现在的中山路，已成为连通三江口核心区和东部新城、贯通东西的城市主轴，街边除了鳞次栉比的高楼大厦，还有众多的文物古迹。中山路的历史核心段，集中在海曙老城区西门口至东门口之间，此地早在西汉之时就有先民聚居，时虽"火耕水耨"，然则地久天长。

宁波在唐开元二十六年（738），析鄮县置明州。长庆元年（821），刺史韩察向浙江东道观察使薛戎提议移明州治，鄮县咸州治附郭，时城正门前马路即中山路前身。

⊙ 早期的中山路（水银提供）

据《宁波府志》考证，有关中山路最早的记载见于明永乐年间，时称"大街"。明朝，望京门[1]至东渡门[2]的这段路，则被称为鼓楼大街，沿街商铺林立。

至清雍正年间，大街以贯桥[3]为界，桥东称鼓楼东直街，桥西称鼓楼西直街。光绪《鄞县志》称鼓楼大街原条石路宽仅7米。中华民国十四

---

[1] 今中山路西门口一带。
[2] 今东门口一带。
[3] 今中山路和解放路交会处。

⊙ 今中山西路与望京路交叉口

年(1925),当局对千年古城墙进行为期数年的拆毁,并对鼓楼大街进行修整,其所需砖石大多来自所拆城墙,竣工后称东段为"东大路"、西段为"西大路"。民国二十三年(1934),东门口至开明街路段浇筑沥青路面。民国二十五年(1936),西大路之道前街[1]西段修建泥结碎石路面,宽约12.8米。民国三十五年(1946),为纪念孙中山先生,更名为中山路,即将东大路改称为中山东路,将西大路改称为中山西路。

  有关中山路的路面铺设,有考古资料记载:唐代时宁波城内大道,东西路面皆以砖砌为主。在天宁寺唐塔前大道遗址中,考古发现有以砖斜铺就之残路,在其西部则有以条砖斜砌路面之唐砖路,从剖面观察之微呈弧面,且东边有砖为其围护,向东延伸,依叠压状况判断,时城内主干道为

---

[1] 今公园路路口。

⊙ 开明街"勿忘国耻、励志图强"纪念碑

⊙ 元代庆元路永丰库遗址

砖砌大道,路宽不小于2.3米。在清理城西的路面时,则发现系方砖铺设。城中,以衙署各类建筑为主的中轴线西一段路面,留有用长方形薄砖相砌的六角形,内填泥土并夯实,上嵌鹅卵石,颇为讲究。

1957年,中山东路向东延伸100多米至江厦街。1959年,重新规划中山路宽至40米,后因全国兴起一股批判大马路、大广场之风,路宽缩窄为22米。"文革"前,宁波作为东海国防前线,出于战备考虑,建筑一般不高于三四层,时中山路上的东门口东福园饭店等,成沿街主要建筑。其间,中山路曾一度改名为"东方红大街"。"文革"结束后,复中山路名。改革开放以后,中山路迅速延长加宽。进入20世纪80年代,望京门外的西郊路被纳入中山西路,原江东区的大河路和东郊路被纳入中山东路。20世纪90年代后,中山路继续东延西扩。

为延续两侧历史文脉,中山路保留了大量的历史文化遗存,并且在沿街设置了"宁波民俗十二童谣""浙东学派""宁波汤圆""宁波商帮"等具有宁波地域文化的公共艺术雕塑,浓墨重彩地书写着这座城市历次蜕变后的标志。

随着轨道交通建设和东鼓道等设施的不断完善,传承千年、阅尽兴衰的中山路,为彰显未来荣耀,又焕发出新的活力。2016年起,为配合中山路综合整治工程,考古部门对西门口望京门北侧一段城墙基址进行考古挖掘,发现了汉唐时期聚落遗址,为研究战国中期至明州设立之前的宁波港城发展史提供了极为重要的考古实证,此举获评2019年度"浙江考古重要发现"。

历史上东西走向的中山路与南北走向的镇明路,为宁波城的两条中轴线,在始建于唐长庆元年(821)的鼓楼前交会,故中山路和镇明路沿线有诸多文物古迹。在中山西路,至今依然保留唐代的天宁寺西塔、元代的永丰库遗址、明代的范宅、清代的督学行署、民国大革命时期中共宁波地委旧址、近代的鼠疫纪念碑等大量历史遗存。而镇明路上,天一阁·月湖景区附近的高丽使馆、大方岳第、镇明岭庙、灵应庙、林宅等俱为陈迹,整

⊙ 范 宅

个景区内不同时代的文物古迹和人文故事不胜枚举。

明清时期的宁波主城区在海曙，行政中心亦在鼓楼区域。现存的宁波督学行署，位于鼓楼后侧，初创于清雍正九年（1731），时督学李清植、知府曹秉仁等先建考棚屋，至嘉庆年间（1796~1820）初具规模。当年督学行署规模较大，有毁有建，至1907年，因取消科考制度，督学行署才失去原始功能。据称当时为筹建新式学堂，官府曾将此建筑售卖，一度成为百姓住宅，现已收回并对外开放。

中山路附近的大革命时期中共宁波地委旧址纪念馆，原为启明女子中学所在地，陈列有大量珍贵照片，并附注说明，为我们展现了大革命时期中共宁波地方组织带领宁波人民奋起斗争和光荣献身的光辉历程。

位于开明街口的鼠疫场遗址纪念碑，则为控诉侵华日军那段令人发指的暴行而设。1940年10月27日下午2时20分，侵华日军飞机窜入宁波市区上空，在开明街和中山东路交接处一带的上空撒下大批染有鼠

疫杆菌的疫蚤、面粉和麦粒等物,两天后开明街以东、中山东路以南和太平巷以西、开明巷以北5000余平方米区域内暴发鼠疫。日军暴行令人发指,立此碑意在励志图强,勿忘国耻。

走在这条古老而年轻的道路上,感受宁波悠久深厚的历史文化,追索社会发展的脚步与过往,探究中山路上的文物古迹经历的那些起落沉浮和沧桑往事,叩问历史和未来,莫若来此,从中走过。而前方的路,永远是个开头。

二、宁波的中山公园

一个民族不能忘却自己的历史,一个强大的民族更不能忘却引导人民前进的先驱。伟大的革命先驱孙中山先生所提倡的"平等""自由""博爱""天下为公"和"中华民族和谐统一"等思想,惊天、动地、撼千古。先生姿态之高、修养之深,誉盛往时。无论是在风云变幻的动荡年代,还是在曲折发展的历史时期,其光辉形象不仅未被淡化,其理论思想反而愈发得到更多人的理解与赞颂,并覆盖不同社会制度和发展层次的国家与地区,他的名字更是成为中华民族的象征符号,极具民族内涵,举世瞩目。

不仅如此,以孙中山先生名字命名的中山公园,是世界上分布最广、数量最多的同名纪念性公园,也自然而然地成为社会记忆和城市历史文化的载体,成为人们表达民族主义的情感空间和精神家园,进而促进"孙中山文化"的传播和弘扬。

宁波中山公园,是"孙中山文化"传承的重要载体之一,她见证了宁波的历史变迁,承载着一个城市几代人的记忆,宁波人与中山公园有着说不完的故事、割舍不断的情结。

老城核心区域公园路一带,是宁波最早的衙署所在地。中山公园,为当时衙署的后花园,整个公园设计步移景易,意趣横生。公园紧挨千年古迹鼓楼,被公园路、永丰路、解放北路、苍水街、横河街、县前街等环绕拱

⊙ 昔日的中山公园内景（水银提供）　　⊙ 昔日的中山公园大门（水银提供）

抱，北侧因姚江经此而通灵吐瑞，附近有秀水街历史文化街区等。自古至今，这里始终是宁波政治、经济、文化中心，水、港、商文化在此交融汇聚。

中华民国时，为纪念孙中山先生逝世两周年，改建旧道署及后乐园等，工程于1927年动工，占地约4万平方米，费银11万余元，至1929年秋告成。新建有各式房屋21座、亭台4座、牌坊2座、走廊3处、桥梁5座及花圃、假山、河流、道路等设施，始辟为中山公园。

中国古建筑特别讲究中轴线，凡是贯穿中轴线的建筑，一般来说都是重要节点。位于公园最南端的门楼，即位于中轴线上，乃水泥结构的单拱凯旋门式建筑，高约10米，为公园标志。其前侧有陶立克式门柱，窗下有垂幔，上方的"中山公园"四字最早为甬上名流、清末会元何锡冕题写，惜已不存。

园内有总理遗嘱亭，内置勒石碑一方，碑高2米，宽0.9米，正面刻总理遗嘱，背面是中山公园碑记。该遗嘱碑碑文是孙中山于民国十四年（1925）所作，原文为：

余致力国民革命凡四十年,其目的在求中国之自由平等。积四十年之经验,深知欲达到此目的,必须唤起民众及联合世界上以平等待我之民族,共同奋斗。现在革命尚未成功,凡我同志,务须依照余所著《建国方略》《建国大纲》《三民主义》及《第一次全国代表大会宣言》,继续努力,以求贯彻。最近主张开国民会议及废除不平等条约,尤须于最短期间,促其实现。是所至嘱!

⊙ 中山公园总理遗嘱亭

今又读之,莫不感慨叹息。碑刻乃书法家沙孟海青年时期的手迹,"文革"初,遗嘱亭曾遭拆毁,幸石碑尚存,1980年被人发现,遂于1992年移至中轴线北端的九曲回廊中。

牌楼始建于清道光十七年(1837),牌坊上的对联"远瞩林园胜妙殊绝,越诸尘累身心了然"乃沙孟海的老师、清光绪年间举人张原炜[1]题写,

---

[1] 一称张元炜。

让人深感熨帖。

闲乐亭又称八角铁亭,后也被迁移至北首,其西侧濒水,临书楼、尊经阁等。尊经阁系附近府学孔庙移建[1]的原物。孔庙又称文庙、夫子庙,与关帝庙相对应。关于宁波府孔庙和鄞县孔庙,在《宁波府志》《鄞县通志》等均有记载,并附有建筑图。

中山公园内有薛楼。薛楼乃为纪念薛福成所建,是座二层洋房。薛福成于清光绪十三年(1887)任宁绍台道,次年被派出使英、法、意、比。其好读善思,又喜欢莳花弄草,故曾以独秀山为基础扩建花园,假地播殖,以娱朝夕。薛福成《后乐园记》记有:"因取宋贤范文正公先忧后乐之旨,名之曰后乐园。窃思古之君子,无时不忧,无时不乐。"其书味在胸,甘于陈酒。

近邻还有建于1928年的小楼,人称小花厅,原为宁波商会建筑的一部分,亦是早期宁波帮人士重要活动场所。

公园内的独秀山,是明弘治十一年(1498)宁波卫镇抚司镇抚张和所

---

[1] 原位于宁波市老体育馆内。

◎ 中山公园大门

⊙ 中山广场鸟瞰

建,其认为宁波因四明山而得名"明州",而城内无山,为打造自己心中的江山,故堆石为山,称独秀山,为宁波现存年代最早的园林假山。时广东布政司左参政刘洪所作《独秀山记》碑,至今依然刻在清凉洞口,所谓"山水助才思也"。

除独秀山外,公园内还有前山和后山两座土山,三山鼎立,一水环绕。另有来禽馆,螺髻亭,滴翠轩,送香亭,眠云、枕霞、偃月、卧虹等亭馆,在此赏景漫步,恬美惬意。

1998年初,中山公园与老的宁波市体育场合并,扩建改造成中山广场,融古典园林与现代广场于一体,别致的人文环境吸引更多的民众来此休闲游乐。

公园南面的鼓楼,始建于唐朝,是明州子城的南城门,是宁波城唯一留存的古城墙城门建筑,也是甬城重要的历史地标。与鼓楼相伴的督学行署等,史迹斑斓,风貌依旧。同是南向的公园路上,还有建于1954年的宁波市人民大会堂,其建筑采用传统的中轴线对称布局,门楼朝东,重檐歇山

顶,上有牛腿承托挑檐枋,枋前施彩绘图案,规模宏大,保存完整,新中国成立后的很长一段时期内,许多重大会议和活动,都在此举办。

公园东侧的张苍水故居,则是宁波市十大名人故居之一。张苍水(1620~1664),鄞县人,明末浙东抗清名将。张苍水也是浙东历史上一位彪炳千秋的人物,十六岁中秀才,二十三岁中举人,鲁王监国,赐进士出身,授翰林院编修,兼行人司事,进兵科给事中,曾在宁波城隍庙与六狂生举义抗清,其生前所写"生比鸿毛犹负国,死留碧血欲支天。忠贞自是孤臣事,敢望千秋青史传"之英雄斗争精神,永世长存。

与公园一街之隔的还有屠氏故居。屠氏被称为明代宁波四大家族之一,尚书街即因屠尚书在此建宅而得名。屠滽宅第旧称"屠天官第",《四明谈助》称其"款为在城第一"。据天一阁馆藏《甬上屠氏家谱》所记,屠滽是中国第一位获得诺贝尔生理学或医学奖的科学家屠呦呦的祖上。

尚书街还有诸多建于清代和民国时期的宅院民居,如在尚书街上的万氏别第,是万言之子万承勋于康熙年间所建,其建筑极具江南地区特色。万氏乃甬上望族,万言为浙东学派圣地白云庄主人万邦孚的玄孙、万斯同的侄子。岁月不留,韶华如驶,尚人之风,山高水长。

⊙ 张苍水故居

⊙ 景行牌坊

名胜古迹是一个国家、一个民族的悠久历史和灿烂文化的实物例证，公园则是城市的名片和窗口，是时代的写真和历史的映画，是城市环境中最具生命力的公共空间。在宁波中心城区200多座公园中，中山公园不仅以文化建园，且以文化传承与生态建设的良性互动，使之最具历史价值、文化价值和艺术价值，其独特的文化内涵吸引着无数来客。缘此之故，述往事、思故人、慕先贤，展示、解读中山公园的人文底蕴以及周边的历史风貌，有利于提高人们对历史遗存的价值认知。

天宁寺西塔

中国古塔的瑰宝

文起,缘于浙江省只剩下唯一的一座唐代砖塔,心壁忽地一阵颤抖,半前半后。

古塔是文明历史的载体之一,位于中山路上的唐代天宁寺西塔,是浙江省唯一的唐代砖塔。

今宁波中山路,好比北京之长安街,分为东、西两段,在中山西路段、鼓楼右侧、海曙中心小学旁,有座青灰色砖塔,是省内现存年代最久、国内仅存唐代

⊙ 旧时颓败的天宁寺西塔(王之祥摄)

寺前双塔实例的古塔,名为天宁寺西塔,乃中国古塔之瑰宝。

千百年来,天宁寺西塔以其尊崇与神秘,和诸多谜团背后的真相,折射出宁波这座古老又时尚的城市的演变与发展进程。现如今,人们的一次次经过,仿佛一次次拜见历史,在无意中了解了宁波的历史文化。

天宁寺西塔也称咸通塔,建成于唐咸通四年(863),另有一说为咸通三年(862)。天宁寺塔原为城内著名佛寺天宁寺前东、西双塔中的西塔,东塔已于清光绪三年(1877)塌圮,现存西塔按原貌修复,形制特殊,西塔系砖构,平面呈正方形,每边边长约3.2米,共五层,四边开有壶门。第一层较高,以上四层逐层收缩,每层用砖叠涩出檐,且出檐较远。塔内呈筒形,空洞式结构,穹隆顶。各层四壁均设龛,塔高约12米,壁厚约0.76米,占地面积为10.42平方米。塔身敦厚壮实,虽历经风雨剥蚀,但依然巍峨古朴,不失为一方胜景。

⊙ 昔日的西大路天宁寺前(王之祥摄)

⊙ 中山西路与天宁寺西塔

现塔基及周边已辟出一片较为开阔的塔园广场,古塔屹立其中,周边花木扶疏。近观古塔,认真端详,跨越千年的建筑奇迹重现于眼前。触摸远古,感受时空,有一种让人相安如旧又耳目一新的奇特感悟。

塔虽为常见建筑,但有其特定的形式与风格。在我国,自汉代起,佛塔一直居寺院中心位置。到了唐代,塔与寺的布局发生了变化,塔开始逐渐移居寺院的前后或左右,天宁寺西塔亦然。古代高层建筑极少,直入云霄者非塔莫属。天宁寺西塔并未完全超越世俗或隐身深山老林,而是英俊挺拔地走向民间大众,仪度雍容地留在寻常巷陌之中,并以高贵神圣的姿态陪伴着天宁寺,接受着无数信徒的朝拜与敬仰,直至演变为令人惊叹的古代文化遗产。

爬梳史料方志,叩问历史,天宁寺比天宁寺西塔早建十来年。据清康熙《鄞县志》记载:天宁禅寺,在惠政桥北。唐大中五年(851)建。始名国宁。政和元年(1111)敕改天宁万寿。建炎间毁于兵,复建。元至大二年(1309)毁于倭寇,重建。明洪武十五年(1382)定为天宁禅寺;正统六年(1441),重建藏殿;正统十年(1445),建千佛阁;成化元年(1465)建罗汉殿,作田字式,塑五百罗汉像。清嘉庆年间(1796~1820),日本入寇,割寺东地为演武场,迁罗汉殿于佛殿之后。

另有宋宝庆《四明志》记:天宁寺有铁塔,宋建隆年间(960~963)康宪钱公(亿)所建。又有深沙神。初在奉化岳林寺,继徙本寺之西廊,盖工人黄百艺极雕刻之巧而为之者。尝见现光明,雀鼠俱莫敢近。南宋建炎间毁于兵,而深沙神之屋岿然独存。瞻奉者愈加敬也。久毁。

清初,天宁寺遭大火,砖瓦堕废。康熙二十三年(1684)三月十二日巳时,火起桥外民居,延至街上。先毁寺前楼门,随及

⊙ 天宁寺文物保护单位标志碑

山门。其门与右经藏、左钟楼相距甚远。倏毁经藏,藏中之经有高扬至十数里外不损者。忽又毁钟楼及大钟,俄而殿鸱尾烟起,辄毁殿暨罗汉殿、斋楼、方丈无遗,亦火之最奇变者也。

清雍正《宁波府志》又云:康熙五十八年(1719),僧明文、徒实贵,先造钟楼,并铸钟。五十九年(1720)重建大殿、天王殿。次年建罗汉堂。嘉庆二十二年(1817),僧大晓修造大殿、罗汉堂,别建楼房数十间于殿右,至道光二年(1822)完工。

在漫长的岁月里,唐塔与宁波人民共同经历了战火洗礼、岁月冲刷和自然灾害等,但古人却始终能以坚韧品性与不懈努力,屡毁屡建,修身施事,其难度绝不止今之百倍,此际几微,非贤不达。1824年出生的鄞县籍藏书家张岱年所留《过天宁寺见唐时石幢八赋以志喜》诗,意蕴悠长,可从中一窥风韵。

独来古刹快游观,八柱依然耸佛坛。莲藏经文难尽释,李家年号尚深刊。

　　携将书尺铲苔迹,调得瓶泉洗志瘢。羞比少林金薤富,会当护惜筑回栏。

　　令人扼腕的是,寺院却于1955年左右被撤,归市消防队使用,其大殿、钟楼等建筑被拆除。好在消防单位乃扑灭火灾、排除险情、救助遇险人员的公益组织,与志存救济等理念相吻合。

　　到了20世纪90年代,经历了岁月的折叠,天宁寺前的东西双塔中,仅剩"抱残守缺"的西塔矢志不渝地屹立在这块神秘的土地上,诉说古代历史,揭示世间奥秘。

⊙ 天宁寺西塔

西塔之遗存实一不幸而众幸且甚也,为此再行考究更为接近现代的民国《鄞县通志》,其载:"天宁寺建于唐大中五年(851),原名国宁寺,寺前有二塔,左右分列,清光绪季年(1877)六月左塔崩,砖乃散于民间。今右塔尚存,市屋环列,不露于外,故人多不知之""咸通四年造此砖记",砖上有"文在左侧,外无匡线,四面无花纹"等。

1995年,中山路改造,文物部门对业已塌毁的东塔塔基进行抢救性考古发掘,证实东、西两塔相距约71米,且清光绪三年(1877)崩塌之后,不曾再建。发掘时还发现"咸通四年"砖,同时又发掘出一只民国时定制、书有"天宁禅寺"的茶碗盖。一个多月后,基本厘清了东塔塔基和相关遗迹的各类信息。

宁波文史资料第20辑载有《唐国宁寺东塔塔基考古》一文,介绍称:塔的最低部位,离今地面深3.36米,就唐代地面下挖一斗形大坑,发现其底部中间用不规整条石铺成回字形,然后填充洁净黄土,分层夯打严实。在挖大坑时,曾扰动唐代地面下的西晋和东汉文化堆积层。过去在西门口望京商场地下,也有汉代文物,说明早在唐明州州治迁此附近之前,城区内即有汉代居民点,此亦为了解古代文化增添了一扇窗口。

该土坑填至顶部,成中间高平、四周呈斜坡状的地坪,中间用砖筑成一回字形方塔,外侧边长各4.27米,残高1.6米,存砖46层。塔基呈须弥座形式,束腰部位每边有8个小壁龛,上有一层壁龛,没有地宫,体量较小,只用薄砖叠砌,所用嵌缝料皆黄黏土。在同一平面上,砖的内外行并不交错,但上下层则有错开,中间未用木棍支撑,工艺较为简单。在塔的内壁,还发现6块印有"咸通三年"的砖,说明始建年代还要早一年。时造好塔后,又在其四周铺散水,以利雨水流散。在北散水处,亦发现一块刻有"天复叁年十月九日特造此场盖是时价卖□片一十六文价足□"砖,表明铺散水稍晚。在塔的西部,还发现有三条南北向的砖砌路。至宋代,又多次铺砌散水,且在塔西侧以砖砌6.26米宽、1.54米长的斜踏道,并用石灰粉刷塔壁,最后涂上朱砂色,建筑手法简单,造型古老奇特,为之蒙上一层神秘色彩。

⊙ 天宁寺西塔局部

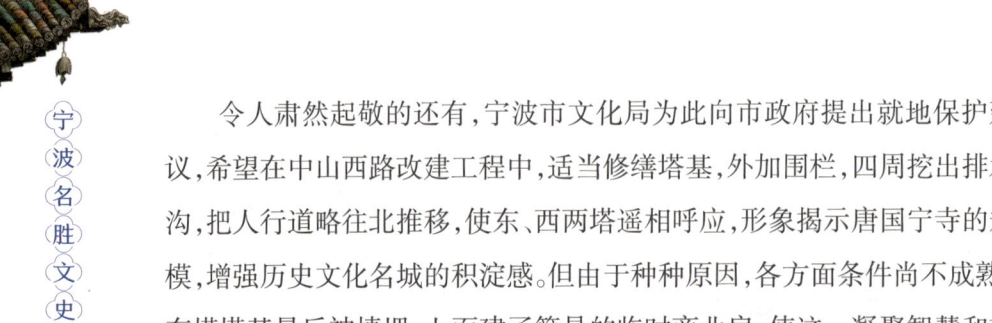

令人肃然起敬的还有，宁波市文化局为此向市政府提出就地保护建议，希望在中山西路改建工程中，适当修缮塔基，外加围栏，四周挖出排水沟，把人行道略往北推移，使东、西两塔遥相呼应，形象揭示唐国宁寺的规模，增强历史文化名城的积淀感。但由于种种原因，各方面条件尚不成熟，东塔塔基最后被填埋，上面建了简易的临时商业房，使这一凝聚智慧和艺术的东塔，暂存于地下。

同处鼓楼区域，比天宁禅寺晚建80多年的白衣讲寺，亦来历不凡。白衣讲寺位居鼓楼附近的孝闻街194号，为第一批宁波市市级文物保护点，其曾作为宁波扑克彩印厂库房。《四明谈助》载白衣讲寺：旧在今府治地。唐长兴元年（930）建。宋建隆年间（960~963），节度使钱亿廨宇，梁现白光，木纹有观音相，乃易其梁，刻成观音奉于寺，俗呼"白衣观音院"。政和年间（1111~1118），郡守周邦彦建青莲阁。建炎年间（1127~1130）殁，后重建。明洪武三年（1370）圮。其址改造本府廨宇，乃徙寺于今地。盖普宁、奉圣二尼寺废基也，定为"白衣讲寺"。宋治平元年（1064），白衣讲寺被皇帝赐"白衣广仁"额，几经兴废。现存大殿系清光绪十八年（1892）重建，民国时重修，为重檐歇山顶，木梁架保存较完整。

《宁波市志》载白衣寺："明洪武三年（1370）圮，其址改建府廨[1]，另拨府治西北普宁、奉圣两尼庵废址以建。迄清历经毁建。民国十三年（1924），僧安心头陀募银3万余元重修大殿、方丈殿、东西厢房等。今存天王殿、大殿及部分厢房，作他用。"此前的1918年，白衣讲寺住持安心头陀曾邀请圆瑛、太虚大师等，在寺内开设孤儿院，接纳孤儿200多名，影响深远。为人熟知的虚云、弘一等高僧大德，亦曾在此挂单驻锡，希望家增福祉、国皆和谐、民力无穷、合郡繁荣。其心也诚，其志也坚。

轻倚岁月，浅读流年，花为谁开，我为谁存。愿鼓楼的钟声，唤醒地下的宝藏，天地不可一日无殊好，人心不可一日无喜神。

---

[1] 即府署。

天一阁·月湖景区

书藏古今,湖揽天地

宁波是个有书卷气的地方,历史悠久,风景秀丽,文化底蕴深厚,名胜古迹众多,为国家历史文化名城。

一、书藏古今:天一阁

在我国的历史上,曾出现过许多著名的藏书楼,宁波亦然。唐宋时,宁波城已是对外通商贸易和文化交流的重要港口。宋室南迁后,城内世家大族聚居,人文荟萃,学者讲学、著书立说蔚然成风。故自宋代以来,藏书事业以江浙为盛,浙东又以宁波为中心。到了明清两代,宁波的藏书家辈出,历代较为著名的藏书家近80人,藏书楼有名可稽者40余处。

据《宁波图书馆志》介绍,旧时宁波书楼多达154家,为全国之冠,其中又以北宋楼郁藏书最早,南宋王正已藏书最多。其中楼钥的"东楼"与史守之的"碧沚",因并峙于月湖南北两岸而闻名遐迩,史称"南楼北史"。时,著名书楼还有王应麟的汲古堂等。宋元之际,史学家胡三省的南湖石窟、元代袁桷的清容居、明代丰坊的万卷楼、范钦的天一阁、范大澈的卧云山房、胡万阳的南国书院、袁忠彻的瞻衮堂、张瑞的甬州书庄、陈朝辅的四

⊙ 昔日的天一阁（水银提供）

香居、陆宝的南轩、余有丁的五柳庄、朱勋的五岳轩、朱献臣的小五岳轩、诸来聘的昌古斋、谢三宾的博雅堂等，都有一定的规模与声誉。清代黄宗羲的续钞堂、郑性的二老阁、全祖望的双韭山房、卢址的抱经楼、黄澄量的五桂楼、姚燮的大梅山房、徐时栋的烟屿楼、冯云濠的醉经阁、蔡鸿鉴的墨海楼、董沛的六一山房、冯孟颛的伏跗室等，更是书香于今，盛名于往，时人"观书灯下，阅人世上，乐以忘忧"。

　　近古之独行者徐时栋，乃清代著名藏书家、刻书家，清同治三年（1864）举人，两次考进士不第，后以输饷援内阁中书。其藏书楼名"烟屿楼"，原藏书6万卷，20余年来购得10万卷，在海内外颇有名望。烟屿楼被毁后，搬至城西的城西草堂，后又名"水北阁"，有"徐时栋手识文""徐时栋旧藏""徐时栋收书手识文""徐时栋秘笈""城西草堂"等藏书印现世。《鄞县志》开编时，徐时栋曾受聘主其事，并为此发凡起例，总持大纲，耗时12年。其主四明文坛30余年，阅历益久，才如史迁，且后起之秀者多出其门，可见古时藏书家皆为不凡人物。

　　天一阁主人范钦亦然。驰名中外的天一阁，约创建于明嘉靖四十年至四十五年（1561~1566）之间，至于何年落成，史无确载。范钦出生于明正德元年(1506),字尧卿,号东明,家住西门外莫家漕一带,27岁考中进士,曾任湖广随州知州、江西袁州知府、广西参政、福建按察使、云南右布政使以及陕西、河南等省地方官,后又巡抚南赣汀漳诸郡,宦迹踏遍半个中国,55岁时官至兵部右侍郎,被后人尊称为范司马。后因被御史王宗徐所劾,得旨"回家听勘",再不复官。

范钦爱书成癖,且慧眼独具,凡所到之处,必留心搜集;若无法购得,就雇人抄录,经史百家之书,兼收并蓄,不厚古薄今。其藏书处原名"东明草堂",为使藏书得到永久保存,于宅东月湖深处,构楼六间为藏书之所。传范钦披阅古书时因见"天一生水,地六成之"说法而悟真理,认定书怕火而水能制火,故在建造藏书楼时特意将楼上的六间合而为一,并在楼前掘一水池,池水与月湖潜通,取藏书楼为"天一阁",取水池为"天一池",至今超然独存。

范钦活到80岁,不仅是位藏书家,更是位刚正务实的风云人物,此可从他的奏议、文章和诗歌等深入了解。传其逝前将所藏书籍和一万两银子各算作一份,让两个儿子挑选,时范钦次子范大潜已先范钦去世,范大潜原配陆氏愿意得金,范钦的大儿子范大冲则乐意受书,故天一阁藏书归范大冲一房继传。

先人狂痴,其子孙亦循守祖规,为此制定了一系列较为完善的范氏天一阁禁牌。

范氏禁牌一:烟酒切忌登楼。

范氏禁牌二:子孙无故开门入阁者,罚不与祭三次;私领亲友入阁及擅开书橱者,罚不与祭一年;擅将藏书借出外房及他姓者,罚不与祭三年;因而典押事故者,除追惩外,永行摒逐,不得与祭。

范氏禁牌三:阁上敬贮宸翰秘书得胜图,凡登阁者,各宜祗懔,毋得轻亵……

在封建时代,不能参加祭祀祖宗的大典,被认为是奇耻大辱,故这些规定在当时相当严格。

清康熙四年（1665），范钦的曾孙范光文，在天一池周围堆筑了"福禄寿"三字和"九狮一象"形状的假山、亭子，使藏书楼与园林浑然一体。

祖规的变化缘自黄宗羲的到来。清康熙十二年（1673），天一阁藏书楼的门徐徐开启，范钦的曾孙范光燮破例陪同年逾六旬的浙东学派代表人物之一黄宗羲，缓缓地登上了天一阁宝书楼，黄宗羲遂成外姓登阁第一人。天一阁为其提供了重要的学术资料，其亦凭学术地位及发表《天一阁藏书记》《四明范氏天一阁书目》《留书》等著作，使天一阁名声大振，广为人知。

此后也陆续有一些大学者被允许登阁，如李邺嗣、万斯同、徐乾学、全祖望、袁枚、钱大昕、阮元、冯登府、薛福成、缪荃孙等。曾以布衣身份应邀赴京修《明史》，以翰林身份在京从《永乐大典》中抄得《宁波府志》、从天一阁《四明文献录》中抄得《乾道四明志》的全祖望，其署名著作

⊙ 天一阁广场

《鲒埼亭集》中亦有《天一阁藏书记》《天一阁碑目记》等名篇。历任浙江学政、巡抚的阮元,亦曾以学者官员的身份命范氏子弟编辑《天一阁书目》及摹刻天一阁所收藏的北宋拓本《石鼓文》,史称"阮目"。任宁绍道台、在宁波置后乐园建揽秀堂藏书楼的薛福成,曾重编过《天一阁见存书目》,该书目反映了天一阁遭受鸦片战争、太平天国兵燹后的藏书状况,史称"薛目"。

清嘉庆年间(1796~1820),宁波知府丘铁卿内侄女钱绣芸,好读诗书,为争取登天一阁看书机会,托太守说媒,嫁于范钦十世孙范邦柱为妻,然范氏祖上早有女人不得登阁等的严格规定,因愿望久未实现,最后竟郁郁而终。

天一阁闻名于世,也与清乾隆三十八年(1773)编纂的《四库全书》有关,时乾隆皇帝广泛搜集前代遗籍和本朝著作,诏修《四库全书》,他对天一阁进呈的书目十分满意,故多次下谕褒奖。他曾在《周易要义》一书上御题"四库广搜罗,懋柱出珍藏",懋柱即范钦的八世孙范懋柱,时以其为代表的范氏后人应诏进呈了天一阁藏书638种,后来真正归还的却寥寥无几,而侵吞者多为翰林学士和地方官员。乾隆皇帝在另一本进呈书《意林》上也题诗一首:"五卷终于物理论,太元经下已亡之。设非天一阁珍弃,片羽安能欣见斯。"乾隆三十九年(1774),乾隆皇帝又钦赐武英殿铜活字印本《古今图书集成》一部计一万卷给天一阁,时总共只印了64部。后又获赐铜版画《平定回部得胜图》一套16幅和《平定两金川战图》一套12幅。《平定回部得胜图》的作者乃意大利籍画家郎世宁,乾隆皇帝在每幅图上都有题诗,并钤有御印。乾隆皇帝还下旨浙江织造寅著亲临天一阁实地考察和丈量尺寸,后珍藏《四库全书》的北京故宫文渊阁、圆明园文源阁、沈阳故宫文溯阁、承德避暑山庄文津阁、扬州文汇阁、杭州文澜阁、镇江文宗阁等南北七阁,除镇江金山寺的文宗阁,其余皇家书楼皆仿天一阁式样。

建于清乾隆年间的抱经楼,原位于宁波城东南隅,其楼主卢址对天一

阁极为推崇,故建造式样和管理方法等也模仿天一阁藏书楼,时宁波城内有两套《古今图书集成》,其一即抱经楼所藏的内府本。两座楼、两套书彼此呼应,相映成趣,珠联璧合,传为佳话。

由于执行了严格的管理制度,化解了书籍分散等危机,尤其是新中国成立后政府接手天一阁,馆藏迅猛发展,藏书由原来的7万余卷增至30余万卷,其中善本8万余卷,孤本五六百种,且以270多种明代地方志和370条明代科举录最为珍贵,这其中还不包括家谱等。我国当代已故著名史学家、藏书家、版本学家郑振铎先生,曾称天一阁为"中国的第二个敦煌石窟"。

尽管如今的天一阁有许多光环,但其藏书的历程却非常艰难。清咸丰十一年(1861),太平军攻入宁波,范氏子孙趋乡村避难,不料附近游民、小偷等乘虚而入,捣毁天一阁后围墙,盗运藏书贱卖,其中一部分为江北天主教堂所购,大部分则卖往奉化棠岙制纸作坊,后虽有部分被当地藏书家所购,但大多不幸毁于火灾。

民国三年(1914),受不法书商指使,薛继渭潜入书楼,其白天蜷伏阁中,以枣充饥,晚间动手窃书。而在东垣之外,小仓弄口湖西河,有同伙冯德富驾小舟接运,共偷窃善本图书1000余种,卖给上海六艺书局老板陈立炎、上海来青阁书坊老板杨云溪和时在上海的苏州博古斋掮客柳永春等,后虽被缪荃孙察觉并写信告知范氏报案追查,薛继渭、冯德富被判徒刑,但古籍却未能追回,可恨片纸无归。

到了民国初年,天一阁管理出现懈怠,加上官吏侵吞、虫蛀霉变等原因,逐渐式微,原藏书籍7万余卷至此只剩下13000多卷。据冯孟颛先生在20世纪30年代考证称,范氏后人"自废科举后,读书日少,而业工商者居其十九"。近代图书馆开山之祖缪荃孙先生登阁后亦感叹颇深,应验了黄宗羲曾说过的"尝叹读书难,藏书尤难,藏之久而不散,则难之难矣"。

1933年9月18日,台风吹倒了天一阁东墙,书楼再次遭受严重破坏,时范氏后裔已无力续修,这就为社会介入提供了契机。在征得范氏族人同意后,当时鄞县县长陈宝麟亲任重修天一阁委员会主任,冯孟颛先生则负责主持日常工作,通过筹款募捐等方式进行修整,并扩建了亭园,增加了明州碑林,还从宁波府学移建来尊经阁,天一阁的管理逐渐向社会化过渡。从20世纪50年代起,政府亦曾多次拨款对天一阁的书楼、亭园、假山等进行维修,对周边环境进行规划与整治,征购了部分建筑,迁移进了许多古物、花树,续明州碑林,建造新书库等,集腋成裘,不断寻、收藏品。以后,冯孟颛的家属又遵照先生遗嘱,将伏跗室藏书近10万卷捐赠给天一阁。此外,天一阁还收到了樵斋的张季言、别宥斋的朱赞卿、蜗寄庐的孙家溎、清防阁的杨容林和张孟契等藏书家的慷慨捐赠,天一阁的藏书大量增加。

⊙ 天一阁秦氏宗祠一角

　　天一阁除了有能为课题研究、学术交流、专著出版等提供珍贵资料的藏书，其所藏字画也相当丰富，有北宋黄庭坚的草书《刘梦得竹枝词》手卷、元代吴镇的《双树坡石图》，以及明代徐渭、文徵明、蓝瑛、陈洪绶和清代恽寿平、虚谷、郑燮、任颐等名家佳作。

　　明沈明臣有《灯夕范司马安卿天一阁即事》诗，清全祖望有《久不登天一阁偶过有感》诗，咏叹天一阁清丽妍雅，妙绝今时。1962年10月26日，著名学者郭沫若先生访问天一阁，翻阅了许多珍本秘籍，即兴写下"好事流芳千古，良书播惠九州"佳句。当代著名书法家、篆刻家、书画鉴赏家沙孟海先生亦曾多次造访天一阁，书有"建阁阅四百载，藏书数第一家"等句。

　　1977年8月，遵照周恩来总理生前"要尽快地将全国善本书总目录编出来"的指示精神，天一阁及时、准确地提供相关资料。1982年2月23日，国务院公布天一阁为全国重点文物保护单位。

　　1995年，卢址抱经楼迁至天一阁南园安置，同年迁移至天一阁南园西边安置的还有徐时栋的水北阁，其与之前从南郊祖关山等处迁来的百鹅亭、凝晖堂，及马廉捐赠给天一阁的城砖建成的千晋斋等，使天一阁除了纸书之外，又有了木头书、砖头书、石头书等多种形式收藏，遂成名副其实的资料宝库、优秀园林、南国书城。

　　中国的藏书文化源远流长，范氏族人十三代薪火相传，为建设和保护天一阁做出了艰苦的努力。历代名人学者和许多有识之士，为天一阁倾注了大量的精力和心血，使天一阁成为中国古代民间藏书文化的优秀代表，成为宁波地域文化的一大特色和重要支柱。

　　书藏古今，是宁波走向世界的名片，他的主人范钦，还需要世人给予更多的关注，因为是范钦让天一阁成为宁波城市的文化符号，但是假如世上仅有一个范钦，那就是人们的悲哀和不幸，正如著名学者余秋雨先生在《风雨天一阁》里所写到的："只要是智者，就会为这个民族产生一种对书的企盼。他们懂得，只有书籍，才能让这么悠远的历史连成缆索，才能让这么庞大的人种产生凝聚,才能让这么广阔的土地长存文明的火种。"否则,与愚昧有关,与风雅无缘。

另则,由于天一阁藏品数量巨大和研究力量有限,许多藏品还深藏阁中,如何更好地做到"保护为主、抢救第一、合理利用、加强管理",还需要全社会的共同关注与努力。我们要进一步继承、弘扬藏书传统,重视和珍惜中华优秀传统文化,不让前人心酸,不使自己心盲,以明者处世之道,共建书香社会。

二、宁波历史文化名湖:月湖

望月怀远,视水见形。

位于宁波城中鼓楼西南的月湖,开凿于唐贞观年间(627~649),极盛于宋元祐年间(1086~1094),距今已有1400多年历史。其饱经忧患,见证兴亡,是宁波历史文化名城核心区内最为著名的风景名胜,被誉为名城明珠,乃宁波名副其实的历史文化之湖。

2013年启动的宁波"天一阁·月湖景区"组合联建项目,依托历史文化与人文景观等优势,使月湖景区于2018年成功升级为国家5A级景区,应验了当代著名剧作家、杂文家、辞赋作家魏明伦先生于2000年在《宁波月湖铭》中"此湖蝉联天一阁,得'天'独厚;此月烘托高丽馆,附'丽'交辉"之预言。

月湖之源流,全祖望在《湖语》中早有记载,乃发源于四明山脉深处,一经它山堰后自南向北由南塘河入湖;二从大雷的桃源区域过林村经西塘河水道而入,两股清流在城西汇成一汪碧泉,遂成佳水福地。

月湖之状,如眉似月。其东至镇明路,西至偃月街、共青路,南至长春路,北至迎凤街,柳汀街穿心而过,宁波火车站位于其南面,交通便利。

唐宋以来,月湖已然是浙东学术中心,为文人墨客憩息荟萃之地,官家府第、豪门别墅、学者书院、名人居所无不在此汇集,与"三堤七桥十

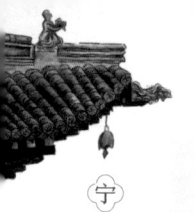

洲"交相辉映。三堤,乃偃月堤、广生堤、桃花堤;七桥即湖心东桥[1]、湖心西桥、憧憧东桥、憧憧西桥、虹桥、衮绣桥和四明桥。唐代大诗人贺知章,北宋名臣王安石,南宋宰相史浩,著名学者杨简,明末清初大史学家黄宗羲、万斯同,清代浙东学派重要代表人物全祖望等,他们或隐居、或为官、或著书、或讲学,在月湖留下诸多印迹。

而千年前的月湖,只是汪沼泽,其形成景观,乃在宋嘉祐三年至六年(1058~1061)间。时钱公辅知明州,筑众乐亭,"环亭以为岛屿,植花木于是,遂为州人游赏之地方"。元祐八年(1093),刘淑任明州知州,因岁旱而疏浚月湖,"复因其积土广为十洲,湖遂大治"。至绍圣年间(1094~1098),刘珵守明,乘湖水之涸,浚治堙塞,补葺废坠,湖上之景为之一新,故随景命名,遂有"十洲",分别是湖东的竹屿、月岛和菊花洲,湖中的花屿、竹洲柳汀和芳草洲,湖西的烟屿、雪汀和芙蓉洲。

月湖之奇,在于十洲。十洲之上,书楼馆舍广布,世家宅第林立,宫观寺院众多,历代名人辈出,自然与人文之美融为一体。而沉淀的文化积层,则深厚久远。每游经此,览人情、睹胜概,如入高斋、领雅教。

月湖竹屿,位于月岛之南,宋时"庆历五先生"之一的楼郁、废广德湖为田的楼异、大学士楼钥等皆居于此。时私家花园甚多,有陆氏拗花园、

⊙ 昔日的月湖尚书桥、贺秘监祠、众乐亭、超然阁等(水银提供)

---

[1] 又名月湖桥。

○ 魏明伦先生撰写的《宁波月湖铭》碑刻

张氏萧园、谢氏天赐园、杨氏谿园等。小园有景,愈玩愈奇。如今的竹屿,亦遍布竹林、竹廊与竹亭,周边的三支街、紫金巷、梅园巷、桂芳桥等街巷亦不乏历史故事。循路而去,但观居户栽花种竹,怡然自得,颇有遁隐山林之感。

月岛,居月湖东的菊花洲与竹屿之间。"七牧将军庙"的故事,流传最广。传靖康之难,宋室南渡,赵构一路逃亡,数月内经绍兴、宁波、舟山、温州等地,当逃至宁波月湖附近时,慌乱中遇湖边放牧的七牧童,遂央求相助。金兵至,逐一盘问,牧童称黄袍者朝南去,金兵穷追不获,回马杀之。后康王封七牧童为"七牧将军",湖边居民亦为之建庙。至元军破临安,焚掠明州,月湖景致惨遭破坏。明初方恢复生气。所幸月岛西南之花果园庙,犹花之根、果之蒂,保留至今,风貌依旧。曾经与花果园巷相通的欢喜巷,今已不存,然老月湖深情依旧,言情因如理旧书,欢喜处自有吉祥景象,足见文化生命之永恒。

菊花洲，在湖东北端，北接迎凤街，东至镇明路，南至柳汀街，乃名胜之地。北宋时的高丽使馆、南宋时史浩的越王府等位于其中。城内最早的水文观测设施水则亭亦近在咫尺，亭内碑曰水则碑，则者，准则，亦通"测"也，谓之水则实为古之水尺，宋吴潜有《平桥水则记》，清陈中孚有《浚复城河三喉记》、杨钜源有《重修水则亭记》，乃全国文物保护单位。明清以来，该地建筑一直以官宦和富商的府宅居多，有数不清的飞檐斗拱、青砖碧瓦。现存的宝奎巷建筑群有李宅、蒋宅、大方岳第等，颇具规模。宋代明州都酒务作坊遗址，更是个路人醉赏之地。在此地挖掘了约10平方米的宋代土层，竟出土了大量韩瓶[1]，丰富的地下宝藏说明了这里曾经的宽裕富足。

　　花屿，位处竹洲之南，四面环水，繁花粲粲。始建于北宋治平年间（1064~1067）的水陆冥道院居于此，其俗称湖心寺，是月湖最为著名的佛教古刹。北宋熙宁元年（1068）改称寿圣寺，曾与城外阿育王寺和城内开元寺、景福寺并称"明州四大律寺"。因寿圣寺建于花屿，故时人皆称花屿为首。花屿有东、西两桥，东桥通月岛，西桥通烟屿。湖心寺曾因

---

[1] 即装酒瓷瓶。

元兵进城而毁,明初重建,永乐初复建。明成化三年(1467),日本画僧雪舟[1]来宁波天童寺习禅,在其所绘的《宁波府图》中,明确标记了湖心寺和附近天宁寺的位置。

竹洲,原名松岛。"庆历五先生"之一的楼郁曾在此开设讲舍。楼郁,字子文,北宋人,因其识解甚高,学者称之"西湖先生",时学者云集,丰稷、袁毂、罗适等著名人物皆为其学生。南宋淳熙十年(1183),史浩致仕归里,亦在此筑真隐观,常做栽花种竹、听鸟观鱼之事。又"淳熙四先生"皆环湖而居,各开讲院。清乾隆年间,全祖望曾在此起基砌砖,封顶挂瓦,虽只有屋架数椽,然则制绝精雅。光绪五年(1879),知府宗源瀚设辩志书院,时南迎北送、钻坚求通者,不亦乐乎。中华民国元年(1912),宁波著名人士集结在湖西竹洲创立"宁属女子师范学堂",后有与历史并肩的宁波第二中学,且其前途正长,不可说尽。

柳汀,位处月湖腰部花繁柳密处。北宋嘉祐年间(1056~1063),钱公辅知明州,筑亭柳汀,后虽奉调入京,但依然念初恋旧,为众乐亭题诗求和,并得司马光、王安石等附和,终成传世佳作。柳汀上的原四明驿,为最

---

[1] 雪舟(1420~1506),名等杨,日本著名画僧。明成化三年(1467),随日本遣明使团到宁波,入住天童寺。因才艺出众而被列入天童名僧录,被尊为"天童第一座"。其后期作品,亦常署"天童第一座"。

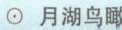
⊙ 月湖鸟瞰

初的贺秘监祠所在地,曾开设柳汀义学,又祀文昌帝君,故称"文昌阁"。文昌阁于1994年迁移至雪汀,改称超然阁。贺秘监祠乃自号"四明狂客"的唐代诗人贺知章的纪念堂,其《咏柳》更是千古传诵之绝唱。著名作家、画家、文物专家冯骥才先生曾为修缮贺秘监祠卖画捐钱,先生之举感人至深。柳汀中还有佛教居士林、关帝庙、瀛洲接武坊等古迹。伴花随柳者,皆天分超卓,柳汀街之南的院士林银杏,皆以两院院士之名命名,如今已千枝竞秀,万木向荣。

芳草洲,位于湖中北端,处处名花,步步芳草,四面环水,洲渚相连。南宋朝廷曾以芳草洲、菊花洲赐宰相史浩,史浩亦于菊花洲建造府第,莳草弄花,并在芳草洲设立学塾,请杨简教授孩儿,建碧沚亭,宋宁宗赵扩为之御书。明正德年间(1506~1521),碧沚归丰坊,其移万卷楼于此。1955年,芳草洲曾改建成儿童公园,时稚绿娇红,孩童在此或憩或嬉,青年亦群

⊙ 明州与高丽交往史陈列馆

⊙ 花　屿

亦游，老人含饴弄孙。

烟屿，在竹洲、花屿之西岸，原为湖上渔人聚居之地，是一个缩小版的水国渔乡。北宋晚期，龙图阁待制舒亶归里，在此借景筑园，遂开甬上结社雅集之风。明时的烟屿，以陆氏宅第居多，有刑部尚书陆瑜的尚书第、都御史陆钶与其弟布政史陆铨的中丞第等。其后，榜眼第、给谏第、翰林房、廷尉第、岁寒馆等，也陆续成名。徐时栋的烟屿楼今尚在，徐时栋编印过《四明宋元六志》，编纂过《鄞县志》，创作过《烟屿楼诗集》等。其周边道路，有柳汀街西段、共青路、桂井街、桂井巷等，巷陌相连，自成淳古，驻思而观或神游意会皆宜。

雪汀，在烟屿之北，与芙蓉洲为界，其雪与花争妍，无风脉脉，不雨潇潇。汀北有马眼漕，自今属天一阁博物院的秦氏支祠前流过，经虹桥入湖。雪汀之上，宋有观音禅寺、四休堂、梅花墙等。观音寺至元代为广盈仓，清初建义田书院，公益元素和理想色彩早早有之。义田书院后改为月湖书院，清末于原址办宁波府师范学堂，后为省第四师范学校，是"宁波革命摇篮"之一，后废。1957年，在成为废墟的校址上，建起了月湖饭店，奔忙者日往月来，唯缺雪后寻梅人。

芙蓉洲，位于月湖西岸的北端，宋时有常平仓、平籴仓、史丞相府，明时有闻天官第、李尚书第、李都督第、范侍郎第、天一阁等。周边的偃月街北段、青石街、马衙巷、中营街、天一巷、望衡对宇，联捷巷陌，游览风景时吟诵几句，亦谓雅意自托。若因老街幽巷而得雅城之印象，则芙蓉有知，当呼知己。

显然，历史上的月湖，河道交错、水网纵横、小桥流水、馆舍建筑等应有尽有，文采学士亦多，宋舒亶有《西湖记》，周锷有《西湖三首》；明王嗣奭有《鉴湖松岛歌》，宗谊有《鉴湖久不属目，有怀往事，书寄晓山》诗，陈士绣有《秋夜鉴湖即景》诗；清袁德峻有《西湖十洲》诗，全祖望有《西湖十洲志》等。若不是月色湖景，历代名流巨子、无数名士宿儒又何须留恋于此？月湖又岂能成为名人故里？！

如今，徜徉于湖畔，穿越在匠心独具与浑然天成的诗意空间，亲近苍

⊙ 雪中超然阁

⊙ 芳草洲

翠扑人和烟雨迷蒙的画面,聆听吴侬细语与江南丝竹的妙音,感受古典园林曲径回廊的精美绝伦与文化魅力,不负春光不负卿。

笔者曾长期就职于月湖区域,一派熟络自不必说。世纪之交,为撰写《宁波月湖铭》,曾受命力邀"巴蜀鬼才"魏明伦先生一度来甬,此后亦数次前往成都拜访,交往甚深。月湖能以一曲之水流芳百世,可从魏先生应邀撰写的《宁波月湖铭》中一窥端倪。

《宁波月湖铭》碑现立月岛之月园和芙蓉洲两处,反复观诵,每不忍释,叹未曾有。时宁波大学文学院中文系主任李亮伟先生曾作全文评析,开句即称:"于作者,于宁波,于中国文学,遂添一佳作也。"其篇终结句,借用刘勰在《文心雕龙》中称赞张载《剑阁铭》之语:"'其才清采,迅足骎骎。'明伦当之。"此文至今余韵绕梁,极尽胸襟气象。

湖心寺与月湖桥

风月逢知己,湖山得主人

北宋著名政治家、史学家司马光曾有诗曰:"横桥通废岛,华宇出荒榛。风月逢知己,湖山得主人。"

一、宋代名刹湖心寺

"对雨思君子,尝茶近竹幽。儒家邻古寺,不到又逢秋。"近读唐代诗人、儒客大家贾岛《雨中怀友人》诗,羡慕不已。诗人捧卷在手,沏茗于几,好山当户,古寺为邻,一幅茅屋竹窗、一叶去俗、雨中雅趣、厚重念旧之画面尽收眼底。

古城之中,无郊野之观,然老街古寺、名士才子,不能悉数,尤以"三江六塘河、一湖居城中"的宁波月湖为甚,该地桥老寺古,景好迹陈,人烟稠密,区域繁荣,与长安于野者,虽无同观之应,亦有同气之求。位于月湖中心的湖心寺和月湖桥,一左一右,相对相守,百花盛开,落英缤纷,似有那万千的修持和万状的灵性。

湖心寺,乃湖中名寺,位于月湖花屿,又名水陆冥道院、寿圣院、广福寺等,始建于北宋治平年间(1064~1067),因建于月湖中心,俗称湖心寺。《四明谈助》等载湖心寺在西湖之心,旧号"水陆冥道院",俗谓"湖心寺",宋治平年间(1064~1067)建。熙宁元年(1068)改"寿圣院"。绍兴三十二年(1162),以犯太上皇尊号,改今额,系十方传律讲法处;充祝圣寿,为放生池道场。

⊙ 昔日的古湖心寺(水银提供)

⊙ 1998年的湖心寺与月湖桥(陆锋摄)

乾道初年,太守赵伯圭建广生堂。《嘉庆志》记载,乾道初,大中赵伯圭守郡,复放生池于湖上。因建阁湖心寺内。朱翊为之记。又建广生堂于沧州阁后。

《成化志》又记,袁氏女置广生田:尚书袁子诚二女,以奁资置田三百四十亩,舍为湖心寺广生田,及创行堂等屋。寺僧于殿后立祠。每岁忌辰祭之,会集袁氏子孙。至元间毁。明永乐初,如琬重建,今定为丛林。

元代寺毁。明洪武初重建,并在寺后建袁公祠,纪念进士袁镛于1276年主领抗元斗争被俘就义之勇。永乐初,寺又遭毁,宣德元年(1426)再建。嘉靖三十三年(1554),兵部尚书张时彻退隐后,购湖心寺为书院,改建宝纶堂,以为藏诰敕之所。《敬止录》载:袁尚书"子诚自南昌扈驾为临安知府,遂居鄞,子孙四世皆大官"。又云:"嘉靖间,尚书张时彻毁之,改建书院,而肖己像于中。"

以上皆事出有因。原来袁家三世祖时,家中有两个女儿终身未嫁,姐妹俩把自己的嫁妆折现,买下340亩田地,建行堂等屋,赠予湖心寺,以积聚善业功德,培植福报。寺僧为了表示感谢,就在庵内建了袁家的祠堂,供袁家后人世代供奉。时住菊花洲的丞相史浩和芙蓉洲的丞相史弥远,以及皇族赵伯圭等,为湖心寺捐建十洲阁、澄辉阁等,尚书蒋宗简则在湖心寺内兴办书院。不料到了明朝嘉靖年间,兵部尚书张时彻看中了这块风水宝地,利用重臣身份购得湖心寺,占用袁氏祠堂,于是袁家与其打了半个多世纪的官司,都未能结案。最后,袁氏子孙以"不重在毁尚书之祠,而重在毁忠臣之祠"为由,赢得了官司,并在县西望春桥之东2.5公里新建祠堂,张家也赔付了银两。时人看到袁家对祖先如此尊重,赞扬之声也愈发多了起来。

宋时湖心寺最著名的两位僧人,一位叫处真,鄞人,尚律

⊙ 1998年的湖心寺（陆锋摄）

学,主持湖心寺二十年,史定忠与之善,迎以结解,其逝也,为祭之。另外一位叫妙莲,慈溪人,其学见于行事,不为空言,史忠献、曹泰宇皆尊事之。元至正《四明志》载有:"妙莲者,湖心寺僧,有道术。史卫王当国,钱塘江变大作,延妙莲治之。乃趺坐闭目诵咒,江湖顿平。"史卫王即史弥远,因逝后封卫王,故称史卫王。

　　与湖心寺毗邻的还有袁宅,建于清道光年间,宅主人袁仰周在道光年

间官至道台。清著名诗人姚燮曾长期寓居于此,并名其居处为"枕湖草堂",甬上文人在此结社吟诗。袁宅规模宏大,庭院幽深,工艺精湛,保存完整,现为宁波茶文化博物院。

历代有不少文人墨客借景抒情,赞美湖心寺,如曾巩有《游寿圣院》,陈瑾有《次韵袁朝请陪太守游湖心寺》,黄潜有《湖心寺》等,皆流传甚广。北宋著名政治家、史学家司马光描写月湖的名篇《寄题钱君倚明州重修众乐亭》中亦有"横桥通废岛,华宇出荒榛。风月逢知己,湖山得主人"的诗句,其中"横桥"指月湖桥,"华宇"指湖心寺。王安石、舒亶等也都关注过湖心寺、月湖桥。明成化四年(1468),日本画僧雪舟等杨作《宁波府图》,把湖心寺和湖心两桥标注在上,传往东瀛。

湖心寺现存建筑为硬山式梁架结构,总体保存良好,前殿地面嵌铺四块荷花浮雕青石板,当为古物。不传于兹,或见于彼,这是千古不变的定律。

二、古意翛然月湖桥

修旧如旧的月湖桥,依然保留千年前的印记,同时亦是研究宁波石雕艺术以及造桥工艺的重要参照实物。

月湖美景除了"十洲",还有"三堤七桥",月湖桥即七桥之一,且是目前仍按原状保存的唯一桥梁,似是一座神桥。其跨月湖古花屿之东南,为石砌拱桥,古朴庄重,大气典雅。桥下春波绿,惊鸿照影来,得精髓,吸灵气。

月湖桥位于天一阁·月湖景区内,在花果园巷口、湖心寺东,《宁波市志》载:月湖桥,在海曙区月湖花果园巷口,又名湖心东桥。为月湖古迹之一。始建于宋元丰七年(1084),现存建筑为清乾隆四十六年(1781)重修。单孔石拱桥,高3.8米,宽4.85米,长15.7米,桥孔净跨6.1米,桥面铺长方形青石条,桥两旁置石栏,望柱6个,柱头雕荷花,桥心铺荷花石板,桥两端设抱鼓石,1981年12月,被列为区级文物保护单位。

　　古朴精致的月湖桥,既有安适之象,雕刻亦讲究,所选荷花、玉兰花等造型,自有其用意所在,即与佛门净地湖心寺有关。江南园林中,人们常将玉兰、海棠、牡丹和桂花配置在一起,取谐音"玉堂富贵"。桥面中心直径约60厘米、刻有"玉堂富贵"的石刻踏脚石,犹如灵性雕塑,虽早已被岁月磨平,却依然隐约可辨。且因古桥接泊两头,离人们的日常生活很近,故也显得格外亲切。

⊙ 月湖桥(余园芬摄)

值得一提的还有,清乾隆四十六年(1781),当湖心东桥重修并更名为"月湖桥"时,湖心西桥亦被称为"大厅桥",而湖心寺则改名为"月湖庵"。

在清代诗人张本眼中,月湖桥是"春来打桨月湖西,红满汀洲绿满堤。水面横排桥影阔,波心倒挂塔尖底"。

世上任何事物,终将留下痕迹,或深或浅,更何况见证朝代更迭、履行千年使命的月湖桥,负重之余,依然俊朗,丝毫不减宋风古韵。

古人有云,创新庵不若修古庙;古人亦云,渡船也是桥,渡人亦度己。做天下好事,既度德量力,又审势择人。期待大隐于市的湖心寺重新开门亮相,期待月湖桥与之相安度岁,无论是待我来时还是离开,任凭风吹雨打,依然伫立,迎面花开。

贺秘监祠·居士林·关帝庙

柳汀现存儒释道祠庙

宋代王亘咏柳汀诗曰:"临流截得虹霓住,留作憧憧两岸桥。"

柳汀,是天一阁·月湖景区中古代建筑最集中和最连贯的区域之一,亦是"月湖十洲"中最早开发的地区之一。其自西往东,依次有贺秘监祠、居士林、关帝庙诸景点,组成儒、释、道祠庙三连贯,但见东迎紫气,西贯碧水,独开南面,北眺从容,白描淡墨,景色幽雅。经过千年的发展,宽阔的柳汀街从门前经过,间有石雕牌坊"瀛洲接武"坊与"保合太和"照壁,形成了历史与现代交相辉映的独特景观。

◯ 柳　汀

《四明谈助》载:"鄞西湖之柳汀,当宋嘉祐中,钱集贤公辅始建众乐亭于中央,左右夹以长廊三十间。南渡后,莫尚书将又建逸老堂于亭南。未几而魏王恺至,又建涵虚馆于亭北,遂为十洲绝胜。"

一、因唐代诗人贺知章而建的贺秘监祠

极富意味者,首推唐代诗人贺知章,其名诗《回乡偶书》妙趣横生,激荡心灵。贺知章(659~744),字维摩,一字季真,唐证圣元年(695)擢进士第,超群拔类,授国子四门博士。唐玄宗开元十年(722),兵部尚书张说为丽正殿修史,奏请贺知章入书院同撰六典。开元十三年(725),贺知章被擢为礼部侍郎,兼集贤院学士,后迁太子宾客,授秘书监,故人称贺秘监。其性情豪放,好饮酒,善草隶,与李白、张旭等交往甚深,杜甫称贺、李等人为"饮中八仙",唐玄宗视之为知己,其晚年则自号"四明狂客",无辞一醉,古今稀有。

与贺知章缘分颇深的宁波,建有贺秘监祠,俗称湖亭庙。宋绍兴十四年(1144),郡守莫将为表示对贺知章的敬意,在其读书故地重建逸老堂,以祀贺知章和李白。后历经重修,专祀贺知章,有《重建逸老堂记》等碑刻。

唐玄宗天宝初,中年的李白来到京都长安,有幸在紫极宫见到贺知章。当时贺知章已八十多岁,身居高位,慧眼独具,称李白为"谪仙",此后交往愈密,亦常畅叙对饮,成忘年之交。为此,贺知章还特向皇帝举荐李白,唐玄宗面试后,授李白供奉翰林,礼遇有加。

贺知章也曾向朝中举荐过比他小30岁的文朋诗侣孟浩然,后孟浩然虽不见用,但此事至今为人所颂。孟浩然为唐代著名山水田园派诗人,或是未到花期,故不轻易绽放,然也佐证了唯独才华最能扛住岁月摧残。

诗国天才李白,向来恃才清高,汪洋恣肆,宁为鸡首,不为牛后,在大官多、大师少的龙庭,就像个外来的闯入者,打破了原来的形状与平衡,他敢让高力士脱靴、杨国忠研墨,并写下"安能摧眉折腰事权贵,使我不得

⊙ 昔日的尚书桥下贺秘监祠（水银提供）

开心颜"等千古名句。他喜欢王羲之,喜欢无所顾忌和一任自然。天宝三年(744),贺知章因病告老,请为道士还乡,儒、释、道三教相通。离开长安时,唐玄宗率太子及文武百官在长安东门外设宴,为贺知章送行,并命文武百官等作诗相赠。身临其境,李白情激于脑,意发于胸,挥毫而就《送贺宾客归越》诗：

镜湖流水漾清波,狂客归舟逸兴多。
山阴道士如相见,应写黄庭换白鹅。

镜湖即鉴湖,李白诗意为,住在会稽的王羲之喜爱白鹅,山阴有一道士请他写道教经典之一的《黄庭经》,并以所养的一群白鹅作为报酬。此诗把贺知章比作王羲之,极言贺知章这位大书法家回到山阴,《黄庭经》换白鹅的故事将再次发生。

时有30多位达官贵人当场作诗,且事后结集,唐玄宗亲为作序:

天宝三年(744),太子宾客贺知章,鉴止足之分,抗归老之疏,解组辞荣,志期入道。朕以其年在迟暮,用循挂冠之事,俾遂赤松之游。五月五日,将归会稽,遂饯东路。乃命六卿庶尹大夫,供帐青门,宠行迈也。岂惟崇德尚齿,抑亦励俗劝人。无令二疏,独光汉册。乃赋诗赠行。

三年后,李白特意来浙江拜访贺知章,一路载酒扬帆,击节高歌,不料却惊悉老友已离世的噩耗,感慨万端之际,作诗两首,其中的《对酒忆贺监》云:"四明有狂客,风流贺季真。长安一相见,呼我谪仙人。昔好杯中物,翻为松下尘。金龟换酒处,却忆泪沾巾。"

天宝十五年(756),唐肃宗李亨于灵武即位,后想念自己的老师,即下诏赠为礼部尚书,诏书云:

故越州千秋观道士贺知章,器识夷淡,襟怀和雅,神清志逸,学富才雄,挺会稽之美箭[1],蕴昆冈之良玉,故飞名仙省[2],侍讲龙楼,常静默以养闲,因谈谐而讽谏。以暮齿辞禄,再见款诚,

---

[1] 指竹子。
[2] 指尚书省。

> 原追二老之踪,克遂四明之客,允叶初志,脱落朝衣,驾青牛而不还,狎白衣而长往。丹壑非昔,人琴两亡,惟旧之怀,有深追悼宜加缛礼,式展哀荣。可赠礼部尚书。

李亨饱含激情地追忆了与贺知章相处的美好时光,肯定了他的丰功伟绩,亦指出了其常静默以养闲的另一深意。也许,光环下的人生不一定真实,或许,这也是生命中的另一种境遇。

宋丞相史浩《游东钱湖》诗,亦有"于今幸遂归湖愿,长忆当年贺监游"之句,留下诸多思念。而明末史学家张岱却在《陶庵梦忆·西湖梦寻》之《日月湖》篇中,对贺知章冷嘲热讽。清代史学大柱全祖望,则是力挺贺知章,其《贺公逸老堂碑铭》曰:

> 秘监之生则于甬上,实在城南马湖,有村曰贺家湾,有池曰洗马,以秘监族祖德仁得名。马湖稍北为响岩,秘监钓台在焉。有泽曰高尚。莫将之定秘监以鄞产,盖以此也。

《四明谈助》卷三十八载:马湖,县南五十里,相传贺秘监洗马池。按《旧唐书》称:知章为太子洗马德仁之族孙,池名其因是耶?距池三里曰"贺家湾",贺姓尚多。尝掘土得断碑,可识者惟"会稽郡贺府君"六字而已。(《闻志》)又载贺秘监故宅:一在句章小溪之马湖;一在响岩山,亦秘监隐处,今名"高尚宅"。(《闻志》)

> 先生归后,筑室四明之鹿亭樊榭,时往来稽山。卒年八十六,葬于会稽。肃宗以侍读之旧,赠礼部尚书。自后称四明,辄曰"贺监旧山川",盖诗人名重本朝,未有过先生者。(《甬上耆旧传》)

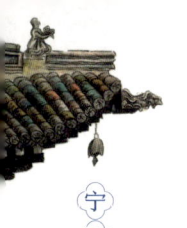

《四明谈助》卷三十一载：

> 贺成庙，县东演武场南。分祀贺秘监。旧在江浒之故前堰，名贺家庵，后移建今地。额曰"贺成"，意以贺庵新徙而名之。俗改为"贺丞"者误，贺公未尝为丞也。(《闻志》)

毛泽东主席对贺知章也颇有研究，1958年2月10日夜，专门写信给刘少奇，探讨贺知章诗意，称其胸襟洒脱。

四明山乃"唐诗之路"的中心，留有许多脍炙人口的名篇佳作，有才、爱才、识才的贺知章功不可没。今鄞江有高尚宅、贺公钓台，梁弄有贺水桥、贺溪，月湖有贺公读书故地，城内原江东区有贺丞路、贺丞巷、贺丞庙[1]、贺公塑像等。他生活的境域似乎很小，但辐射的范围却又很广。据传贺知章还经常骑着毛驴去四明山会诗友皮日休、陆龟蒙等，一路探幽吟唱，载酒载歌。

据资料介绍，自唐代起就有众多诗人游历过"浙东唐诗之路"风景线，留下数以千计的壮游咏志诗篇，四明山因此成为"浙东唐诗之路"的重要组成部分。

二、宁波佛教居士林

紧邻贺秘监祠，是庄严巍峨的宁波佛教居士林。南宋时，其为涵虚馆，是目前所知的最早的官方迎宾驿站；元至元二十一年(1284)，初为家祠，泰定四年(1327)改为驿馆；清乾隆四十七年(1782)，始建玄坛殿；现存建筑系清道光十五年

---

[1] 今宁波七中址。

⊙ 柳汀雪景

（1835）重建。

涵虚馆，宋淳熙初，皇子魏王恺守郡时始建于月湖中。元代，并逸老堂改为南北水马二站。明朝时期改为驿馆，馆旁有井，名涵虚井，馆后有外桩。《月湖丈尺图》有记："湖亭外桩，取碧沚八十八丈一尺。魏王恺，孝宗之子。淳熙元年（1174）判明州。"

佛教居士林在辛亥革命前后，由鄞县边文锦大居士等发心捐资，将其从南门原址迁至现址之后，又经徐文芳林长等发心不断修葺扩建，林内诸座殿宇蔚为巍峨，雕梁画栋，古朴典雅，瑞气霭林，庄严清净。碧波荡漾的放生池及飞檐玲珑的水云亭，更是构成人见人爱的怡人景观，且已成为佛教居士学习教理、弘扬教义、净化身心的好处所。

《宁波市志》载：宁波佛教居士林，1932年鄞县姜山人边文锦发起成立，于月湖柳汀玄坛殿改建，推会稽道尹黄庆澜为林长。居士始30余人，

后100余人,1950年时为304人,并于江北岸李家后门设分林。1963年100余人。"文化大革命"时停止活动。1989年6月修复,有大雄宝殿、三圣殿、厢房等,时居士约300人。后又增建大雄宝殿、三圣殿、地藏殿、圆通殿、弥勒殿、念佛堂、藏经楼和湖心亭等,成为城市别具特色的宗教场所和人文景观。

"宁波佛教居士林"匾,乃时任中国佛教协会会长赵朴初居士所书。居士林于1995年成立慈善基金会,救助灾民、残疾人、失学儿童、贫困户等不计其数,又修建孤儿院、敬老院等。此后登记在册的居士逾6000名。居士林自创建至今始终免费对外开放,外地游客亦常因其门口所挂"一律不收门票"的牌子而感动。

1996年,宁波佛教居士林在横街镇梅梁桥村建造安养院,占地数十亩,仿古大楼10多幢,设有佛学图书馆、老年活动室、医疗保健室、讲堂、健身房、念佛堂、素食厅、助念堂等,并开辟200多个床位,以不营利为办院模式。院内花香四季,空气清新,风光秀丽,景色宜人,已成为老有所乐、病有所医、临终有人照料的惠民助老工程。

远闻其声,心存高远,不在水边,定在林下。

三、关帝庙

行走在月湖柳汀最庄严的黄墙碧瓦下,面对居士林内佛座下的莲花,感受佛陀的慈悲,聆听大悲咒的梵唱,而后移步仁文义武的关帝庙,则是又一世界。

紧临佛教居士林的关帝庙,始建于明崇祯三年(1630),清康熙年间(1662~1722)重建,由大门、戏台、正殿及左右厢房等组成。大门牌楼式,戏台单檐歇山顶,内为螺旋式藻井,正殿面阔五开间,前后廊于1990年重修。2003年,该古迹归佛教居士林使用。

关帝庙在新中国成立后曾用作粮店,20世纪90年代初还开设过关帝庙商场,并以"十点利"等经营模式闻名甬城,后退商还景。

《四明谈助》卷十八载:

> 关帝庙,在鉴湖。明崇祯三年(1630),里人大理卿陆世科建。国朝雍正五年(1727),奉旨致祭。前殿奉关帝神像,后殿奉三代裕昌公、公昭公、成忠公神位,每年春秋祭,用太牢。(《曹志》)庙在馆驿桥西,当柳汀之东岸,俗名"湖西陆殿"。

位于佛教居士林门前的瀛洲接武坊,三间四柱式,现存四柱及部分额枋等物。额枋由宁波籍进士黄景章所书。明万历三十九年(1611),时任浙江巡抚甘士价等,为宁波府丙午科乡试中举的17名举人建立该坊。瀛

⊙ 昔日的关帝庙(水银提供)

洲,乃海上仙岛名,接武,则含继法前人意。

《四明谈助》卷十六载:

尚书桥,贺秘监祠西桥,今名"尚书桥";祠东升平桥,今名馆驿桥,俱宋天禧五年(1021)僧蕴臻建,运使陈尧佐题名为"憧憧东桥""憧憧西桥"。嘉祐间(1056~1063),守钱君倚修。乾道五年(1169),守张津重建。桥成而屋之,翼以石栏。檐楹飞舞,与波上下,壮丽坚致,可支百世,诚一郡之伟观也。侍御王伯庠为记。后,亭废,西桥改名"澄清桥"。明天顺八年(1164)守张瓒为刑部尚书陆瑜立坊,改今名。俱见《敬止录》。

建造陆殿桥和尚书桥时,月湖还是一汪野草丛生的荒湖,当时僧人蕴臻为方便交通建桥后,取《易·咸》中的"憧憧往来,朋从尔思"意,将东边的称"憧憧东桥",西边的称"憧憧西桥",希望人们往来不绝,友人相互过从。

后陆世科在柳汀建关帝庙,因其俗名为"湖西陆殿",故"憧憧东桥"被易名为"陆殿桥",而"憧憧西桥"则因张瓒为陆瑜建造石牌坊于桥西岸,则易名为尚书桥,但依然是城区的古桥之祖。1965年,尚书桥扩建为双孔平板桥。20世纪90年代初,柳汀街因道路拓宽改造,在桥南侧另建起同名公路桥,风雅在神不在貌,遂有斑驳古桥与现代化新桥遥相呼应之奇观。

其实柳汀街在明初就已形成道路,最早只是连接南北月湖的桥路,旧时称其为湖桥西横街,而民间则俗称陆殿桥跟、五圣官庙跟、小巷弄等,又因道路中部乃月湖十洲之一的柳汀,故称为柳汀街。

见境即觉。此境,上可伴大夫,下能亲平民。然则,与历史缠绕须亲历。不若复返柳汀,去谈经问字,去对话名流,去一睹人情,去一览胜概。

知我者近之,胜我者师之,类我者友之。越此三境,尔后皆成文。

竹 洲

浙东历史上的名人与学术重地

宁波物华天宝,人杰地灵,因势乘便,英才鹊起,在南宋时的地位很高,是宁波文化的第一个高光时期。

其中,与文化有关的历史名人近千人,如虞世南、林逋、吴文英、王应麟、方孝孺、王阳明、张时彻、范钦、沈明臣、屠隆、赵献可、朱之瑜、黄宗羲、黄宗炎、万斯同、李邺嗣、全祖望、童槐、姚燮、徐时栋、章鋆、陈汉章、冯孟颛等。南宋"史氏三相"史浩、史弥远、史嵩之,"淳熙四先生"舒璘、沈焕、杨简、袁燮,北宋"庆历五先生"杨适、杜醇、楼郁、王致、王说等等,更不止名重一时。

一、迎合上心,终使其湖,多归"史氏"

唱一曲来去匆匆,歌一调湖海茫茫。月湖又称西湖,清全祖望《西湖十洲志》中有云:"鄞西湖之胜,至宋元祐间而极盛。"其《湖语》谓"谁移洞天,跨湖为薮?曰惟史氏,十据其九"。他在《甬上望族表》中又感叹云:"城中西湖之十洲,归史氏者,皆十七焉。"

坊间亦有"月湖十之八九归史氏"之说,此话虽过,但"一门三宰相,

⊙ 竹 洲

四世两封王""五尚书,七十二进士""满朝文武,半出史门"确是关于南宋史氏大业之成的记载,可见其地位之重,故《四明谈助》中说:"湖上之胜,遂尽归史氏。"

史氏家族在南宋一朝,先后出过三位宰相。身为史诏之孙的史浩,是家族中第一位丞相,也是宁波历史上的首位丞相;之后,史家又出了史弥远、史嵩之两位宰相,"一门三宰相"之名由此而来。史弥远为史浩三儿子,史嵩之为史弥远之侄,其中史浩和史弥远先后被封为南宋的越王和魏王,而史浩在当时更是主流里的名流,遂成四明史上最有影响的人物之一。

史浩(1106~1194),字直翁,号真隐居士,明州鄞县人,南宋政治家、词人。《鄞县通志》载:"史浩,绍兴十五年(1145)进士"。绍兴三十二年(1162)宋孝宗即位,授其参知政事;隆兴元年(1163),拜尚书右仆射(右丞相);淳熙十年(1183),封魏国公,宋光宗御极后,进太师;绍熙五年(1194)去世,年八十九,追封会稽郡王。宋宁宗时,赐谥"文惠"。嘉定十四年(1221),以子史弥远贵,追封越王,改谥号"忠定",配享孝宗庙庭,为昭勋阁二十四功臣之一。

史浩任尚书右仆射时,曾为岳飞平反昭雪,因此赢得百姓好评。时陆游、张浚、杨简、陆九渊等,亦经其举荐而受用。

史浩告老还乡之时,已是历经宋高宗、孝宗、光宗三朝的元老,三位皇帝都曾赐亲笔御书。史浩有四子,曰弥大、弥正、弥远、弥坚。据《四明谈助》载,忠定四子:长子弥大,字方叔,官少师,建第于月湖之南——竹洲(即松岛),理宗赐名"鸿禧";其子朝奉守之,心非叔父所为,退居松岛,赐"碧沚"二字。次子弥正,终敷文馆待制,未建第。三子弥远,字同叔,官右丞相,谥"忠献",建第于月湖之西衮绣桥,理宗赐名"观文府"。幼子弥坚,字固叔,以资政致仕,谥"忠宣",居月湖之北,即今宝奎庙右。

南宋淳熙五年(1178),73岁的丞相史浩功成名就,归隐月湖,宋孝宗

竹洲鸟瞰

赐予月湖之南的松岛，史浩遂以"真隐"为号，改松岛为"竹洲"，在竹洲之上建真隐观。

《四明谈助》卷十八《真隐观洞天古迹记》中，详细描述了真隐观的规模与来龙去脉：

> 史氏先世本居月湖之上，忠定曾祖冀公为明州吏，奉其母至孝，尝挥金治具，挽舟游湖中，而大吏者俗人也，闻之恚其不告，摧辱之。冀公坐是，怫郁以夭。其夫人叶氏即守节训子者也。忠定之为翰林学士也尝自署"鄮峰真隐"，高宗御书以赐之。已而入相，丐闲，孝宗问曰："师相真隐之区告成乎？"对曰："未也。"孝宗曰："然则朕当成师相之志。"即赐月湖竹洲一曲，而诏临安府以万金为治观。濒行，光宗在东宫大书"四明洞天"四字赐之。初忠定尝登四明山，入雪窦，出杖锡，求所谓洞天故址不可得。至是因光宗之书，累石为山，引泉为池。取皮陆四明九咏，仿佛其亭榭、动植之形容而肖之。于是观中遂有四明诸胜。观之左，建宝奎阁以贮两宫御书；又建祠以礼四明山王及谢高士遗尘之像；又造划船于湖中，以修竞渡故事；又割观之右为精舍，以居沈端宪公。而湖上之以洞天称，自此始。

可见史浩所打造的景致，林泉极盛，堪称绝美，其有《次韵郑郎中作四明谢遗尘九题走笔不工》，写意无穷，流情不尽，其意解放，其情放松，足见其爱之甚。《竹洲文献》载：

> 石窗　峻极生从地势坤，擎天一柱四窗存。有时空洞来龙驾，列岳灵祇尽骏奔。
>
> 过云　苍苍廿里籍仙踪，出岫无心瑞霭浓。南北往来蹊径熟，故应环佩日相从。

云南　向阳一麓与天齐,鸡犬遥闻只隔溪。俗客未应容易到,是间唯许羽人栖。

云北　云北人言是北溟,修鳞可驾上金庭。高风已得扶摇便,聊向虚窗聚德星。

鹿亭　谁将此物命危亭,漏泄知因甫里生。渴饮云浆饥沆瀣,笑渠凡质食蒿萍。

樊榭　从来此地隔凡尘,多是嬴秦避世人。檐外饱闻丹凤味,阶前更看舞麒麟。

潺湲洞　金作栏干玉作塘,莲漪一派注仙乡。涓涓波及人间世,雪窦山前白练长。

青棍子　羽憾新从帝所回,余欢未尽玳筵开。醉抛青子香泥上,留与王家取次栽。

鞠侯　乌鞠攀缘日往还,人间仰视在天端。如今蕙帐休惊晓,林下衰翁已挂冠。

南宋淳熙七年(1180),孝宗把都酒务宅院赐予史浩,史浩则将其扩建为"寿乐府",以作府第。时东到镇明路,西邻月湖,北至平桥河,南近大方岳第,占地极广。相传,位于月湖北侧东面菊花洲上的大方岳第,南宋时期也属于史浩宅第的用地。都酒务则是官营酿酒、卖酒、征收酒税之所,据说最早用月湖之水酿造双鱼酒,该酒出自宋朝,贡于朝廷,曾几度失传。

而史浩在月湖除了竹洲,还有建于月湖菊花洲宝奎巷一带的寿乐府,是当时明州城内最为显赫的太师府、越王第。

"奎"乃二十八星宿之一,古代御书亦称奎文、奎章、奎墨、奎藻等,史浩以此取名,并在宝奎阁中收藏御书,极富神圣之意。其在《明良庆会阁上梁文》中这样形容:"觚棱金碧,既上耸于星辰;榱桷丹青,更交辉于海岳。"足见宝奎阁的堂皇、尊贵与豪丽。可惜迨至明时已不存,后遗址上建起土地庙,百姓改称宝奎庙。明清以来,宝奎巷为官宦、富商宅第,粉墙

⊙ 宝奎故里建筑群

黛瓦、青砖石巷、飞檐翘角,栋宇坚久,为城内保存较为完好、面积较大且相对集中的清代古建筑群,称宝奎故里建筑群。

史浩不仅在菊花洲建造府第,还在芳草洲设立学塾,请"淳熙四先生"之首的杨简教授讲学。后史浩之孙史守之,则让碧沚于杨简,以开馆讲学。

位于月岛的花果园庙,是史家的又一天地。然有关花果园庙之修建缘起,说法有二。嘉靖《宁波府志》记载:"花果园庙,县西南二里,祀宋将军杜恺。恺随驾之明州,力御金寇,民德而祠焉。"此为一说。另有一说,见《四明谈助》卷十九《花果园庙记》:

> 花果园庙,肇造自史氏,其庙神即司园之土神也。明中叶,忽传为建炎将军杜恺而立,载入《嘉靖府志》中。近有费纬祉者,作记敷衍其故事,谓将军以扈从至鄞,舍于史忠定王之园。将军

本籍祥符,忠定曾令祥符,故相善。将军卒于是园,即立庙祀之;并有墓在太白山之说。考建炎扈从诸公,如郑世忠、张鳞、潘迪、李显忠,皆有后人居鄞……然考史氏先世,本居湖上。自越公迁大田山中,而葬下水,子孙皆居焉。其复归于湖上,自忠定始。而园之建,更在忠定归田之后,其于参政无预也。然则将军寓园之事,尽属流俗所传,不足信。况自成化以前之志,无载之者。其谓将军官镇东将军,世袭金吾。不知宋无四镇之官。乃六朝时官制也。尤不攻立破者矣。

今人多采此说,即花果园庙乃史浩宅第中之庙园,庙神乃管理庙园的土地神。

据《鄞县通志》载,花果园庙建于南宋淳祐年间(1241~1252),明万历四十六年(1618)重建,清乾隆四十六年(1781)毁于大风,当年重建。

花果园庙与古戏台

中华民国七年（1918）又重修。庙由街廊、台门、正厅等组成，台门槛板上书有"西湖庙貌崇，祉邻忠定宅"对联，正厅四柱三开间，进深三柱。

花果园庙对岸临河古戏台，与庙同时代建造。1999年，月湖景区改造，对庙和戏台重新进行保护与修缮。今花果园庙已冠以"八行文化陈列馆"头衔，所谓"八行"，是指孝、悌、睦、姻、任、恤、中、和。传北宋大观年间（1107~1110），史浩的祖父史诏以孝义名闻乡里，以"八行"树立家范，被宋徽宗赐号"八行高士"。

不过，史浩侍母至孝的故事，更为甬人所尚。传史浩母亲八月十六生日，但中秋十五依国礼应陪伴国君，于是他于中秋日之星夜，从都城临安（今杭州）赶往明州，次日为母亲贺寿，并陪母亲在古戏台看戏。另外还有其他版本，此不尽述。昌盛则贵显，如今依然为宁波人所津津乐道，而在宁波，农历八月十六过中秋节者亦大有人在。

自史浩起150多年间，月湖似乎处处都有史氏基业，且无不尽见。有比喻称南宋时代之月湖，乃史氏之内湖。《四明史氏家谱》等则载称，月湖上的竹屿与月岛，即如今的花果园庙周围区域，原为史氏菜园果圃。一部史氏家族史，又或是南宋的历史缩影。

索观史氏显赫，难怪全祖望在描写月湖的文章《湖语》中感慨：谁有如此大的能力，能够将四明洞天之景致搬到竹洲岛上来？谁有如此大的魄力，将一湖清水做得如此迂回萦复？纵观宁波历史，也只有那个能将月湖十之八九尽收囊中的史氏家族吧！

全祖望的《鲒埼亭集》外编卷四十七中还有更全面的记述，唯得道之深者，方能言浅意深：

> 史氏自忠定筑别业于湖南之竹洲，光宗在东宫尝书"四明洞天"四字赐之，而前此高宗、孝宗所赐御墨尤多。忠定之真隐观虽在竹洲，其实跨湖而东，迤逦至均奢桥之西，直接平桥，所谓世禄坊者，乃其赐第。忠定卒，是宅归于长孙子仁，即朴斋侍郎

子也,不满其叔弥远所为,退居筑园湖北之碧沚,宁宗亦御书"碧沚"二字赐之,则所谓宸翰者,于高丽使馆天顶。……既有是阁,遂以"宝奎"为里名,故图经但载二字,而不及庙,却是时不过史氏第中之物,本无庙也。……诸史之别宅月湖者,衮绣坊最在湖之西北,世禄坊在湖之东北,竹洲在南,宝慈寺在西,花果园在东,碧沚在北,石窗居又在碧沚西北。十洲三岛,半属平泉,其盛如此,今皆废矣!

世事茫茫,得失难量,为忘记而铭记,因感慨而兴嗟。

二、去竹洲看竹,对竹思古人

北宋庆历年间(1041~1048),楼郁在竹洲开办城南书院。南宋淳熙十年(1183),著名政治家、词人史浩筑真隐观于竹洲,并邀请沈焕、杨简、袁燮等学者前来讲学,又将四明山景观微缩至自家园林,建成后获宋光宗御赐"四明洞天"匾额,再后来与魏杞、汪大猷等同创月湖诗社。著名诗人陆游来访后写就《游四明洞天诗》,史浩则以《次韵陆务观游四明洞天》和之。时宁波近都城临安(今杭州),四明史氏兴起,史浩、史弥远、史嵩之"一门三宰相",影响了南宋大部分时期的政治文化,竹洲始步千年学府之厚学与浙东胜地之秀润。

欲行竹洲,先过石桥,桥名曰"竹洲古津"。过了石桥,即上了岛。白天的竹洲,青林翠竹,一目了然。要是夜行,则犹小家碧玉。

《四明谈助》载:

> 自烟屿绝湖而东为松岛。其分水:南从南城下入日湖,北过湖心西桥、幢幢西桥、绕碧沚庵后,入平桥河。松岛之上,为楼公讲舍,为锦照堂,为王氏昼锦堂,为史氏真隐观,为四明洞天,为

谢遗尘庙，为史少师宅，为竹洲三先生书院，为晏公庙；在明为陆康僖公祠，为全氏别墅，为胡缦山隐居等迹。

《西湖十洲志》云：自史氏筑真隐观后，松岛始改名为"竹洲"。

《月湖丈尺图》云：南城下至竹洲五十一丈，竹洲取湖心寺前三十八丈八尺。

竹洲先为正议楼公（楼郁）讲舍，正议之孙墨庄所建昼锦堂、紫翠亭皆在。后归史越王，遂称"洞天"。西湖（月湖）旧有十洲三岛之胜，最南一洲与楼氏故庐密迩。楼楚公（楼异）守乡郡，筑锦照堂、怀绥轩，刻祐陵御制其上。

真隐观，在月湖竹洲，宋丞相史忠定（史浩的谥号）读书之所。忠定自号"真隐"。乾道中，宋孝宗尝御书"真隐"二字赐之，后遂为观。

史忠定宅在湖东，以湖中竹洲之真隐观为洞天，摹四明九题，因立谢遗尘庙于其中。史少师宅，在月湖东，史少师弥大之宅，俗称前府。然今庵、堂、观、庙等，多已久废。

鲜为人知的"竹洲三先生"，即常在竹洲书院授课的沈焕、沈炳和金华学者吕祖俭，他们曾在竹州创办沈端宪讲舍，故讲舍有"三先生书院"之称。《竹洲文献》载：月湖十洲在宋时即为东南名胜，竹洲旧曰松岛，居十洲之最南，风景尤为清幽，四面环水。其东为竹屿，其北为花屿，其西为烟屿，而桃花堤由烟屿蜿蜒，而南隔湖相望。

舒亶《西湖记》亦云："元祐癸酉（1093），刘侯纯父来守是郡，适年小旱，乃一切禁止而疏浚之，增卑培薄，环植松柳，复因其积土，广为十洲"，并对诗曰："亭亭古干对沧浪，雨洗风飘老吹香。晚岁何人同寂寞？水西我有读书堂。"

史浩所著《鄮峰真隐漫录》卷三十九《四明新第上梁文》，所记详细，令人如游故地："伏以四明一湖，适潴郭内；十洲三岛，俱峙水中。"袁燮《资政殿大学士赠少师楼公行状》中有："四明他山源泉注于城中，汇而为湖，旧有十洲三岛之胜。"而竹屿在王家墩、三支弄等处，烟屿在桂花井、呇底等处，花屿在月湖、湖心桥间的悬水地，时人有误为月岛者。月岛即今花果园庙附近地，桃花堤即自呇底、水仙宫直达旧长春门，沿城基之狭长旷地。

竹洲较为著名的还有"甬上四先生"，南宋时期又称"四明四先生""淳熙四先生"，即沈焕、杨简、袁燮、舒璘四位甬上著名学者，乃四明学派代表人物。他们既是同乡，又是同学，故合称。据《竹洲文献》载：当时淳熙四先生，皆环湖而居，各开讲院。定川（沈焕）居竹洲，而杨慈湖先生简（杨简）在碧沚，袁絜斋先生燮（袁燮）在楼氏精舍，舒广平先生璘（舒璘）虽常宦游远出，而居第在湖上，故亦时相过从。定川与慈湖、絜斋、广平同师陆文达，而季文则师陆文安，兄弟分宗二陆。时金华吕大愚先生祖俭[1]监明洲米苗仓，常扁舟往来，湖上诸讲院无日不会，而在竹洲切磋尤笃。定川常游明招山，与吕东莱先生祖谦极辩古今，以求周览博考之益。然则陆学之盛于浙东，亦固其所。而沈氏之学，实兼得明招一派，亦于此可证矣。

定川即沈焕，尊称沈定川先生。沈焕之弟沈炳，字季文，尊称沈季文先生。吕祖俭，吕祖谦之弟，其《泛舟至竹洲》有记："湖光柏天浮竹洲，隐然一面城之幽。中有高士披素裘，我欲从之恐淹留……"可见南宋四明人才辈出，学术繁荣。"四先生"等既有家学渊源，又勤耕不辍，发展了陆九渊之后的南宋心学思想，并逐步形成自身特色，遂成南宋心学的主要人物。

自宋起，竹洲便是兴学求知、文人荟萃之所，被誉为浙东学术中心。自宋迄清八百余年，代为学术重地。清乾隆年间，著名学者、文学家、史学大柱全祖望治学竹洲，重建"三先生书院"。谢山全氏谓："吾乡自宋元来，号为邹鲁，洵非虚语矣。"

---

[1] 吕祖俭，吕祖谦之弟，著有《大愚集》等。

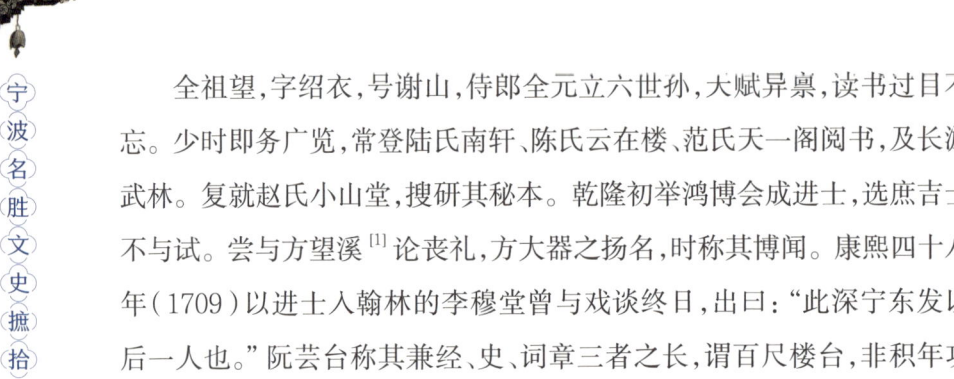

全祖望,字绍衣,号谢山,侍郎全元立六世孙,大赋异禀,读书过目不忘。少时即务广览,常登陆氏南轩、陈氏云在楼、范氏天一阁阅书,及长游武林。复就赵氏小山堂,搜研其秘本。乾隆初举鸿博会成进士,选庶吉士不与试。尝与方望溪[1]论丧礼,方大器之扬名,时称其博闻。康熙四十八年(1709)以进士入翰林的李穆堂曾与戏谈终日,出曰:"此深宁东发以后一人也。"阮芸台称其兼经、史、词章三者之长,谓百尺楼台,非积年功力不可。谢山曾主讲绍兴蕺山书院,粤东端溪书院,士论其性亢直,负气忤俗,有节概,为学渊博无涯涘。

《竹洲文献》载全祖望"其双韭山房,虽在青石桥胡氏适可轩后,而竹洲既为其别业,则其著述必多成于此间者,可无疑义"。因竹洲在宋朝即迎来鼎盛时期,故名门望族都选择来湖畔筑园建宅,地方官亦对月湖进行挖掘和疏浚,一片湖光碧水吸引诸多文人墨客赋诗唱和,令无数名流竞折腰,月湖风雅倍显。

宋代刘珵《松岛》诗云:"耻随杨柳娇春色,压近芙蕖递暗香。直干凌霜终偃蹇,愿为一柱壮明堂。"明代陆宝《竹洲》诗云:"独占湖南景,行人指竹洲。无穷三面水,亦有数间楼。鸟悦临津树,鱼牵入屋舟。前朝真隐地,花月至今留。"清代袁德峻《松岛》和宋人原韵:"春风冬雪又秋霜,阅历年年老更香。千古贞心谁作伴,尚书桥畔一祠堂。"

有关"四先生"的简介,《淳熙四先生祠堂碑文》云:

> (四先生)心明则本立,而涵养省察之功于是有施行之地,原非若言顿悟者所云"百斤担子,一齐落地"者也。是以广平兄弟,骤有所省、而广平曰:"学非可以一蹴而至也,吾惟朝于斯,夕于斯,其亦可以弗畔矣。"则广平方且以顿悟戒学者。定川昼观诸妻子,夜卜诸梦寐,闻过自讼,不敢苟安,其刻厉如此,乃由

---

[1] 方望溪,清代文学家。

艰苦而成者。慈湖斋明严恪,非礼不动,生平未尝作一草字,固非恃扇讼一悟以为究竟也。絜斋教人以自得,而谓吾心与天地相似,精思以得之,兢业以守之,则其全功可知矣。"

文中弗畔之"畔"字,通"叛",释义为背叛、叛离。自讼,即自己责备自己。戒是一切功德善法之根本,戒学即戒律的修学,乃三学之一。南宋哲学家陆九渊曾用"扇讼"之喻,启发弟子杨简对"本心"之说的理解。关于竹洲形象及四先生的秉性与文化内涵,蔡和铿所作的《竹洲文献》序中有云:

竹洲地小而幽,水石清旷,花竹掩映,迥出尘表,为月湖十景之一。自宋庆历淳熙诸先生讲学,而后历元涉明,代有名贤硕

⊙ 竹洲南眺

儒,谈道讲艺于其间。清全谢山先生以此为别业,端居著述,以饷后学,厥后宗湘文太守辟为辩志书院,延定海黄傲季先生主讲汉学,故竹洲虽小,屿系吾鄞,文化甚巨,不啻一邑之邹鲁,岂若芙蓉、菊花诸洲,仅以名胜著哉。

清光绪五年(1879),鄞县知府宗源瀚在月湖竹洲创建辩志书院,建有讲堂厅、学子宿舍等院舍,设汉学、宋学、史学、舆地、算学、词章六科,创甬上开设舆地、算学等新学科先导。

蔡和铿,字芝卿,浙江鄞县人,民国时期文人,老成博学,曾任星荫小学校长,编浙江乡土地理教科书,上编总述中国及浙江省,共38课;下编分述各府古迹、人物,间配图画,共52课,专供浙江初等小学之用。"一使儿童知全国之幅顿,为第四、五年授中国地理之基础,一使儿童知本省之可爱可惧而引起其奋发自强之心。"旨让儿童爱恋乡土,景仰前贤。

中华民国元年(1912),由宁属六县人士集议,于飘荡着历史气息、凝聚过古人目光的竹洲辩志书院故址,创立"旧宁属县立女子师范学校"。百年来,学校数易其名,有"中山公学""宁波市市立女子中学""鄞县县立女子中学""鄞县临时联合中学""鄞县县立中学""宁波市市立中学"等校名。1952年曾被定为省重点中学。1954年,学校再次更名为"浙江省宁波第二中学",并沿用至今,且已培养出大批名人精英和政要翘楚。

往者不可及,来者犹可追。返身竹洲古津石桥,回首望了又望,似乎一切如昨。然重教之风,山高水长,每念及此,掷笔三叹:每个人心中都有绿洲,今竹洲又该是谁的绿洲?!

银台第

帝师童华的故居

"师道天下尊,银台百仞悬。"银台,即传说中天上王母所居处,又说是月亮的别称,此处指古代官职。因宋有银台司,其司署设在银台门内,掌管天下奏状案牍,故名。明清时,其与通政司相当,故也称通政司为银台。

银台第原为清道光通政司副使童槐的家宅,因童槐担任过通政司副使等职,故这座宅第也被称为"银台第",位于月湖之北平桥街的拱桥边,20世纪末在月湖景区改造中,被完整地保留了下来,如今依然低调沉稳,如同史书。

银台第坐北朝南,面向月湖,分为前、中、后三进。现中轴线上有门厅、大厅、正楼、后堂等建筑,东西两侧配有厢房、书楼,占地面积约2300平方米。建筑格局规整,布置合理,用材考究,装饰具有浓郁的地方风格,是典型的清代中晚期宁波城区官宦住宅。

其中主厅绳武堂,是议事、行礼、交际之所;今白华堂,则是宅主祀祖敬宗的地方;花厅为童槐之子童华晚年辞官归家时治学之地;雅玩室,作为主客闲暇时博戏玩耍处所;闺房乃清代官宦小姐的私密空间,内中所陈之绣品花鸟四条屏,据说还是清代留传下来的老物件。因银台第官宅宅址原是宋代的都酒务(又称郡酒务),故其宅冠有都酒务名头。都酒务,

○ 银台第院墙

顾名思义就是官方酿酒、藏酒、征收酒税等的机构。另外,还有磨坊、书房、沐浴房、藏书楼、佛堂等场景式陈列,辟为银台第官宅博物馆。

据载,明洪武年间(1368~1398)进士、官秘书郎童全,自慈溪迁鄞县梅园乡建岙[1],旋又迁至城内月湖西岸,分居廿四间、西门外千柱屋。清通政司副使童槐、礼部右侍郎童华、翰林官山东劝业道童祥熊等皆其后裔。

银台第一任主人童槐(1773~1857),字晋三,一字树眉,号萼君,鄞县人。幼时家业零落,6岁失怙,然性耽劬学,发愤读书。清乾隆五十六年(1791),19岁的童槐补鄞县生员。嘉庆元年(1796),童槐以岁试一等第一名补廪。嘉庆十年(1805),童槐中进士。后曾任地方官吏和京城高官,在江西、山东等地都留下了他的为官足迹。他回归故里后,在一水绕绿的月湖畔选景择地,建造官邸,后竟成为童家子孙累出功名的发祥地。其子童华、孙童祥熊皆为进士。进则天下仰,故童家有"一门三进士,父

---

[1] 今鄞江镇建岙。

子同翰林"之说,至金玉满堂,福禄寿喜均沾。《鄞县通志·文献志》载:

> 槐早官祕省,熟谙典章,工书善射,能画山水人物,先后掌教月湖、慈湖书院及陕西之关中、江西之鹅湖、广东之学海堂,与生徒讲解无倦。家居三十年,地方吏遇重大事,必以相咨云。
>
> 又,奉谕秉公办理,不避嫌怨,在任一年,结旧案千余件,释无辜千三百余人,又结新案千八百件。道光元年(1821)调湖北,未履任,改通政司副使,明年因事早迁,改捐郎中,引疾归里。咸丰七年(1857),卒,年八十五。

因童槐掌教月湖、慈湖等本土书院,故在当地师位最尊,师道最重。其家宅之右,有藏书处名得月楼,惜1999年为拓路而改动。童槐诗多怀古、纪游之作,风格清润,间有奇气,主要著作有《过庭笔记》《今白华堂集》等。据报道,东钱湖畔曾发现童槐所题墓碑,碑长约3.5米,厚18厘米,高67厘米。专家称童槐作品存世不多,如此特大尺幅之书法,更是少之又少。另据称,童槐曾为四明史氏三十一幅祖像作过题跋,该套史家祖宗画像、传记及题跋,乃宁波唯一入选国家遗产榜的档案文献,跋中的每个字约一厘米见方,可见其擘窠、小楷都相当出色。

童槐之子童华(1818~1889),幼时遍读诗书,学识丰富。《鄞县通志·文献志》载:童华,字帷充,号薇研,道光十八年(1838)进士,授翰林院庶吉士,官至吏部右侍郎,上书房行走,国史馆副总裁,都察院左都御史。其性诚厚,为学尚实用,曾修砌偃月堤,精于天文、舆地之学,善诗文,书画均佳,著有《竹石居诗文抄》等。

童槐之孙童祥熊(1844~1917),名坚国,字小镕,号次山,光绪九年(1883)进士,授翰林院编修,官至安徽道台、山东劝业道道台。童祥熊之孙童书业,为现代著名史学家。

据《宁波日报》(2016年3月11日)报道,天一阁新发现曾国藩等人批注《童薇研（童华）先生馆赋》，含童华所作赋稿13篇。所谓"馆"，指翰林院；"馆赋"即在翰林院所作之赋。童华曾任翰林院编修，与曾国藩既为同年，又是同僚。后曾国藩出任督抚，与童华交往甚深。《曾国藩全集》中，亦有多封致童华的书信，且时间也多在同治年间（1862~1874）。

家住与银台第百米之遥的甬籍文史专家、上海市文史研究馆馆员周退密，曾向天一阁捐赠《先总宪公日记》书稿手迹等。"先总宪公"，即幼时遍读诗书的童华。其日记称：5岁时，"先公授《千字文》《诗经》"；7岁时，"表兄张恕授《书经》《尔雅》《唐诗》"；8岁时读《易经》；9岁时读白居易、陆游的诗，以及《左传》《礼记》；11岁时读《四书》《春秋》《孝经》……日记还记载同治十一年（1872）九月，皇帝大婚之日，太后懿旨，上书房行走的黄倬、童华，国子监祭酒张鋆"赏加一级"；"同治十三年（1874）十一月初一，上出天花"，等等。

又据天一阁博物院典藏研究部工作人员介绍，童华少年早慧，才思敏捷，学识出众。20岁就中进士，且殿试二甲，被选为翰林院庶吉士，朝廷中论科第先后者，无与伦比。年少登第后，仕途坦荡，一直做到礼部侍郎，而且入值上书房26年。上书房是皇子皇孙们上学读书的地方。"入值上书房"，说明童华在上书房供职，有着帝师的身份。

由宁波传统航运商帮南、北号[1]捐资创建的安澜会馆和庆安会馆，是同业航海之人聚会和祭祀妈祖的场所，其中的南号亦曾不惜重金，礼聘童华之子童玉庭等为公行先生，足见其神通广大。

历代帝师，为数不少，但责任甚重，其不仅是狭义上教君主

---

[1] 又称南帮、北帮。

⊙ 银台第大门

文化知识,更要教帝王修身齐家和治国平天下,绝非一般水平的人所能担任。作为皇储教育的一个部分,帝师教育的意义远远超过家师家教。童华作为光绪帝的老师之一,懂得教导君王的智慧,有执教之明、教帝之贤和教帝之招。凭其帝师之位,银台第也自然有了"帝师故居"之称。

报载,2017年宁波市教育部门曾收受一套刻于清同治年间的14册《五经鸿裁》"巾箱本"捐赠,其大小类似于如今便于携带的袖珍本口袋书,内中收录了古代科举考试"五经"科目的范文,收有曾国藩、何绍基等进士的部分佳作,其中一篇就是童槐的"八股策问"。

对童华赞誉最多的重量级人物,当数父子同为帝师的翁心存和翁同龢。翁同龢,字声甫,一字均斋,号叔平,在常熟翁氏"同"字辈中排行第六,同行称之"六兄",其后又自号"瓶生",自署"瓶居士"等。曾担任同治、光绪两朝帝师。为民间所熟知的是,他在任刑部右侍郎时,曾为杨乃武与

"小白菜"冤案平反昭雪。翁同龢作为著名的晚清重臣,曾担任军机大臣兼总理各国事务大臣等中枢要职,并参与主持科举考试四十多年,在宫廷教育等方面更是独树一帜,他说童华"自通籍至终于仕,凡五十二年,朝廷论科第先后者,无与为比"。

清道光十五年(1835),翁同龢之父翁心存主持浙江乡试,童华考中举人。道光十八年(1838)会试,考中进士,为庶吉士,散馆授编修。此后,因其父母先后去世,在籍丁忧。至同治元年(1862),服满回京,谕令在上

⊙ 银台第内院

书房行走。

童华系翁心存门生,故常去拜见,因执意行跪拜之礼,翁心存又坚推不得,有次回礼时竟不慎蹉跌,伤及手指,并因此传为佳话。当时,比童华年轻的翁同龢,同在翰林院,尊称童华为"童老前辈"。

同治六年(1867)童华任江苏学政,同治八年(1869)任工部右侍郎,同治十年(1871)学政任满回京,仍在上书房行走,授读惠郡王兄弟。因翁心存曾授读老惠亲王绵愉,故童华与翁同龢的来往更为密切。同治十二年(1873),童华与翁同龢等共同担任顺天府乡试副考官,知己之间座谈对弈,交往更深。

光绪八年(1882),童华升授左都御史,此职位较为轻松,任内亦无大事发生,且其时又年老体弱,故常告假居家。光绪十五年(1889)二月,童华因腹泻不止,药石无效,撒手人寰。时翁同龢代为草拟遗折,谕旨照侍郎赐恤,并亲自主持吊唁。后又应童氏之子请求撰写墓志铭,翁将此交由文廷式代撰,并付给文氏三十两银圆作为润笔费用。童氏女婿郑姓,曾于光绪二十九年(1903)前后任常熟县令,亦常怀感恩之心,念相助之人,多次前往瓶庐拜访翁同龢。高出者必有不足,得意者必有遗憾,不具述。

绕着银台第的墙根,发现一墙之隔,咫尺之遥,香花与杂草共生。昔日门第很高的银台第,在月色如水的夜里默然无语,看似繁华落去,但四周依然一片清辉。我们看不到历史的原貌,只有通过历史记录去了解。而经传所记又难免有所得失,此既为其神秘性,又是缺陷性,陈墨难展,长书难释。

但有时的沉默,也是一种高度,唯有沉默,才留火种。

县学街

一条兴学之街

县学街、念书巷,孔庙、县学,王安石、王应麟……

"天下不可一日而无政教,故学不可一日而亡于天下。"此乃北宋王安石所作《慈溪县学记》的开篇之述。而"人之初,性本善;性相近,习相远",则出自宁波大学者王应麟之手。古圣之书,先贤之字,开卷有益,不胜概举。

先说王安石,其与宁波有千年不解之缘。在鄞为官的王安石,除了政绩突出,亦为宁波开创了一个重学兴教的时代。

宁波简称甬,唐称明州。宁波在唐以前有庙无学,且先有鄞县孔庙,再有鄞县县学,此在张津纂修的乾道《四明图经》、罗濬等人所纂的宋宝庆《四明志》中,均有记载。

孔庙,又称夫子庙或文庙,是中国历代王朝祭祀孔子的庙宇。县学,则是旧时供生员读书之所。古代科举考试一般有童试、乡试、会试、殿试,分秀才、举人、贡士、进士,童试录取,方准入县学读书,以备参加高一级考试。宁波府孔庙(府学)拆除于20世纪二三十年代,尊经阁迁至天一阁,而大成殿等遗址尚隐于地下。

旧时鄞县县治,附郭于宁波府治,城中既有府学,亦有县学。所谓县学,乃儒学教官之衙署。北宋时，慈溪设县学早于鄞县，先成造就人才之地。

唐元和九年（814），鄞县建孔庙于县东半里；到了北宋，先是李夷庚在鼓楼一带恢复明州州学，促成宋代明州官学之兴起；后王安石因庙为学，学设鄞县县东半里旧有的孔庙后，时因暂无更为合适的办学地点，故把鄞县的孔庙（现宁波市第一医院所在地）作为学宫，形成庙、学一体的局面，鄞县始有县学，县学街亦因此而名。

据《鄞县通志》载：县学街，旧名县学前、郡庙前、石住桥跟。后以县学学宫所在地定名。学宫，即始建于宋的鄞县孔庙。20世纪50年代，曾在县学街边修建宁波市第一医院大门，四个檐角高高翘起，古朴庄严。院内有"鄞县县学遗址"碑，记有："县学为儒学教官的衙署。唐元和九年（814），鄞县孔庙建于县东半里。宋庆历八年（1048），县令王安石以庙为学，鄞县始有县学。"

明清时期，以学宫命名的巷名为县学前巷，到了中华民国时期已有县学街的街名记载。清代宁波县学之建筑有棂星门、泮池、大成殿、文昌阁、明伦堂等，惜现存只有棂星门、县学街和县学社区。元代儒学教授、郡人郑奕夫作有《庆元路儒学重修棂星门记》。

《鄞县通志》又载：鄞县学于民国初年学废，庙东教谕训导署及明伦堂等改设鄞县教育会，而其他房产则用于鄞县公立医院，即宁波市第一医院前身。中华人民共和国成立后，县学遗址全部划归第一医院。至20世纪60年代，大成殿尚较完整，然而因1979年第一医院大规模改造建设，时将大成殿及所存古建筑全部拆除，其中有部分构件则运往宁波天童寺和阿育王寺，一改昔日县学孔庙之规模旧观。

不变的是县学街，街虽不长，但位置不俗，出能繁华入能隐。其东起开明街，西至镇明路，近邻宁波府城隍庙、天封塔，与镇明岭庙和天一阁·月湖景区接壤。

位于县学街东首的宁波府城隍庙，乃道教宫观，始建于梁贞明二年（916），现存庙殿为清光绪十年（1884）重建，整体建筑由照壁、门厅、仪

⊙ 民国时期设在县学孔庙的鄞县党部（王之祥摄）

门、前戏台、大殿、后戏台、后殿及东西偏殿和左右厢房等组成，内有数块碑刻等古迹，气势宏伟。

同在县学街东首的天封塔，始建于唐武则天万岁通天至万岁登封年间（695~696）[1]，因建塔年号始末为"天""封"而得名。其塔高约51米，共14层，分7明7暗（包括地宫），六角形状，庄严神圣。

县学街西边的镇明岭庙，乃宋天禧年间（1017~1021），明州郡守李夷庚为通风水，特于府署前堆土成岭，时称镇明岭，为府治前案山。清嘉庆二十五年（1820），建镇明岭庙，祀六邑城隍之神。

今宁波市第一医院对面的念书巷，南联云石街，北通县学街，不足百米，乃王应麟祖居地。古人感叹云石街："沧桑世局如云变，埋石千年化

---

[1] 唐武后"万岁通天"（696）年号当为"天册万岁"（695），据《旧唐书·则天皇后纪》丙申年改元两次，"万岁登封"在前，"万岁通天"在后，原书前后倒置。地方志也作"天册万岁~万岁登封"。后同。

⊙ 宁波市第一医院后门（原棂星门）

为汝"。《四明谈助》载云石街："石起平地，逼于道旁。相传每天雨，有云气蒙之，故名。"祖居于此的王应麟官于宋、逝于元，是我国历史上的重要人物，巷内现立有宋硕儒王应麟故里碑。而在县府前约一里地的王家府，旧称王尚书第巷，其宅第亦称"王尚书第"。

王应麟，鄞人，字伯厚，号深宁居士，又号厚斋。王应麟9岁能通六经，18岁就中进士，历事理宗、度宗、恭宗三朝，历官太常寺主簿、台州通判，召为秘节监、权中书舍人、徽州知县、礼部尚书兼给事中等职。因屡次冒犯权臣而遭罢斥，愤而辞官还乡。南宋亡后，不仕元官，在云石这片没有委屈的天空，时而燕居深念，时而无竞无争，专意著述20年，成著名学者、教育家、政治家、经史学者，与胡三省、黄震并称"宋元之际浙东学派三大家"。其主要著作有《深宁集》《玉堂类稿》《诗考》《通鉴地理通释》《汉艺文志考证》《通鉴答问》《小学绀珠》《困学纪闻》《三字经》等几十种六百多卷，其蒙学著作《三字经》，风行700多年，流传海内外，是一部优

⊙ 王应麟故里碑

秀的儿童道德教育教材，20世纪80年代被联合国教科文组织定为世界性启蒙教材。

今人质疑《三字经》中"夫妇顺""夫妇从"等已超出幼童阅历范围而不被理解云云，恐彼一时、此一时之览也。王应麟亦为宁波留下《重建大成殿记》《庆元路重建学记》《东津浮桥记》等珍贵地域文化史料。犹玉在山而木润，显身而贵。

南宋德祐二年（1276），元军入杭州，南宋灭亡，时54岁的王应麟，回念书巷隐居，过着"人低为王、地低为海"的遗民生活。其所著作品，大多在这个时期完成，其子王昌世则多做辅助性工作。王应麟去世时，享年

74岁;时,王昌世30岁,育有两儿一女。

王应麟有藏书楼,名"汲古堂"。传至王昌世时,有藏书万余卷,惜毁于火。书楼被毁后,曾被改建为白鹤庙,庙前小巷则称为"白鹤巷"。

1927年,以冯孟颛先生为首的街巷整理委员会成立,街巷整理委员会将王尚书第右首小巷命名为"念书巷",以此纪念王应麟。

王应麟的墓位于鄞州区五乡镇的同岙村,其三面青山环绕,原属宝幢,历史上曾为县治所在地,因东西两岙同一谷口,故又名同谷。后山谷消失,改村名为"同岙"。《四明谈助》卷四十一载:"同谷山,县东四十里。以东、西两岙同一谷口,故名……宋有酒坊司,至今土人掘地,常得瓮甓之类。此为鄮县故城之墟。或传在鄮山桥者,讹也。宋王尚书应麟及其先后坟墓俱在此山。尚宝冢孙厚孙有《同谷赋》。赋载《敬止录》。"

王应麟传世书法少见,中国港口博物馆曾征集到一块由其填讳的"关氏墓志铭"碑,是目前已知的其亲笔书丹碑文。

县学街的南北域,有镇明、广济两所小学。其中镇明中心小学前身乃鄮山书院,于清光绪三十二年(1906)由书院改建而成。

古地图上,浙东大地皆标有"鄞"字,足见其辽阔。至唐代,鄞属明州,县附郭,在开明桥建夫子庙于县东。五代,又改鄮为鄞。宋代,始立县学。然王安石又在《慈溪县学记》中感叹说:"盖庙之作,出于学废,而近世之法然也……而今之吏,其势不能以久也。吾虽喜且幸其将行,而又忧夫来者不吾继也,丁是本其意以告来者。"

设立县学,需要满足一些必要的条件。宋仁宗庆历四年(1044)三月立学诏书《宋会要辑稿》载:"诸路州府军监,除旧有学外,余并各令立学。如学者二百人以上,许更置县学。若州县未能顿备,即且就文宣王庙或系官屋宇,仍委转运司及长吏于幕职州县官内荐教授,以三年为一任。若无学官可差,即令本处举人,众举有德行艺业者充。"

王安石出任鄞县县令后,"起堤堰,决陂塘,为水陆之利。贷谷于民,立息以偿,俾新陈相易。兴学校,严保伍,又刻善救方,立县门外,邑人便

之"。其深念之情,民之欢腾,自不必说。《四明谈助》载:

> 王文公安石宰县,因庙为学,在县东半里,请杜先生醇为师。以教养子弟。建炎(1127~1130)毁于兵。嘉定十三年(1220),丞相史弥远以旧址湫隘,命守俞建以宝云寺西废掉的威果指挥废营更之。于是先圣始有殿从祀分列,春秋释奠礼行。匾其堂曰"养正"。东西设四斋:曰"观善",曰"辩志",曰"习说",曰"敬业"。后屡圮屡修。明洪武(1368~1398)初,损四斋,存二,更"养正堂"为"明伦堂"。正统三年(1438),守郑珞建明伦堂于殿西,左右列斋。殿之东建文昌祠,祠之东北为射辅。成化(1465~1487)初,守张瓒割宝云寺西隙地以广之。宏(弘)治(1470~1505)中,御史金洪言于提学赵宽,徙宝云寺于戒香尼寺废址,以其基移建明伦堂,创尊经阁。嘉靖九年(1530),遵制易塑像以木主,建启圣祠于明伦堂东,又浚学门外砚池,立峰塔。二十年(1541),守沈恺建聚奎亭于仪门右。

1220年,鄞籍丞相史弥远因县学旧址废弃已久,遂命地方官在宝云寺西边的威果指挥营地界,即今宁波市第一医院西部重建县学,这是鄞县县学的又一次搬迁。

有关王安石因庙为学的详细资料并不多,根据王安石《临川先生文集》中的《请杜醇先生入县学书》推断,立学时间为庆历八年(1048),他自己说:"某得县于此逾年矣,方因孔子庙为学,以教养县子弟。"

王安石曾先后作书两封,请慈溪名儒杜醇执教鄞县县学,此亦获全祖望、钱大昕等所认同。王安石请杜醇先生入县学作二书,见郡邑志。亦有学者说,其二书乃王安石亡佚之《师说》,此不作详论。

王安石给杜醇所写的《请杜醇先生入县学书》,坦诚纵情,发自肺腑:

人之生久矣,父子、夫妇、兄弟、宾客、朋友,其伦也。孰持其伦?礼乐、刑政、文物、数制、事为,其具也。其具孰持之?为之君臣,所以持之也。君不得师,则不知所以为君;臣不得师,则不知所以为臣。为之师,所以共持之也。君不知所以为君,臣不知所以为臣,人之类,其不相贼杀以至于尽者,非幸欤?信乎其为师之重也。古之君子,尊其身,耻在舜下。虽然,有鄙夫问焉而不敢忽,敛然后其身似不及者。有归之以师之重而不辞,曰:"天之有斯道,固将公之,而我先得之,得之而不推余于人,使同我所有,非天意,且有所不忍也。"安石得县于此逾年矣,方因孔子庙为学,以教养县子弟,愿先生留听而赐临之,以为之师,安石与有闻焉。伏惟先生不与古之君子者异意也,幸甚。

　　杜醇,慈溪人,经明行修,学者以为楷模。宋庆历中,鄞始建学,邑令王安石请之为师,又作《师说》以勉之。邑中文学之盛,自公始。收到王安石的第二封信,杜醇答应了邀请。王安石还极力延请楼郁等名流宿儒参与教学。自杜醇、楼郁等饱学之士执教县学后,甬地学风大振。

　　才随遇长,识以穷精。王安石虽只做了三年的鄞县县令,但做了不少对宁波有益的事,许多政治、经济、军事、文化等方面的措施,大部分在鄞地得以实践,后虽离开,但其倡导的学风,却经"庆历五先生"杨适、杜醇、王致、楼郁、王说等人发扬光大,影响尤为深远,并带动了周边区域的办学风气。宋时鄞县出了4名状元、718名进士。"满朝紫衣贵,尽是四明人"之美誉,更是甬人的实力写照。自宋至清,宁波科考及第者灿若繁星,状元有张孝祥、姚颖、傅行简、袁甫、方山京、张信、谢迁、王华、姚涞、韩应龙、杨守勤、史大成、章鋆等,进士也有2479名[1],为浙江之最。在王安石的影响下,明州形成了官学、书院、蒙学等教学系统以及重学兴教的

---

[1] 也有载2428名、2478名、2483名不等。

文化理念,因而有更多的后人,愿意把更多的成就归功于王安石,固各有说云。天一阁明州碑林中的许多碑文开头,都提到王安石,这与其修身、施事、见言等分不开。

凡人都有俗虑尘怀,有关王安石的种种褒贬,以及王应麟的文化贡献,不怕炊不熟,只恐断了火。好在昔日教书育人的县学,后来成了治病救人的医院;好在念书巷,有王应麟的故里碑在,应麟书院、王应麟读书节等也应运而生,此情此境,不应虚掷,城市将因此而更具魅力。

时天虽寒,犹觉耳热。恭敬在心,不在虚文。

城隍庙

人间福地,天下福祉

"予倘怠政奸贪,陷害僚属,凌虐下民,神其降殃。"此为宁波古时以神治吏的盟誓之言。

在古代,城隍是守护城池、保境安民之神,掌有祸福之权、死生之柄,威控福寿,权及阴阳,同时也具有惩恶扬善、剪除凶逆等的司法监察能

⊙ 城隍庙

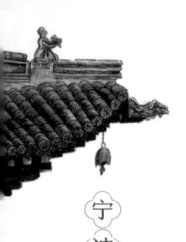

力，对辖区百姓充满仁爱，对境内奸恶尽力威慑，常以廉洁公正、明察秋毫等形象照行，亦常以正面教育、反面警示、寓教于乐等方式晓理。凡地方官上任、卸任，都必先到城隍庙，向城隍神拜祭，祭仪中必念的盟誓之言，成为悬在贪官污吏头上的一把无形利剑，故城隍深受百姓的敬仰与爱戴。

宁波城隍庙，全称宁波府城隍庙，别称郡庙，位于繁华的县学街22号，红墙泥瓦，与天封塔遥遥相对。为了有别于已毁的大梁街鄞县城隍庙，故又称为老城隍庙，简称老庙，曾经是宁波地区重要的道教宫观。

位于大梁街48号的鄞县城隍庙，又称新庙，始建于清乾隆三十四年（1769），乃郡庙之附郭。时沿街有三道石库门，天井之内为门楼戏台，中天井之后有大殿、后殿和左右厢房等，今只留数块被叶草藤蔓遮掩的古碑，还在暗示着留存的艰难。《四明谈助》载其："鄞邑附府，故行礼亦附于城隍。元、明皆未立。国朝乾隆三十四年（1769），始建于县南大梁街。"

宁波城隍庙的平面布局呈现纵长方形，中轴线上有高大的照壁，向内依次是照壁、门厅、仪门、前戏台、大殿、后戏台、后殿及东西偏殿和左右厢房。

照壁为藏风纳气、抵灾挡难之用，上有"固国度民""四时咸若""盘硕常安""百渚不警"等文字。其正门，则沿县学街，为单檐硬山顶双卷棚，额上有精美的如意形斗拱装饰，合榫精密，上承椽面，匾额"宁波府城隍庙"，为近代书法大家钱罕所书。明堂后为仪门，门前有抱鼓石，仪门有楼连戏台，戏台内有鸡笼顶藻井，边角有白鹤抱仙桃等图案，富丽堂皇，金光灿烂，展示出清末宁波地区朱金木雕技艺之精湛。两侧则为厢房与看台，正殿屋身较高，气势宏伟。

城隍庙的正殿之所以用材考究，戏台古朴绮丽，木雕石刻华彩纷呈，牌匾、楹联、壁画等墨宝非常，皆因其从南洋、福建等地运来上等木料，从百业中挑选优秀工匠，以及在庙中大量应用宁波著名的传统装饰工艺等，使其金玉满堂，流光溢彩，遂成国内现存规模最大、保存最完好的府城隍庙之一，堪称甬城一绝。

⊙ 城隍庙大门

城隍庙还存有明正统十一年（1446）制的《宁波府城隍神庙之碑记》等碑刻古迹。宁波地方文献研究学者龚烈沸编著的《宁波现存碑刻碑文所见录》称，宁波府城隍庙留存的碑刻多达26种，其中还不包括2005年自城隍庙移至天封塔公园的7块。

始建于五代后梁贞明二年（916）的宁波城隍庙，先是由刺史沈承业创建于子城之西南，大致位置在今府桥街与呼童街之间的交叉口，居老城中心位置。元代时，握兰坊有帝师殿旧址。明洪武四年（1371），火堂弄[1]发生火灾，位于子城之西南的城隍庙未能幸免，时郡守张琪决定择握兰坊帝师殿旧址迁建之，即今址。宋时，握兰坊为东南厢十四坊之一，大致范围为今南起县学街，东至开明街，北至新街，中与药行街交会，时乃繁华之

---

[1] 今呼童街。

⊙ 城隍庙戏台

地。帝师殿是供奉帝师的神殿,帝师殿之兴,与元代统治者敕令"天下郡国皆立帝师殿"有关。

清康熙年间,因城隍庙又遭火灾,知府高启桂重建。此后雍正、乾隆、道光、同治年间各有修葺。清光绪八年(1882),再毁于火。现存建筑为光绪十年(1884)重建,四年后方现秀伟。时上海《申报》记述宁波郡庙告成择吉开光盛典:"大门内东之怀棠祠西之痘神殿,陈列各玩器,商彝周鼎,古翠斑斓,疑非人世间物⋯⋯"1982年,城隍庙曾作大规模维修,并改建成商场,文商共荣风头劲,好在主体建筑仍保留昔日规模结构。

宁波城隍庙主祀纪信,还有城隍娘娘、瘟神、痘神以及二十四司辅助

神等;衬神据称有与宁波密切相关的韩察、应彪[1]、王元㬎、黄晟、沈承业、王安石、张琪、钱肃乐等历史上的忠臣名吏,也有说还有刘裕等,莫衷一是,却似乎不无昭示意义。

昔日人们去城隍庙,一是拜菩萨、了愿心;二是赶热闹、吃喝玩乐。尤其是远地民众,宁波城隍庙是他们十分向往的地方,到宁波必要去城隍庙,方算不虚此行。过去还有酬神自娱的"抬城隍"等民俗活动,可谓敬神不绝,庙会常盛。每逢节日还要酬神演戏,期间张灯结彩,锣鼓喧天,好戏连连,其声势之浩大,可轰动整个宁波府城。

早在宋代,城隍祭就已列入官方祭典,每逢清明、七月半、十月初一,按时举行祭祀大典。明太祖朱元璋极力推崇"联立城隍神,使人知畏,人有所畏,则不敢妄为"以及"置守令以治民生于昭昭之际,设城隍以司民命于冥冥之中"(《明史》)等等,以强化皇权统一。清代孙诏则谓宁郡城隍尊神"聪明正直,夙著灵异"。传城隍手下有十八名判官,分管着人生死案、长生注命案、善恶报应案等事务,也有说其僚佐有三司、六司、廿四司甚至卅六司等。城隍之所以受到大众的拥戴,是因为他所肩负的神职使命,是大众心目中的知心人、家园的守护神。

全国各地的城隍庙,大多挂有"护国庇民""浩然正气""纲纪严明"等匾额及相关楹联。宁波城隍庙楹联有"五邑隶缾幪,五谷金穰古大有;四明资保障,四时玉烛庆长调""欺己即欺天,亏心事难逃监察;有因必有果,到头时不爽毫厘""悯贫拯危原人生本色,欺小媚高非吾辈行为""临喜临怒见涵养,群行群止见品格;大事难事看担当,逆境顺境看襟怀""事在人为休言万般都是命,境由心造后退一步自然宽"等,可谓意味深长,令人

---

[1] 一说殷彪。

心生敬畏。

明代鄞人黄润玉[1]撰写的《宁波府城隍庙碑记》，所云甚是明白：

梁贞明二年（916），郡守沈承业始建城隍神祠州治西南。宋嘉定九年（1216），摄守程覃，奏赐庙额曰灵佑。宁宗即位，升州为庆元府。元初易府为路，隳天下城池，庙因弗葺。皇明大一统，复明州，置府而大其治。凡天下城隍之神，皆封爵曰监察使司民城隍显佑伯。惟时庙祀隘陋莫称。洪武四年（1371）春正月，庙灾，郡守张公琪以郡治南握兰坊故元帝师殿为庙以祀神，期八百年于兹矣。……至十四年（1381）易明州为宁波，乃正神号曰宁波府城隍之神，礼也。旧制，凡命官亲民于兹者，视印之日，必先期斋宿牲祭以与神誓曰："予倘怠政奸贪，陷害僚属，

⊙ 城隍庙内景

---

[1] 黄润玉著有《四明文献》，主纂《宁波府简要志》等。

凌虐下民,神其降殃。"至三载奏绩去任而复官,皆祭于神如初。岁祀郡厉,则又迎神以主之。其享祀之盛,非第社稷山川,群祀春秋岁遍而已。祀典既盛,神灵丕著,祷即应,感即通。岁或雨旸愆期,民必戚于神,而神休于民者多矣。今郡守陆公下车之明年,岁旱,公祷于神而天雨。又明年岁旱,复祷于神而天雨。……辞曰:神之司兮城与隍,民所恃兮保而防。朝有命兮官斯邦,神与誓兮阴鉴阳。廉而明兮神降祥,贪而暗兮神斯殃。祀典昭昭兮与国无疆。牲奠俎兮醪奠觞,神来歆兮神来尝。时雨旸兮岁丰穰,驱疫疠兮人寿康。官斯邦兮禄位昌,兵斯卫兮威武扬。祠神岁岁兮其乐无央。

黄润玉下笔隽永、流畅、明白、犀利,正义朴素,爱憎分明,文脉一贯,文情并茂,文采斐然,文辞醇深。斯文一脉,厥盛千年。

明洪武四年(1371)春,庙毁之后,郡守张琪将城隍庙从原先的"子城西南五十步"移至郡治以南的握兰坊,元帝师殿旧址,即今海曙区县学街城隍庙址。之后,地方官郑珞又大修殿宇廊庑,扩建正殿南轩三楹等。时逢宁波府大小官员上任、离职或遭遇灾害等,必祭于城隍神前,且官员的盟誓之言格式统一为"予倘怠政奸贪,陷害僚属,凌虐下民,神其降殃"。城隍庙亦成全城人的公庙。

清雍正五年(1727),孙诏任宁波知府,时有《重修宁郡城隍庙碑记》,记云:"直省郡县有城隍之神,所以佑国庇民,为地方之保障也。盖明则有官司,幽亦有主宰,其分相埒,其事相须,其道正直而不爽,故鉴观有赫,惟视人事之善恶,而神聪之彰瘅因之,凡可以佐政教,刑罚之所不逮者,无不深切而著明也。"

今郡庙大门西墙,有《宋景福律寺遗址》碑,其乃日本著名学者、高僧、中日友好使者村上博优所书。村上博优自1979年起,先后120多次访华,其中90多次来甬考察研究与学术交流,出版有大量有关中日文化交流论著。他认定现存郡庙为宋景福律寺遗址,称该寺为日本入宋僧人必到之处。

律寺是僧人研习戒律以证得佛果的修行道场,鉴真、弘一等都是研习戒律的著名高僧。宋代宁波有六大"十方律院",景福律寺是其中最著名的一座。该寺原名"水陆莲花院",建于北宋建隆二年(961),宋真宗赐名"景福"。现"十方律院"仅存位于月湖湖心寺的前身——广福水陆院。

《宁波市志》载,民国时期城隍庙内有测字、看相、说书、变戏法等摊铺,并供应点心小吃,人群熙攘。1958年,城隍庙曾举办首届宁波名点名菜食品节。城隍庙的戏台也曾作为用于科普的天文馆、科学宫。再后来,庙为企业所用,至1984年辟为商场,庙会独特的商品交易形式被保留了下来。1990年夏,经政府投资修葺,城隍庙连续承办旅游食品节、旅游文化节等,接待中外游客数十万人次。时商场内设有五金交电店、针织百

⊙ 城隍庙步行街

货店、文化工艺、花房、鞋屋、黄金殿、服装城、照相馆、酒楼等,开架销售商品近万种,经营商品2.5万种,日接待顾客3万人次,为浙东地区规模最大的消费、游览和娱乐综合场所。得益于庙宇文化,"商因庙而荣,庙因商而盛",一时成为佳话。1999年元旦开业的城隍庙步行街,则成为宁波对外开放的又一个商务文化旅游窗口。

2020年6月28日,《宁波日报》以《文化地标再续千年文脉——宁波府城隍庙重修后昨起对外开放》为题报道称:进入21世纪,社会各界对城隍庙区域修缮提升的呼声越来越高。海曙区委、区政府决定深挖城隍庙文化内涵,重塑老庙辉煌,回应人民群众的新期望。经群众公开投票和专家论证,整修方案确定将城隍庙恢复至清朝最后一次大修时即1884年的历史风貌。修缮工作从2018年10月开始,修缮面积6000平方米。历经近两年时间,由照壁、门厅、仪门、前戏台、拜亭、大殿、后戏台、寝宫等组成的"四进、四天井、二戏台、左右厢殿"雄伟建筑重新展现在市民眼前。除了主体框架结构,此次修缮还着力于内部展陈设计。重修后的老庙,一楼为城隍传统文化展示区,荟萃生漆脱胎、骨木镶嵌、朱金漆木雕等宁波国家级非遗工艺;城隍神的神龛(暖阁)展现了宁波顶级工匠的非遗工艺;庙中的怀棠祠,陈列了宁波历代八位惠政代表人物。文史专家认为,城隍庙的修缮开放,是一次文脉的传承,为展示厚重深远的历史文化提供了重要窗口。

城隍庙是前人留给我们的宝贵财富,城隍神是百姓敬重的好人的化身,城隍文化则是传统民俗文化的重要组成部分。畏法度、守规矩、明底线,既是城隍所志,亦是民众之需,更是社会所望。愿重修开放的宁波府城隍庙,终成人间福地、天下福祉。

天封塔

先于宁波设州建城

天封非小,古今非近。

宁波天封塔,明暗十四层,搜索其历史,1300年。此乃宁波古城区的擎天一柱,不仅先于宁波设州建城,更具有气象高旷的无上风范。

面临东海的宁波老城,处甬江、姚江和奉化江的交汇地,自唐代以来,随着城区的扩张,同时也为了妆点江山、美化环境,弥补山川形胜之不足,堆山凿池、起楼竖阁、建寺造塔,成时人所求。天封塔兼作古代明州港江海通航的水运航标,亦为港城宁波的形象标志。昔日站在宁波的大街小巷,无论近远,抬头皆见此塔。西人登临其处,则啧啧称道勿置,且多署名其巅,以志爱慕之忱。

《宁波市志》记载,建造天封塔时,以堆沙垒高操作,周围留下大量沙泥,大沙泥街、小沙泥街由此得名。郡人视为镇郡宝塔,战争时用作烽火塔。承平日,塔顶高悬明灯,照示水陆船只、行人。清雍正《宁波府志》的作者曹秉仁在《重修天封塔记》中写道:"佛氏建支提,礼事如来遍宇内,而形家即借其镇压地势,表助形胜,为有足取,以是州邑所在,多有之,历久不能废。宁郡城天封塔,或云肇自梁天监时,或云唐通天登封时建。其明暗皆七层,层皆六角。规制弘巧,岿耸云汉。"

⊙ 昔日白水巷所见的天封塔（水银提供）

⊙ 昔日的天封塔（王之祥摄）

应天承运的天封塔，位于宁波市老城区郡庙东南侧大沙泥街西端与南大路[1]交会处，始建于唐武则天天册万岁至万岁登封年间（695~696），因建塔年号始末"天""封"二字得名。南宋绍兴十四年（1144）重建天封塔时，塔身高18丈（约60米），共14层，分7明7暗（含地宫），为完整六角塔，通天修为，登"封"造极。

时天封塔承天之祜，聚地之秀，登高望远，可见四五十里开外，且因其形神俱备，是谓"大地有千貌，岁月有万古，而此塔不再得"。《四明谈助》载：

> 在县治东南二里许，始建于唐武后天册万岁（695），讫于万岁登封（696），故以"天封"名。其制明暗为层者各七，每层六角，高一十八丈，玲珑秀拔，巧甲天下，凭高足览合郡之胜。考鄞县自唐代宗大历六年辛亥（771）从小溪移于三江之口，而塔之建

---

[1] 今解放南路。

在通天,则是丙申也。建塔先于移县者凡四十六年,塔亦遥镇于三江之口,寄合乃如是。

昔郭璞有言:"此地五百年后当成大郡。至是果符其言。"被南朝文学理论家刘勰的《文心雕龙》誉为"景纯仙篇,挺拔而俊"的郭璞,字景纯,是两晋时著名文学家、训诂学家、风水学者,曾为《尔雅》《方言》《山海经》《穆天子传》《葬经》等作注。其常行走经纬,到处缘情布景,喻甬地字字惊人,言言中的。果不其然,"海定则波宁"之城,竟也独步古今,贵越群品,成国家历史文化名城。郭氏断言,朝野同见,唇齿留香。

唐朝至武周时,政治家、武周皇帝、中国历史上唯一女皇武则天,龙性初成,好改年号。"天册万岁"是其称帝后的第六个年号,三个月后却改元"万岁登封",后又改"万岁登封"为"万岁通天",成其第八个年号。因更改频繁,以及缺少更为确切的史料记载,有关天封塔建造年代与建造前后的时间等问题,至今依旧存疑;而时若无更改,天封塔则或另择名称,不表。

年号改变岂止于斯,新君即位年号新。据有关史料记载,宁波在远古的夏少康时代,为越国的一部分。周代,置鄞、句章。秦王嬴政二十五年(前222),建置鄞县。至隋朝,总称句章。唐高祖武德八年(625),又改称鄮县。后梁太祖开平三年(909),改鄮为鄞。宋代也称鄞县,属明州奉国军。元代仍称鄞县,属庆元路。明朝灭元后,因"庆元"二字有庆贺元朝之意,故改为明州府。明太祖洪武九年(1376),因明州之"明"字与国号同,则改为宁波府,取"海定则波宁"意,且一直沿用至今。

唐穆宗长庆元年(821),韩察为明州刺史,因州城之北临鄞江,地形卑隘,故将州治迁至三江口附近,以原鄮县治所为州治,于今公园路一带建明州子城,奠定了此后1200多年宁波城市发展之基础。而干云蔽日的天封塔,制高制胜宁波长达1300多年,古人云其"磊磊轩天地,又云其秀拔甲于天下",其亦以上率下并贯穿始终地见证了宁波历史发展的沧桑巨变。

与天封塔齐名的还有天封塔院。《四明谈助》载:"(后)汉乾祐三年

⊙ 天封塔

（950）始建天封塔院。宋大中祥符三年（1010）赐'天封院'额。建炎兵毁。绍兴十四年（1144）郡守莫将重建，僧宏智为记。嘉定十三年（1220）又毁，后废为民居。宋宝庆《四明志》列于废寺。凡院之修废尽随于塔。塔已详记于上，兹不复记。至嘉庆三年（1798）十二月，塔毁于火，而院亦渐即凋残，未能修复。"可见历代天封塔时有毁建，并不断地在被毁、重修、重建中往复。

宋嘉定十三年（1220），塔又毁，宋僧宏智正觉记有：

鄞江之上，有窣堵波[1]，六面七层，建炎寇燔俱尽，愿言再新，未有其人。一日，众推山阳德华上人，历试其能，是任可

---

[1] 梵语，即佛塔。

⊙ 天封塔

委。……高而出云,婆娑轮囷之状,盘而据地。光琉璃之甍瓦覆于上,赤珊瑚之阑干缭于外。梯横其中,以便登览,一身双目,四方千里……

元泰定年间(1324~1327)大圮,至顺初海会寺僧妙寿同住持子畚修复,僧梦堂噩为记,其文记云:

上之即位三年,天封塔既饰,高凡一百八十尺,为七成,其下二成,因其旧,其上则撤而新焉。中干巨木,上冠相轮。朱阑碧甍,旁映蔽空。宝铎四垂,声流景彻。初,塔再毁于宋嘉定间,

兀立苍莽，郡之形胜几索。迄百余年，卒无有能议完复者。泰定丙寅秋，忽大圮，寺住持子睿曰："我职守也，奈何？"独念海会妙寿师方以功业信重当世，宜能就。始难之，已而，上人妙寿集众力以总其成。日行市井，家敛杯饭，以济馈馏，鸣蔎聚散，群艺麇会。费以贯计，三十万；粟经石计，千；范铜铁三万斤有奇；甓，四十万片；瓦减甓一十万；材木灰蜃类，多至无算。作于某年四月二日甲午，逮今年六月十八日大合众以落之。至顺元年岁次庚午八月。

元代董洵有《登天封塔》诗：

> 拾级登危塔，天高手可攀。千寻环晓郭，朵云压春山。
> 鸟伫栏边稳，云生脚底闲。十年今一上，临眺始开颜。

元至正年间（1341~1368），平章方国珍、弟方国珉重建塔院，到清代题梁仍在。

明永乐十年（1412）雷火击毁三层，又修；嘉靖三十六年（1557），飓风飞堕塔顶；嘉靖三十八年（1559）郡守周希哲重修，大司马张时彻为之记，记云：

> 遏江涛，奠海门；为郡之内镇者，天封也。乃嘉靖戊午秋七月飓风大作，忽崩浮屠之巅，且檐桷累累有圮者。海道副使谭侯纶命郡邑吏葺新之。经始于巳未之正月□日，讫工于庚申之六月□日，乞予言记其事。予惟浮图之作，非徒崇异教，侈登眺，为也奠疆围，居四民，而兴俊髦。无其举之，君子犹将作焉，而况旧业之相仍者乎？是可以征诸公经画之劳矣。是为记。

明张瓒《登天封塔》诗亦精妙：

天封宝塔镇明州，乘暇登临倦未休。
举目仰瞻银汉近，荡胸平见白云浮。
远穷海宇三千界，高出风尘十二楼。
忽听下方钟磬响，回看星斗挂檐头。

清顺治十七年（1660），住持等募资大修，周围壁上延名人题画。是岁，林太常时对与闻文学性道辑刻《天封浮图倡和诗》二卷，荆观察世爵、苏司理汝霖序首。

雍正九年（1731），巡道孙诏、知府曹秉仁命监生信尔玑、生员朱世煊、住僧果心劝募重修。乾隆十六年（1751）八月飓风大作，飞堕塔顶；乾隆二十一年（1756）巡道范公清洪、郡守□（碑文毁裂，名缺）、县令余公陞"广谕绅士劝募重修，经费不副（敷），太学生洪朝校加捐三千，落成其事，郡人于塔下立位奉之"；乾隆二十四年（1759）建立碑记，象山县知县史鸣皋撰文，鄞县籍监生王楷书丹。后于嘉庆三年（1798）十二月初三夜火起，七级俱毁，新旧碑版，无一存者。原火之起，由于时邑人何天富修补檐桷栏杆，其工自上而下，甫及三级，木材积于内，点塔灯者遗火不觉，遂致焚燎无救。

此次塔灯失火，导致塔檐、平座、栏杆俱毁，仅存砖砌塔身，天封塔几成杆状构筑物。此后凡有毁犯，均属小修小补，日积月累，塔身虽有倾斜，然一柱承天，依然伟也。历代文人墨客，亦多有吟咏，一代伟人孙中山先生一行考察宁波市容时，曾登天封塔感今怀古。

新中国成立后，保护措施有所加强，故历经地震和台风而不毁。其中在1957年维修时，还发现塔顶有一座五代吴越王钱弘俶铸造的青铜舍利塔，落款为"乙卯岁记"（955）。20世纪60年代初，塔区正式对外开放。

1982年，宁波市文管办与市规划设计部门对天封塔的塔基进行考古勘探，发现底层中心部位建有地宫，出土文物140余件，有国家一级文物

◎ 天封塔翼角

10余件,包括浑银天封塔地宫殿模型。其中,还有套着大石函的小石函,石函间填有200多斤铜钱,含"周元通宝"和"绍兴元宝"等,专家称此类年号的钱少见出土,数量如此之多,为全国罕见。另,该石函盖上还有详细铭文,记:宋三宝弟子赵允合家制造浑银地宫,三圣佛像、阿难、迦叶共五尊,并造石函盛贮;乡贡进士王居隐与合宅等备己财,先造宝塔第一层,及承广慧禅师传法沙门德享,舍古佛舍利一百颗入地宫殿内等等,落款日期为"大宋太岁甲子绍兴十四年[1]三月戊辰十八日",与《四明谈助》所载的"至绍兴十四年三月戊辰十八日"相吻合,云云。

1984年,经宁波市政府组织人员多方论证,决定对天封塔进行落架重修,五年后完工。重修天封塔乃参考出土的南宋天封塔模型进行,恢复宋代天封塔原貌,由地宫、塔基、塔身、塔刹等组成完整结构。其中作为主体的塔身,其形制为空心塔,七级六面,计明暗十四层,设错盘直梯;塔外则设有腰檐、平座、栏杆,且层层出檐起翘,并在六个起挑戗角脊上分置走兽,戗下均系铜质风铃等,成江南典型的仿宋阁楼式砖木结构塔,极具玲珑精巧与古朴庄重的佛塔特点,又有古代通航信号标志与克服地形缺陷之风水塔奥妙。今天,天封塔还成为"海上丝绸之路"的重要文化遗存,成为献给世界的宁波地标。

有关天封塔的民间传说、民谣流传很多,有"宝丹镇塔""塔顶放光""雷击示戒"等,惊艳无数世人,就近尽可博采遗闻。坊间亦遍传聚沙成塔的故事:建造天封塔时,工匠们以沙铺垫、逐层而垒,不断地将砖石运往高处直至塔顶,待完工后,再将泥沙逐层撤除并铺设于地,遂成现大沙泥街与小沙泥街。

郡庙天封塔历史文化街区,也是宁波城市重要的文化积淀,它装满了老宁波的往事,古色古香,胜于往昔,值得追随。如今的天封塔,依然稳居闹市,立地顶天,为天册之万岁,为万岁之登封,为登封之望远,为望远之归深。

---

[1] 绍兴十四年,即1144年。

药皇殿与药行街

世代中医药人的精神领地

宁波有座药皇殿,药皇至尊,人命至重,且因生命脆弱而珍重;宁波有条药行街,街市繁荣,药铺林立,葫芦、幌子等挂满街。

一、宁波药皇殿,不老神话延续至今

2001年4月12日,《人民日报·华东新闻》第一版刊登《宁波业余文保员呼吁原地保护药皇殿》报道:"占地面积达19.6公顷、拆迁住户4090户的宁波市最大旧城改造项目——宁波天一广场,如今正在进行之中。但在这一地块之内,有宁波市第一批市级文物保护点———药皇殿。在这座标志宁波市传统医药科学发展的精美建筑群里,有数量众多、别具一格的灰塑,仿木结构的砖刻及石雕、木雕等艺术品。不久,工程部门就要对其开拆,并进行'易地重建'。令人担忧的是,灰塑和仿木砖刻是经不起这样折腾的。为此,我们再次呼吁:对药皇殿进行原地保护。"由此,引发了一连串的连锁反应。最终,宁波人不惜代价,原地保护药皇殿,同时也给天一广场添上一抹凝重的传统文化色彩,再现宁波商贸文化的深厚历史底蕴。

宁波药皇殿,全称"药皇圣帝殿",位于最繁华的商贾云集之地——市中心华楼巷98号天一广场西侧,是纪念中国古史系统中被列入"三皇"的神农氏的殿堂,也是宁波中医药界同业聚会议事、名医坐堂问诊、南北药材交易的一个重要场所,其"药皇圣帝殿"匾,为沈鹏所题。

神农也称炎帝,被奉为中国医药的始祖。《世本》中说:"炎帝,神农也。"《世本·帝系编》又有:"炎帝即神农氏,炎帝身号,神农世号也。"意即炎帝是帝王的称呼,神农氏是当时朝代的称号。古籍亦多"其神也,仰之曰神农,尊之曰皇帝"等记载。

伟人毛泽东有句名言:"自从盘古开天地,三皇五帝到如今。""三皇"中的第二号人物,即神农氏。作为远古圣人,神农首次从自然物种中发现了可食、可植的谷物,以及可保人类健康的草药,还发明了生产工具,改变了人类早期啖肉饮血的生活习惯。

⊙ 药皇殿

⊙ 药皇殿内景

　　汉代贾谊在《新书》中说："神农以为走禽难以久养民，乃求可食之物，尝百草，察实咸苦之味，教民食谷。"故古人早就称之为"农业始祖"和"医药始祖"，且与黄帝并称为"中华民族之始祖"。

　　有关神农的形象，古籍《孝经援神契》载："神农长八尺有七寸，弘身而牛头，龙颜而大唇，怀成铃，戴玉理。"《史记·补三皇本纪》谓神农"始尝百草，始有医药"。因神农氏植百谷、艺百蔬、尝百草，地位显赫，尤其是"能尝百草之涩苦咸酸，垂为医经，令万世之医流而受其芬芳"，故又被奉为世代中医药人的精神图腾——药皇神农。

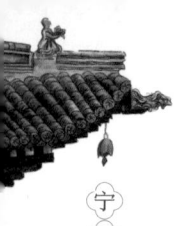

为纪念其开创中药学之功绩,中国最早的一部药物学专著,就被命名为《神农百草经》,这也是世界上最早的药典。

由于神农氏功绩卓越,"凡神农采百草尝经之地,都立庙以祀",所以在全国的很多地方,不仅有相关的重要活动遗址和庙宇建筑,有关碑刻、诗文记述等也不在少数,如三国时曹植的《神农赞》、宋代罗泌的《炎帝陵》、宋代范仲淹的《咏农》、元代江存礼的《炎帝庙》、明代易羲图的《云秋山》、清代邱吉贤的《炎陵》等,经世代相传,中华始祖文化历久不衰。

所谓"尝百草",首先是要找到有较多中药材的地方。1973年,在发掘的至今已有六七千年历史的余姚河姆渡遗址中,出土了大量的植物遗存,其中就有药用植物,这说明宁波区域粮食和药材资源非常丰富。其他经典文献、方志碑刻、民间信仰、传说口述以及考古发现等,也都互为印证。

宁波中医药历史悠久,医家辈出,广袤的地域和丰富的资源铸就了当地中医药文化的辉煌。秦始皇为求长生不老药,曾到达今宁波慈溪龙山、三北一带的达蓬山,又派徐福东渡,留下"采药瀛洲去,扁舟竟不还"的传说。

南宋绍兴三十二年(1162),宋高宗为宁波月湖湖心寺重新赐名"湖心广福寺",时寿峰普宁在宁波慈溪伏龙山广弘药师法门、施医济药,并经刺史柳公武奏请,改寺额为"广福禅寺","东海佛国,药师道场"从此名扬十方。广福禅寺,即今敬拜者云涌的伏龙禅寺。

宁波历代医家辈出。《鄞县通志》载其萌芽于史前,兴起于宋元,辉煌于明代,至清代仍旧保持不凡业绩的宁波中医药名士,多达140余人。急难时救人,一善可当百善。

宁波古时即有医学,元延祐《四明志》载:"中统三年(1262),奉诏立学,建三皇殿,岁以三月三日、九月九日祭享,配以勾芒、祝融、风后、力牧。至元十八年(1281),创建于东北隅贯桥之南。延祐二年(1315)二月,重徙于东北隅魏家巷,建宫掌之。"王应麟《庆元路建医学记》和袁桷《重建医学记》均有记载:"屋宇:大殿三间。讲堂三间。土祠一间。门房一间。

斜廊一间。外门楼三间。台门一十二间。西廊一十二间。讲堂挟屋二间。设官：教授一员，学正一员，学录一员。"

据地方史料载，宁波药皇殿由宁波府太守陈一夔和药商曹天锡、屠考澄等联合发起，在咸塘街建造，始建时间是清康熙四十七年（1708），主要供奉药皇神农氏。乾隆九年（1744），同业人士还倡议成立了药皇殿崇庆会，缘圣贤以托重，并从此开启每年"荐牲告祀，演剧醮神"的祭祀仪式。清嘉庆十二年（1807）的《药皇殿祀碑》称："甬江航海通衢，货殖都会。商皆设有会馆，以扼其宗，则纲举而目张，兹药皇圣帝殿，吾药材众商之会馆也。"

大江南北，长城内外，凡有庙宇之地，都有祭拜活动。神农祭祀，以湖南、湖北、陕西、甘肃、四川、山西、河南、河北、山东、浙江等为甚。另据了解，仅台湾岛内，就有140多座炎帝的庙宇馆所。祭拜又分官祭与民祭。官方祭祀即方志中的"有司致祭"；民间祭祀则更为频繁，有较为固定的

⊙ 2000年的咸塘街（陆锋摄）

祭祀时间，也有一定的随意性，且各地的祭祀日期也不尽相同。

宁波药皇殿内有前后大小戏台各一，为配合祭典，烘托气氛，一般会提前几天唱戏谢神，也会有庙戏之外的活动形式。正式举行祭祀典礼时，一般有主祭和陪祭。桌供可荤可素，祭文有祝有赞。前来朝拜和围观的百姓互致祝福，祈求风调雨顺、五谷丰登、治病防疾、康健安泰，既看了热闹，又求得了药皇保佑。

历来，宁波就被视为求仙问道之地，史浩亦云"三岛烟霞，十洲风月，四明古号仙乡"。或因药皇殿所处风水宝地，其前址为城中供奉太上老君的最大道观冲虚观，其西侧有供奉关圣帝君的三元殿，"仙气"满，则气运灵动，因而在此沾有"仙气"之地许心愿或问药求医，更觉灵验。

宁波药皇殿现存建筑，重建于清道光年间（1821~1850），占地约1600平方米，由大门、正殿、厢房等组成，规制闳敞，气势雄伟。尤为珍贵的是，殿里有众多以中药材为题材的木雕、砖雕等，鳞次栉比，绣闼雕甍。

关于宁波药皇殿的由来，清代赵存洵在《重修药皇庙（殿）记》有详陈：

> 吾郡枕山臂江，抱负沧海，固商旅辐辏之地。而山川灵异，钟于物产。入药品者，则有亶洲山草，见东方朔《十洲记》；石燕，见梅福《四明山记》；海艾，见王象晋《建芳谱》；又若白附，为唐贡物；九节蒲之产月湖，见于前人题咏尤夥。以故药商之列肆而居，如游五都之市，而业于是，即其所以报本返始者，亦不外于是，此郡治太和坊东庙祀药皇所由来也。按庙始于康熙戊子，盖即古冲虚观废址，请于当道而为之。未几，遭郁攸之灾，再造于乾隆辛酉（1741）。嗣是节经修葺，堂庑门垣，规制完整。

1940年10月27日下午2时许，日军细菌部队在临近药皇殿的开明街一带上空，使用飞机投放大量染有鼠疫细菌的麦粒和面粉等，因此惨死的市民有名可稽者百余人，其中儿童40人。此后，药皇殿不再酬神演戏，最后连神像也不知去向,如烟往事,片纸难述。新中国成立后,药皇殿曾一度辟作咸塘街小学和宁波医药采购供应站仓库,还相继作服装店、珠宝店、茶馆等商铺用。2001年,在建造天一广场时,对药皇殿进行修缮,并重塑神农氏像。同年8月,药皇殿被公布为海曙区区级文物保护单位,药皇圣诞祭祀仪式亦被列入海曙区非物质文化遗产名录。

2002年4月5日,药皇殿墙外东南角地下2米处,出土了宋元时期

⊙ 巨灵亭

的两座巨型石赑。石赑即"赑屃"[1]，又称龟趺，传赑屃为龙之子，乃古代传说中的神兽，最善负重，原是帝王御赐的碑座。宋宝庆《四明志》载，出土处乃唐天宝二年（743）诏告各州建造道观紫极宫的所在地。在该位置同时出土的还有18块刻有"花银""金花银"等字样的古银锭。为保护赑屃，有关部门特意建造了一座仿宋风格的碑亭——巨灵亭，以便人们驻足观赏。

2016年，宁波国医堂入驻药皇殿，在原有结构与风貌的基础上，恢复中医药店堂的基本功能。在浩瀚无边的中华文化遗产中，中医药学以其独特的理论、深邃的思想、卓绝的疗效和浩瀚的文献，为人类的繁衍和生命健康做出了重要贡献。

二、宁波药行街，悬壶济世草药香

药行街东起江厦街、灵桥路口，西至解放南路，中与开明街十字相交，全长1028米，街虽不长，但街市繁荣，人烟稠密，曾有几十家中医药铺在此悬壶济世、行医施药，一部微型中医药史，浓缩在街巷之间，遂成市域名街。

早在唐长庆元年（821）宁波建城时，药行街就是交通要道。永乐《宁波府志》载，药行街时称砌街，东自车桥，西至新排桥。而乾隆《鄞县志》中则称其为三法卿坊街，西抵开明桥南侧，东至灵桥门。1928年，当局曾改建灵桥门至万泰弄一段为沥青路，后改名为药行街。药行街曾因经营中药材物盛人众，似一都会，遂成全国中药转运集散中心、东南药材中心。在过去100多年时间里，不仅闻名本地乡里，还远播沪、津、汉、闽、粤等地。北京著名药业铺子同仁堂，其乐姓业主，就是宁波人。

据《鄞县通志》记载，清咸丰、同治至民国间，宁波的中药材行业盛极

---

[1] 音 bì xì。

一时,药行街上曾经集聚着同仁堂、冯存仁堂、周介寿、存济堂、元利、聚兴、懋昌、源长、恒茂、慎德堂、全生堂、明德堂、五中堂、人和堂、仁和堂、大乙斋、瑞成等五六十家药店和药行,从业人员成百上千,且附近钱庄遍布,快捷方便,时人又讲诚信美德,业者清贵,还设有药业公会,大家恪守底线,落实行规行约。

抗战胜利前夕,由于日军封锁,中药材采购相当困难,但药行街各药店同仇敌忾,为解燃眉之急,不断伸出援手,尽力满足时之所需。七七事变后,一批老字号药店相继被迫停业,药行街药业由鼎盛转向衰落。宁波解放之初,国民党军队又疯狂轰炸灵桥等地,药行街上的聚茂药行等当场被炸,好端端的药行街从此被苫蒙荆,一蹶不振。

20世纪80年代,药行街上逐渐建起了第一百货商店、大同南货店、大有南货店、市交电五金商店、工人文化宫、市展览馆等,一栋栋高楼大厦拔地而起,一时焕然一新。1994年,药行街进行拓改,沿街门面修葺一新,大街上人来人往,车辆川流不息,到了夜晚更是霓虹闪烁,华灯璀璨,成为甬城最大商业大街之一。

宁波地区,包括河姆渡遗址在内的早期遗址、城址考古遗存中都出土有橡子、菱角、酸枣等具有药用价值的植物,这都确证宁波人的祖先早已识草懂药。在对宁波地区进行的田野考古中,也从唐宋窑址中发现许多卫生工具,包括水盂、唾壶、香熏器等。在宁波和义路唐代

⊙ 昔日的药行街(王之祥摄)

⊙ 药行街东眺

⊙ 药行街西眺

海运码头遗址出土的晚唐大中年间(859)生产的脉枕、药碾、药壶、熏香等数十件瓷器医药用具,亦为国内考古所罕见。

有关中医药的碑刻、著文、记述等也为数不少,如王应麟的《庆元路建医学记》,袁桷的《重建医学记》,董廷瑶的《幼科刍议》《幼科撷要》等。

另位于莲桥街区开明街26号的姚宅,是屠呦呦在宁波的旧居。2015年,宁波籍科学家屠呦呦荣获诺贝尔生理学或医学奖,她是中国科学家中因本土研究获得诺贝尔科学奖的第一人。她既是中国人民的骄傲,更是宁波人民的骄傲,被赞为"世间再添当代女神农"。姚宅的主人姚庆三乃经济学家,曾任甬港联谊会会长。姚宅建于民国初年,为姚庆三父亲姚咏白所建,主体建筑坐北朝南,保存完好。屠呦呦是姚庆三的外甥女,小时候住外婆家即姚庆三家,在附近的效实中学和宁波中学就读,直至上大学。

今海曙区正着力打造一个具有国际水准、中医药传统复兴、市场繁荣的区域中医药特色街区。其北起药行街,南至县学街南侧,西临解放南路,东至国泰街。据报道,该街区以宁波府城隍庙(郡庙)为核心,依托药行街、郡庙、天封塔历史文化街区及药皇殿等城市既有资源,集聚一批老字号,形成中医药、大健康、健康膳食产业链,更好地推进中医药文化传承与创新,打造国际知名、国家产业集聚示范的中医药特色文化街区。相信不久的明天,甬城这条"中医药硅谷"——百年药行街又将焕发新的生机。

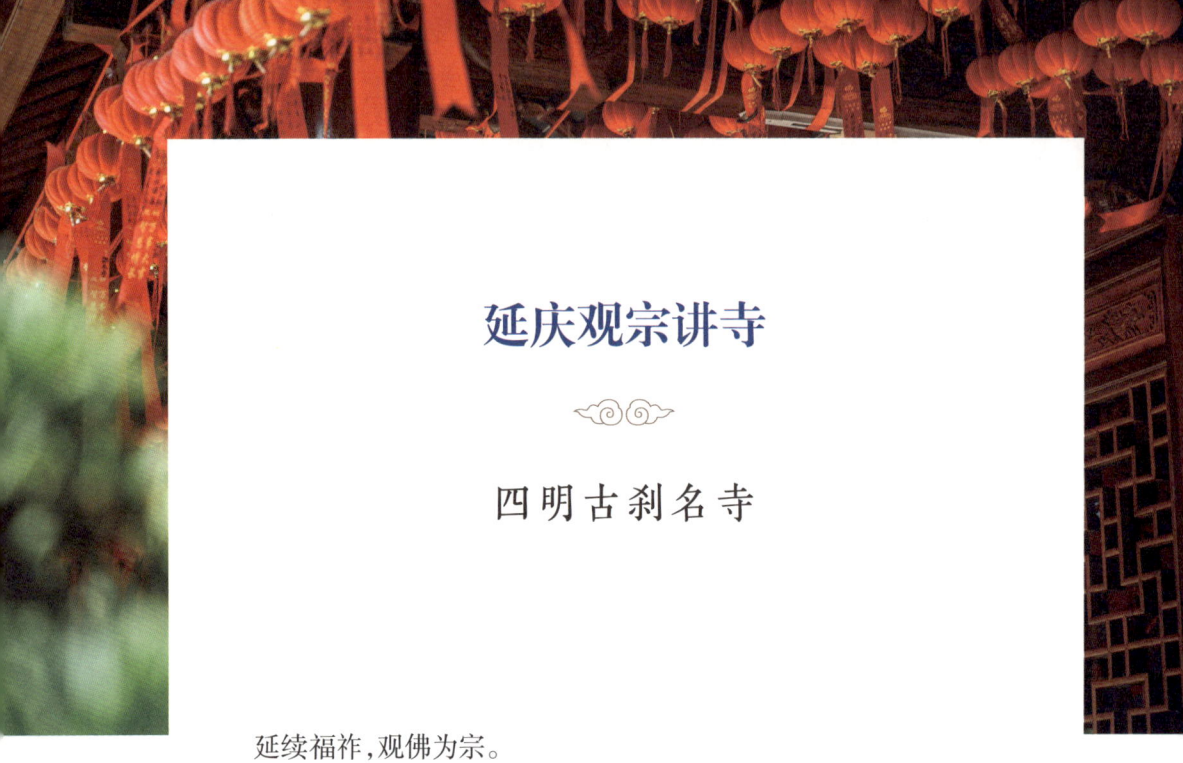

延庆观宗讲寺

四明古刹名寺

延续福祚,观佛为宗。

两宋时期是中华文化的昌盛时代,也是佛教史上天台宗的兴盛期。宁波延庆寺是我国佛教史上有重大影响的寺院,是"天台宗三大祖庭"[1]之一。而观宗寺,正是从延庆寺中分立而建,为浙东地区四大丛林之一。

宁波古称明州,有日、月二湖。位于明州子城东南隅日湖之中的延庆寺,乃位居城内中心区域的名刹古寺,创建于后周广顺三年(953)。"延庆"二字,含有"延续福祚"意,以观想弥陀为主要念佛法门之宗,称为观佛为宗。《四明谈助》载:

> 延庆讲寺,县治东南日湖中,周广顺三年(953)建,名"报恩寺"。宋至道(995~997)中,僧知礼传天台止观法,真宗遣使加礼。大中祥符三年(1010)改为"延庆院",赐"南湖福地"额,称天下讲宗五山之第二。天圣间(1023~1031),丞相曾公亮置田辟舍,建炎(1127~1130)寺毁于兵,圆辩琛复建,又创起信阁。

---

[1] 其二为国清寺、玉泉寺。

嘉定十三年(1220),僧以大悲像小,欲广之,剖其脏得书云:"动此者水火为灾。"未几,寺毁像灭。史丞相弥远重建寺。元泰定元年(1324)毁,普洽建方丈。至正六年(1346)子思重建大殿,梦堂记之。明洪武二十年(1387),必彰建罗云堂。宣德三年(1428),大回建涌岩,又建禅悦堂及东廊。四年建塔院于大殿之东。正统八年(1443),大振建钟楼、经阁。成化三年(1467)建能仁堂于罗云堂西南。万历五年(1577),中书余廷槐重修寺及罗云堂,太学杨承鲲为记。三十二年(1604),道如等募修佛殿,后沈尚宝泰鸿捐金重修,沈文恭一贯有记。国朝顺治间(1644~1661),罗云堂山门俱圮,康熙七年(1668)钟楼圮,十一年(1672)观堂僧照生重建。

《宁波佛教志》载:位于南门永宁桥旁的延庆寺,建于五代后周广

⊙ 昔日的延庆观宗讲寺天王殿(水银提供)

顺三年（953），为著名的四明古刹之一。初名"报恩寺"，宋大中祥符三年（1010）受赐"延庆寺"额，由天台宗十七世知礼大师主持讲寺，传天台宗学，成为天台宗中心道场，称"天下讲宗五山"之第二。嘉祐年间（1056~1063）丞相曾公亮出资为寺置田辟舍。南宋建炎间毁于兵火，僧圆辩复建，并创建起信阁。绍兴十四年（1144），赐"延庆教寺"额。嘉定年间毁于火，丞相史弥远重修，并悬"南湖福地"匾。清道光十七年（1837），僧毓材重建法堂、禅堂、斋堂，以后又建大悲阁、大殿、育德堂。今存天王殿、大殿、方丈室和部分厢房，占地面积5000余平方米。

寺内尚存北宋靖康元年（1126）石刻画像，十分珍贵。传寺内原藏有梵文金边贝叶经294张，后移藏在宁波七塔寺。延庆寺不仅在宗教界有一定影响，而且也是名人流寓与名臣硕儒们讲学之处。南宋著名丞相魏杞有《延庆寺》诗云：

开山何日事，断碣卧荒榛。食尽僧行脚，兵来佛舍身。
烧痕侵殿址，租额累山邻。可是天魔盛，谁能问六钧？

元末工诗善书的书法家吴志淳，曾于此以八分书做千字文，杨理学刻石。明末，南湖诗社曾在该寺集会论文。清初，著名学者黄宗羲亦曾一度在延庆寺十六观堂设"证人讲院"，时为甬上学术重地。

明代著名画家、鄞人金湜有《题延庆寺画竹》云：

咫尺南湖几度过，频将诗兴付清波。
诗成欲寄深林客，闲放春风出薜萝。
行到山门似到家，相逢不必具袈裟。
谁知七月秋风里，香茗新烹荐笋茶。
一竿潇洒玉玲珑，湘圃淇园在眼中。
过客莫嫌枝叶少，才多枝叶便多风。

湖上禅房对竹开,雨余新水绿生苔。

入门听得茶童语,昨日题诗客又来。

与延庆寺毗连的观宗讲寺,位于宁波市兴宁桥附近的延庆巷,为浙东地区四大丛林之一,是天台宗著名道场。寺之前身,乃延庆寺十六观堂。北宋元丰年间(1078~1085),天台宗十七世僧知礼五世法孙介然法师募资于延庆院的东北隅建屋60余间,中建宝阁,塑立弥陀金身,旁侍观音、势至。宝阁四周建16室,室各2间,外供三圣之像,内为禅观之所,称

⊙ 延庆观宗讲寺大雄宝殿

为十六观堂。

十六观堂初名"净土院",分别根据"十六观想"命名,并以空间营造的方式,再现佛教经典,乃佛教艺术史上之独特建筑。

南宋建炎四年(1130),金兵南侵,攻陷明州,全城遭劫,唯观堂因介然保护得以幸免,"观堂"因而远近闻名,参拜求学者络绎不绝;嘉定十三年(1220),寺遭火毁;宝庆三年(1227),古云粹公复建。元至元二十六年(1289),又遭火焚,僧人善良法师重建;泰定元年(1324)火毁;至顺三年(1335)复建。至清乾隆、嘉庆年间重修,增建僧寮,始独立门庭。清末,寺倾颓不堪。

法师介然乃四明鄞县人氏,先受业福泉山延寿寺,后入延庆寺明智中立大师门下,师承法智知礼大师,为天台宗第二十代法嗣。介然护寺情形,《四明谈助》有载:南宋建炎四年(1130),金兵南侵,明州被攻陷,全城几乎遭到洗劫,介然为保护寺院,端坐作观,金兵见其毅然正坐,惊骇不已,以为怪异而北去。北宋著名理学家、深谙佛法又曾经留居过明州的忠肃公陈瓘,著有《延庆寺净土院记》。而同为宋代重要学者的明州人楼钥,则应上天竺住持僧若讷之请,作《上天竺讲寺十六观堂记》,记文先是以四明人身份,亦以"明州东南最胜处"评价延庆寺。

值得一提的是,在延庆寺的存废过程中,偏居寺院西北隙地的十六观堂,有幸在上述灾难中得以保全,其兴衰周期并非完全与延庆寺主要建筑同步。楼钥记有"建炎兵燹,城郭焚荡,寺亦不存,独所谓净土院者,至今坚致如故",故其建功立德者,为人所称;反之亦然,且鲜有存者。

近代的志恒法师、诚一法师等,皆与观宗寺有缘。而志恒法师,则与伏龙寺有缘。志恒法师乃宁波镇海人,早年在伏龙山伏龙寺落发,后长期佐谛闲大师建修观宗寺,曾任监院、住持等职,1927年期满退居,即归隐伏龙寺。伏龙寺始建于唐贞元十二年(796),从开山祖师大梅法常、鉴诸禅师、惟靖禅师,至清朝的懒耕元来、千日成眼、省三佛才、中兴善庵,到近代的志恒法师、诚一法师等不一而足,近代弘一法师亦曾四次驻锡慈溪

◉ 延庆观宗讲寺文殊殿

伏龙寺。志恒法师1912年曾参与式海法师在浙江平湖报恩寺创设的佛教弘誓会,亦曾与逸山法师一起欲撰编《观宗寺宗谱》,然因种种原因未果。传国画大师张大千曾慕名来宁波观宗寺求见谛闲法师,与法师谈经论道。

据《谛闲法师年谱》载:"四明南湖延庆寺系宋朝四明尊者法智大师宏扬教观之地……内设观堂一区于墙垣之东北隅。……迄前清嘉庆间经云光上人重兴之后,遂将一寺房屋,分为二刹,立为二主,故有观堂延庆二住持之名位也。其二刹之清规俱已失守,纪纲为振,以致贤愚杂住。"据《式海老法师别传》记载,鉴于时任住持执事公然饮酒吸烟、西边所有楼房均被营兵借住等情况,经商议一致,赞同请谛闲大师住持观堂,时式海法师在平湖报恩寺设佛教弘誓会,遣其徒静安、志恒等至上海,力邀谛闲大师住持观堂。

1912年,近代高僧天台宗耆宿谛闲大师主持十六观堂,他以"三观为

宗,说法为用"为旨将观堂改为观宗讲寺。民国八年(1919),增设观宗学舍,并设弘法研究社。民国十七年(1928),观宗学社与弘法研究社合并,成立弘法研究学社,并创办四明佛学院、观宗义务学校与《弘法社刊》,弘一大师曾为社刊题写"绍隆佛种"字,观宗寺自此大盛,人才济济,成为全国天台宗弘法中心。民国二十一年(1932),谛闲法嗣宝静接任住持,兼任学社主讲。民国二十七年(1938),寺遭火灾,损失甚巨,宝静法师募资17万予以修复。民国三十四年(1945),根慧和尚出任观宗寺方丈,聘诚一法师为主讲,培育弘法僧才且坚持教观并重,宗风复振。

昔日的观宗寺坐西朝东,弘一大师亦题有"教观总持"匾额。其主体建筑有天王殿、大雄宝殿、法堂(方丈殿)。方丈殿后有厅、堂、楼多所,左边为真空厅,右边为妙有厅,中间为中观厅,另有圆照厅、库房等。法堂之上为法华坛,中供多宝佛塔1座。左厢为客堂、五观堂,右厢为学戒堂(楼上为讲室)、念佛堂。靠左边为长生弄,门楣上镌有"直抵宝所"等字样。山门旁亦有放生池等,占地面积约11000多平方米。

新中国成立初期,观宗讲寺住僧减至60余人,渐趋衰落。1959年,寺舍部分移作他用。"文革"期间,寺僧被集中迁到七塔寺,寺院内佛像被毁,法器变卖,经籍散失,受破坏严重。

中共十一届三中全会后,宗教政策得以落实。1981年,观宗寺被公布为宁波市市级文物保护单位。1993年3月,根据有关文件,观宗寺由宁波市佛教协会接收,被占用的房产归还寺院,大雄宝殿、天王殿、学戒堂楼上部分房产按照政策得以落实。同年,在宁波市政府和有关部门的重视关怀下,市佛教协会成立了宁波市观宗讲寺修复管理委员会,礼请益行法师负责修复管理。2004年8月5日,宁波市人民政府又颁发文件,明确落实观宗寺房产政策及附近非宗教建筑的拆迁工作。

延庆寺现为宁波市佛教协会所在地,台湾慧岳法师捐助的两尊玉佛亦奉于殿内,修葺一新的大雄宝殿、天王殿等,重檐歇山顶,金碧辉煌,庄严至极,静境独得。

1997年,香港觉光法师提议延庆、观宗两寺合并,定名为"延庆观宗讲寺",后经宁波市人民政府同意批准,走上盛世重光之路。今住持印超法师,为人谦和,持身有则,不辞辛劳,将大雄宝殿、天王殿、念佛堂、止观堂等整修一新,并创设了弘法学社,重建山门,等等。

　　2005年5月30日,经海曙区民宗局批准,观宗讲寺为正式开放寺院,《宁波市志》详载延庆寺位置为灵桥路白龙巷西,观宗寺位置为解放南路延庆巷南,梵音重响,绝美千年。

　　历史是一座用之不竭、取之不尽的宝库,如今的莲桥街区域,乃阳春美景,有众多遗稿,被人艳羡、称慕不已;其早在古代,就被称为"采莲桥下",足见其烟波浩渺。欲打造以日湖文化为背景,以唐宋时期"一塔两寺"[1]宗教文化遗存为核心的特色文化符号,建大勋业,做大文章,则须努力为承载历史文化和收藏历史记忆做纪念、做留存,进而提升传统建筑的文化内涵与时代价值。

---

[1] 即天封塔、延庆寺、观宗讲寺。

天后宫

寄托着立德、行善、大爱的妈祖文化

立德、行善、大爱,是妈祖文化的核心内容。

宁波是妈祖文化信仰的重要传播地之一,昔日三江口一带东西两侧有多座规模宏大的天后宫。最早建立的是位于江厦街与东渡路交叉口的宋代天妃宫,其初名灵慈庙,后称天妃庙、天妃宫、天后宫等,俗称老会馆,今原址立有宋·天妃宫遗址碑;其次是位于今灵桥东堍北侧的福建会馆天后宫,俗称"大会馆";再则是现存的安澜会馆天后宫,祀天后妈祖,塑有神像;最后还有现存的庆安会馆,称甬东天后宫,2001年7月被公布为第五批全国重点文物保护单位。

据不完全统计,宁波历史上有妈祖宫庙200多座,至今仍较完好保存的海上丝绸之路遗存有120余处,这些妈祖宫庙和海上丝绸之路遗存,都是中华优秀传统文化的展示点。妈祖文化认同,体现了中华文化包容与和平等最基本的文化特征,是人文精神和共同的情感纽带。2009年,"妈祖信俗"被联合国教科文组织列入《人类非物质文化遗产代表作名录》,宣告妈祖信仰从以华人为主要信众的民间信仰,上升为人类共同拥有的文化遗产;妈祖的身份也从最初的"灵女""航海保护神""海神"演变成为"世界和平女神"。此外,发挥妈祖文化作用还被写入国家"十三五"规划纲要。

妈祖，又称天妃、天后、天上圣母等，宋建隆元年（960）三月廿三日，诞生于福建莆田湄洲。父林愿（一名惟悫），为唐九牧林氏第六房蕴公五世孙，母王氏。传说她"自始生至弥月不闻啼声，因命名曰默"。林默自小天资聪慧，熟习水性，洞悉天文，掌握医术，懂得防疫消灾之法，身怀绝技，常为乡亲们避凶趋吉、拯救海难、驱魔治病和排忧解难，声名逐渐远播。

在古代，航海作业的险恶程度超乎常人想象。随着航海业的发展，海上作业的人员日益增多，人们在惊涛骇浪中，常祈祷超自然神力的庇护，妈祖就成了海上保护神。而且随着妈祖神职的增加，其所涉及的职能越来越多，既神圣又神秘，既仁慈又威严，甚至成了正义的化身，人们因信奉妈祖而逢凶化吉，妈祖于是愈发受人尊崇，并成为更多人祈求的对象。

在宋、元、明、清四个朝代700多年时间里，妈祖受到皇帝的褒封高达36次，而且每次褒封的背后，都有一段妈祖显灵的故事。通过每一次的褒封，妈祖的神格又得到了提升。从路允迪出使高丽因海上遇险得救，宋徽宗钦赐"顺济"庙额，到后来各个朝代给予妈祖"护国庇民、妙灵昭应、弘仁普济、福佑群生、诚感咸孚、显神赞顺、垂慈笃祜、安澜利运、泽覃海宇、恬波宣惠、导流衍庆、靖洋锡祉、恩周德溥、卫漕保泰、振武绥疆、嘉佑敷仁、天后之神"等不同封号，几乎到了无以复加的地步，清同治皇帝才申明今后不再叠加。

一、位于江厦街与东渡路交叉口的宋代天妃宫

《四明谈助》载宁波天后宫"旧名'天妃庙'，宋绍熙二年（1191）建。国朝康熙间（1662~1772），海禁既弛，闽、粤商贾辐辏，海中屡著灵异，捐资修建，为城东巨观。雍正五年（1727），敕号'天后'。"《鄞县通志·舆地志》载："天后宫，深仁镇东渡路。祀护国庇民广济明著天妃。宋绍熙二年（1191）建，元皇庆二年（1313）重建。"

⊙ 昔日的江厦街天妃宫（水银提供）

元代程积斋《重建天妃庙记》载有："神之庙,始莆,遍闽、浙。鄞之有庙,自宋绍熙二年(1191)。来远亭北,舶舟长沈法询,往南海遇风,神降于舟,以济。遂诣兴化,分炉香以归,见红光、异香满室,乃舍宅为庙址,益以官地,捐资募众,创殿庭、像设。有司因俾沈氏世掌之。皇庆元年(1312),海运千户范忠暨漕运倪天泽等复建后殿、廊庑、斋宿所,造祭器。"庙记后有清代李杲堂作《鄮东竹枝词》,描写天妃庙祭春情景："江城幡鼓出迎春,太守簪花宫帽新。记得少年曾趁队,天妃宫外看芒神。"

清初宁波人包燮在《江干竹枝词》中亦写道："天妃宫里鼓声多,时见游人逐队过。试问黄姑和谢女,春风秋月恨如何？"此诗描写的是宁波天妃宫庙会春、秋两祭时,吸引了许多仕女寻春,而心上人却不在身边的惆怅。

宁波对外开放较早,故天妃宫附近有来远亭。至正《四明续志》载："来远亭,在城东灵桥门北,穴城洞门一所内,通市舶库,临江石砌道头一片,中为亭,南有石墙围,通行路,北置土墙为界。泰定二年(1325),副提举周灿创盖厅屋并轩共六间。南首挟屋三间,以备监收舶商搬卸之所。"

沈法询,字发旬,莆田人,闽商领军人物。在沈法询舍宅建庙原址,今立有宋·天妃宫遗址碑,碑文内容为:宋·天妃宫遗址,位于东渡路与江厦街交叉口一带。南宋绍熙二年(1191)寓甬闽人沈法询舍宅并募众捐资,在东渡门外建立灵慈庙,是当时船员祭祀航海保护神妈祖及乡人聚会的场所,亦是宁波古代海外交通贸易的历史见证。元皇庆元年(1312)重建。清康熙年间(1662~1722)再建,雍正五年(1727)敕号天后宫。天后宫画栋雕梁,规模宏大。1949年毁于战火。1982年8月,文物部门对天妃宫遗址进行了考古发掘,清理出宫门、水池、石桥、正殿、厢房等元明清时期建筑遗迹。

莆田人在宁波留下确切史料记载的还有方逵。明黄润玉的《莆田方公重修浮梁记》,其记载称:"长庆元年(821),刺史韩察移城于三江口之西。三年(823),刺史应彪始造十有六舟,为梁于鄞江东津,是日云中虹见津上,表名曰灵桥,就额东城门以志异。唐末,盗起梁坏,刺史黄晟重建。宋元以来,屡坏屡修。……成化改元之明年,朝廷举贤刺郡,大理方公来守吾邦,时和岁丰,百废俱举,乃撙节冗费,尽撤浮梁腐材,重以杉木造二十舟……公名逵,字景由,世家闽之莆田,登甲戌进士第,历官大理评事。若夫郡庠创尊经阁,广游息之居,修鼓角楼,增筑养济院居舍,各有梓匠落成岁月在。"黄润玉除了撰写此记,还有与之有关的《宁波府学重建尊经阁记》等。

其实方逵还为宁波做了其他一些要事,如因前任知府张瓒另有所任,方逵来明州接任时,曾为校正与督成《四明郡志》(后改《宁波郡志》)等作了一定的努力等等。

浮桥亦称舟梁,乃水面联结可浮体,可解两岸交通。早先浮桥安排在今江厦桥处,时将特制船只连成数座桥墩,上铺木板,两旁装有栏杆,跨江总长度180多米,宽约4.67米,时称"灵现桥""灵建桥"等,简称"灵桥",

史称"东津浮桥"。后因临三江口太近,风急浪高,迁至今灵桥处。新灵桥建成于1936年,时有隆重庆祝活动。此前的灵桥、天妃宫、海运码头、市舶库等,是构成江厦街区块主要元素。1939年4月26日起,灵桥及江厦街区域曾遭受过日机狂轰滥炸,天后宫半被炸毁,灵桥也被炸出窟窿,导致桥面破裂隆起,钢梁处则留下弹孔数个,幸未造成重大损失。1949年9月20日,灵桥和天妃宫等又遭受国民党飞机轰炸,灵桥又被炸出几个窟窿,江厦街等则被炸得面目全非,天妃宫被毁。

此后天妃宫区域渐成老宁波人及做小生意和听书人的去处,直到20世纪50年代中期,由于遗存的断垣残壁存在不安全因素,天妃宫残留建筑改成宁波标准件厂仓库。1978年,江厦街北部街面拓宽,兼并了原来的东渡路南段、天后宫后街、方井头、滨江路等,遂成日后模样。

1982年下半年,因天后宫旧址上要建造宁波工业品展销大楼,遂开始对天妃宫部分遗址进行考古发掘。项目历时3个多月,发掘面积1340平方米,出土小件613件,其中瓷器368件、陶器36件、石质构件35件、砖质构件139件、残破钱币35件。瓷器以青花瓷数量最多,计2845件(片)。同时还清理了不同时期的建筑基址。其中,第五次建筑包括水池、前殿、戏台、甬道、月台与大殿等,并从清理残迹的雕龙柱、青花器与碑记中可以证实,该建筑一直沿用至新中国成立初,这座建筑扩建于清咸丰年间(1851~1861);第四次建筑包括放生池、前殿、戏台、甬道、月台与大殿等,因在大殿中出土了一批清康熙时期的青花器与康熙三十四年(1695)的"重建敕赐宁波府灵慈宫记碑",证实该建筑群重建于康熙年间(1662~1772);第三次建筑由前殿和大殿两部分组成,在台基中出土了大量景德镇等民窑青瓷器,有嘉靖、隆庆、万历、天启等各朝代器物,出土的龙泉窑青瓷盘、碗、炉均为明代常见之物,因而断定为明代无疑;第二次建筑仅有殿宇建筑1幢,年代最晚也在元至元五年(1339)左右,相距第一次建筑的修建时间约有半个多世纪;第一次建筑保存有主体建筑一座,体量与第二次建筑同,在基址中尚保留了元代的素覆盆式柱础石等残构件。

不知以上的出土宝物,如今命运如何。让人感慨的还有宁波天妃宫别庙,其重建于清乾隆七年(1742),位于县东80里的鄞县大嵩,毁于20世纪60年代初。

二、位于后塘街东侧的福建会馆天后宫

福建会馆天后宫,俗称大会馆,位于原江东区后塘街东侧、今中信国际大酒店至江厦桥一带。据《天一阁明州碑林集录》所载的《闽商在甬建设会馆碑》称,福建会馆天后宫曾打赢过官司,故立碑为记,碑文称:康熙三十五年(1696),前任提宪蓝公首创闽商在今江东买地,开工建造了会馆,以供奉天后圣母,按官方要求立有碑记。不料在四十六年(1707)遭到火灾,仅抢救出神像,其他都毁于火。后经各商会商量先重建前殿,以置放神像。五十七年(1718),完全按旧重建完工。宫殿巍峨,庙貌壮观。到五十八年(1719),居心不良的邻居袁邦熙得知所立碑记及地契等已焚毁,欲敲诈,今官司已胜,故立碑记事,使之永远保存。落款是"乾隆陆拾年十二月,兴泉漳台众商同住僧沛泉公立"。

⊙ 昔日与江厦街隔江相望的后塘街(王之祥摄)

又据《天一阁明州碑林集录》所载《重修福建老会馆碑》介绍:自

从朱买臣为会稽郡守航海到过泉州,后福建与越州[1]海上交往频繁。福建商人到宁波的由八闽会馆接待,其中以兴化[2]、泉州、漳州、台湾商人居多,因此建造了两座会馆,其中一座叫"大会馆",是清康熙三十四年(1695)蓝理[3]在宁波为官时,带领同乡创建;另一座为"老会馆"[4],而与台湾往来,在康熙二十四年(1685)开关以后无疑,此会馆就是接待台湾舶商的地方。因而说"老会馆"比"大会馆"早没有疑问。虽记录的石碑已毁,历史难以考证,但大致情况可以推测。福建人多住于海边,外出航海经商的人多,特别是在宁波从商者,做公益慈善也多。家乡所创立的公益事业,也大多依靠在宁波的舶商力量。因此,在太平军侵扰江苏、浙江时,苏州、杭州、台州的诸会馆皆焚毁,唯宁波的会馆得以保全,这是积善的福报。同治戊辰(1868),"大会馆"的重修工程将完工,翰林院庶吉士晋江王寿国因休假路过宁波,同人要求其写碑文,因而有此碑记。会馆的正殿供奉天后娘娘,后殿塑观音像,左右偏殿(厢房)奉孔子、关公像。会馆的前面建有埠头,有兴化、泉州、厦门等地经皇帝批示的碑文。右边有一弄,左侧为乌龙碶的出水河,以前为当地人填塞,后由官方疏通。

清郭柏荫在《重修福建会馆碑记》中也说:宁波是海上交通的重要口岸,海舶云集。福建的舶商在这里建造了会馆(天妃宫),祀拜天后,香火兴盛,遇到因年久需要重修的时候,各位舶商都会捐助资金通力合作,使宫墙梁架焕然一新。福建舶商有苏州、宁波、乍浦三大帮,而宁帮最为朴实,讲同乡间的情谊。在他乡互相往来,操着浓浓的乡音,互相慰问,情同手足。背着行李外出途中遇到困难的,同乡人捐助必定很慷慨,从不小气,虽然住在小地方,但有君子之风,此会馆能得以保存,是神的保佑,也是人与人之间相处和睦得到的回报。

---

[1] 即宁波一带。

[2] 即莆田。

[3] 蓝理,福建漳浦人。著名战将,曾跟随施琅将军统一台湾。

[4] 指江厦街宋代天后宫。

1928年，民国政府实行不动产登记，将福建会馆天后宫作为公共寺庙即社会公产进行登记，因丧失了物权，失去主体，再加上战乱等原因，在之后短短的几十年时间里，逐渐颓废，终至坍圮，令人惋惜。

三、与庆安会馆相邻并立的安澜会馆

现存的安澜会馆与庆安会馆毗邻，由宁波传统航运商帮捐资创建于清道光六年（1826），世称"南号会馆"，与不久后北号建造的庆安会馆并立，是同业航海之人聚会和祭祀妈祖的场所。时经营南方贸易的商船称"南号"或"南帮"，经营北方贸易的商船称"北号"或"北帮"。由此可见，宁波商人在本地天后宫的建造中，发挥了更大的作用。

2000年，宁波市政府将安澜会馆迁建于庆安会馆南侧，使两座会馆相映成趣，相辅相成。如今的安澜会馆里，供奉着从庆安会馆移驾来的彩塑神像、人们心目中至高无上的航海保护神妈祖。"安澜"意为"仰赖神佑，安定波澜"。整座建筑坐东朝西，保存完整。中轴线上依次有宫门、前戏台、大殿、后戏台及后殿。前殿与宫门、后殿与大殿之间，左右配置重楼厢房。宫门为五开间、硬山顶，前后戏台为歇山顶。大殿是安澜会馆的核心建筑，五开间、硬山顶，气势宏伟。后殿五开间，抬梁式硬山顶。整座建筑出山墙围接，形成了一个宽敞亮堂的空间，高大肃穆。卷棚、雀替、栏额等都有精致的朱金木雕图案，显得富丽堂皇。明、次三间栋梁饰有描金龙凤，栩栩如生，极为珍贵。建筑装饰中的砖雕、石雕刻工精湛，图案华美。作为"三江文化长廊"东端的亮点，安澜会馆与庆安会馆被开辟为妈祖文化陈列馆，成为我国八大天后宫和七大会馆之一，也是江南现存唯一融天后宫与会馆于一体的古建筑群。

2016年3月14日，宁波市首届莆田商会与宁波庆安会馆等联合举办妈祖分灵圣像移驾安座仪式，数百名来自莆田、泉州、漳州、宁德、龙岩、福州、厦门、三明、南平等地民众和宁波本市居民、外地来宾参加了庄

重而热烈的安座仪式。该圣像是 2012 年宁波市首届莆田商会成立时从莆田湄洲妈祖祖庙恭请而来,先是移驾人民路 168 号商会会所,其间因旧城改造又移驾至江北区相关部门提供的过渡用房,几经周折,终于移驾安座于安澜会馆。

四、甬东天后宫 —— 庆安会馆

现存的庆安会馆又名甬东天后宫,地处奉化江、甬江、余姚江汇合的三江口东岸。《宁波市志》载:庆安会馆,在原江东区江东北路,三江口东岸,又名"北号会馆"。清道光三十年(1850),旅甬北洋舶商集资所建,咸丰三年(1853)落成。祀天后神,又称甬东天后宫,占地面积 3900 平方米,中轴线上列宫门、前殿、戏台、大殿、后殿。后部分建筑毁。"文化大革命"中,左右两翼建筑被拆去。大殿五开间,明间抬梁式,次间穿斗式。采用石雕、砖雕、朱金木雕装饰,目前尚存近 200 幅。门楼、马头墙砖刻采用传统立体布局,有八仙、三星、和合、九老、山水、花鸟等,形态生动,层次分明。主殿高 10 余米,明间蟠龙石柱一对,次间凤凰牡丹石柱一对,高 4 米余,橘子形柱础雕琢精致,均镂空雕刻,凤采牡丹、苍龙盘柱倒挂。两壁墙嵌浅浮雕耕织图、西湖风景。戏台歇山顶,顶部藻井采用狭长细工雕刻板接榫、拼搭,承托穹窿形圆顶。清董沛撰有《甬东天后宫碑铭》。1981 年 12 月,庆安会馆被公布为宁波市市级文物保护单位;

⊙ 庆安会馆宫门
(王博雷摄)

⊙ 庆安会馆前大殿及戏台全景（王雄鸣摄）

1989年12月12日，被公布为浙江省级重点文物保护单位；2001年6月，被列为第五批全国文物保护单位。

庆安会馆大殿正脊上"海波永宁""国泰民安""湄屿钟灵"等文字，至今保存完整、字迹清晰，由此明确了当时宁波与莆田的往来关系。而传说中庆安会馆来历不凡的四根龙凤石柱，亦与福建相关。据称，当年不仅专请福建的名师巧匠历时一年余雕凿而成，还为运输每根高4米余、重数吨的石柱来宁波想了很多办法，最后采用分装两船、不入船舱、悬挂于帆船船舷外侧两边的方式，克服了在浙江洋面突遇飓风等危险，终于安然无恙平安到达宁波，为此，舶商和船工们皆认为是天后灵佑，于是连续演戏三日以示庆祝。

董沛在《甬东天后宫碑铭》中称："吾郡旧有天后庙在东门之外，肇建于宋，实今有司行礼之所，分祀在江东者三：一为闽人所建，一为南洋商舶所建，基址俱狭，唯此宫为北洋商舶所建，规模宏敞，视东门旧庙有其过

⊙ 庆安会馆前大殿（王博雷摄）

之。经始于道光三十年（1851）之春，落成于咸丰三年（1853）之冬，费缗钱十万有奇，户捐者什一，船捐者什九，众力明举，焕马作新。"

　　弘扬妈祖文化精神，丰富海上丝绸之路的文化内涵，是促进海上丝绸之路沿线国家和地区文化融合的又一举措。多了解一些妈祖的历史文化知识，多学习一些妈祖的无私大爱精神，多传播一些真善美，共同为实现国家富强、民族复兴、人民幸福、社会和谐以及世界和平努力。

灵应庙

城市中心的神秘古庙

城市是一部永不停息的机器,同时也是一个文化容器。宁波这座城市,除了人文和美景,还有灵性之美。

旧时宁波城内水网密布,镇明路作为南北向中轴线的主要道路,与河相依,以桥命名的平桥头、湖桥头、仓桥头,则将镇明路分为三个路段,形成三个地标。

北宋天禧年间(1017~1021),郡守李夷庚在镇明路上的湖桥头附近堆土筑岭,"以其土益岭卑薄,壮县内案山之势",称镇明岭。镇明岭正对着鼓楼和衙署,以成城内案山,意在案头山水,旖旎风光。而宁波城市中心最古老的神庙之一灵应庙,则先于鼓楼和镇明岭,建造在镇明路最南端的仓桥头附近,足见其立定之先、地位之重。

而宁波城的外案山,则位于南郊,原高十余米,有数处土丘,与内案山的镇明岭在同一条南北中轴线上,且因北宋法智大师知礼曾在此坐关而逝,故名祖关山。灵山秀水中,奇人丛生,异象无穷。

宁波佛寺的创建,肇始于三国东吴年代,繁荣于唐宋,历经明清而不衰。宗教作为一种文化,其活动总会把人与鬼神等联系在一起,现象错综复杂,因而在古代,崇尚祖先和尊神事鬼,成为民众主要的精神寄托和风土习俗。基于对包括日、月、星、辰等自然万物各有其神的认知,古人就把许多无法解释的现象统归于神灵之举,认为世间明有日月、幽有鬼神,在天上必为星宿,在地下化作山川,在阴间则为鬼神,且把庙宇视作神秘之境、神灵府地、降吉之所和赐福之处,视作文明与信仰的象征。加上古代封建统治者为巩固皇权地位极力提倡和合理假设,又创造出各路神灵,并动用大量资材修建庙宇建筑,使涌向寺庙的信众越来越多。

2005年,宁波市佛教协会正式登记的宁波大市范围内开放的寺庵等宗教活动场所达600处。人们进入寺庙,除了吊古寻幽,更多的是祈福纳祥,以期消灾弭祸,寻求达成某种心愿。

⊙ 灵应庙鸟瞰

⊙ 灵应庙

作为供奉神佛或圣贤的处所,庙宇多指祠庙与寺庙。而庙宇作为较为完整地保存各个时代历史文物的主要载体,在我国的文物管理保护单位中所占的比例最大,涵盖了天文地理、建筑雕刻、绘画书法、音乐舞蹈、庙会民俗等范畴,其建筑亦常与传统的宫殿形式相结合,因而具有鲜明的民族风格与民俗特色,具有一定程度的导向性和规范性。

作为明州最古老神庙之一的灵应庙,始建于唐圣历二年(699),位于海曙区镇明路郁家巷历史文化街区最南端。历史上,灵应庙几经兴废,历代皆有重修。现建筑仅存正殿,庄严宏伟,沉寂肃穆,系中华民国八年(1919)重建。1986年,灵应庙曾一度成为企业厂房和仓库。与众不同的是,宁波众多的庙宇建筑多为硬山顶,而灵应庙却为歇山重檐顶,相比之下显得更为气宇轩昂,故民间又俗称"大庙"。

前述明州郡守李夷庚,因为懂风水、有绝识,才认为养神胜地的宁波虽多江河湖泊,而城内独缺山体,于是决意在鼓楼前主轴线上的镇明路中筑起镇明岭;岭之东、西两向有日、月

二湖拱之,时塞而凿之,陡而级之,故山脚入水澄清,水源来历分明,花果迎风带露,路人顾盼神飞,为风水宝地。而灵应庙,即在其南向不远处。《四明谈助》载:灵应庙即鲍郎祠也,旧曰"永泰王庙",在州南二里半。《舆地志》记:

> 鲍郎名盖,汉鄞邑人（汉鄞邑在鄞山下）,为县吏。县尝俾奉牒入京。留家酣饮,逾月不行。县方诘责。已而得报,章果上达。既死,葬三十年,忽梦谓妻曰:"吾当更生,盍开吾冢!"妻疑不信。再梦如初,乃发棺,其尸俨然如生。郡人神之,立祠以祀。梁大通间,有奴贼名益,倡诱群盗,号"奴抄兵",寇郡邑。官军邀击不胜。定襄侯萧祇为刺史,神忽视形,因巫语祇:"愿助讨贼。"期之八月十三日。"奴抄"果以是日至余姚。舟胶于江,众陷于淖,溃溃如醉。官军悉缚之。祇奏其异,武帝遣增大祠宇。唐圣历二年（699）,县令柳惠古徙祠于县。宋崇宁二年（1103）,尚书丰稷奏:明州鲍君永泰王庙额,犯哲宗皇帝陵名,乞改名"灵应"（《乾道图经》）。今在西南隅昼锦坊东。宋以来,屡封"忠嘉神圣惠济广灵王"（《延佑志》）。明正统间,郡守郑珞新之。岁以九月十五日郡邑致祭。（《闻志》）

可见灵应庙原名"永泰王庙",因庙神灵验,故名"灵应"。鲍盖作为县吏,虽官阶不高,但神通卓异,其庙被册封为王,此乃小官大神,属大胆任用。鲍盖公差持文牒至京师,自身却留在家中畅饮逾月未往,既有性格原因,抑或有其他隐情;鲍盖去世30年后,视验棺木,其竟面貌如生。郡人早于527年,就立祠祭祀鲍盖;鲍盖的最大功绩是及时显灵,助官讨贼。自宋朝以来,朝廷在加封"四海海神"的前提下,敕封鲍盖为"忠嘉神圣惠济广灵王",非丰功伟绩者不能得。庙者,妙也,经历代不断重修扩建,神乎其神,故每年的九月十五日成为其相对固定的祭祀日期。

⊙ 林宅大门

一般来讲，神主是信众膜拜的对象，时人建造如此规模的正规庙宇，说明彼时的神灵信仰已经有了一定的群众基础，信仰文化的雏形方开始显现。

遗憾的是，如今已看不到灵应庙的全貌，但"灵应"二字，最为活灵活应。除了史家所载，坊间还有更多版本：如萧祗迎战之前，置鲍盖神像于谯门，以祈求保佑，最后大获全胜；又如，路允迪出使高丽，行前祷神，蹈海如履平陆，奏请"忠嘉"封号；再如，方腊与官兵交战，邻邦皆受惊扰，唯明州阖境平安，太守李友闻奏请，加封"威烈"，又经太傅、丞相郑清奏请，易"威烈"为"神圣"；复如某年郡境大旱，太守楼异祷雨于庙下而甘霖沛至，诏封鲍郎为"惠济王"；再如赵构被金兵追赶，从明州定海县[1]出洋，时

---

[1] 今宁波镇海。

风涛不惊,以为鲍王佑护之功,御书加封"广灵"二字,云云。

亦有民间人士撰文称,鲍盖居高钱青山村[1],曾任鄞县县吏,为官勤廉清苦,虽无大利大位,但心怀本能良知。是年灾荒,百姓穷困至极,适逢鲍盖押粮船队海上遇风,驶入家乡鹿江一带避险,但见沿途百姓啼饥号寒,饿殍遍野,悲来情不自禁,情急之下擅将所押粮食赈济灾民。此乃欺君大罪,鲍盖自知难以免祸,毅然投江自尽。当地百姓为感其恩德,将其葬于高钱下王鹿山。身兼陆神与海神的鲍盖,其救苦事迹和灵应传说也越传越广,周边民众纷纷建庙立祀。民国《鄞县通志》谓,鄞县城乡有鲍盖庙68座,约占全县庙宇总数的五分之一,其中尤以鹿山鲍盖墓周边的东钱湖、邱隘、东吴及宁波城厢为甚,其神性职能不仅不断褒增,而且其神灵角色亦在两者兼有中转换,因而香火特别旺盛。

全祖望在《鲒埼亭集·考正府主广灵王庙议》中,则有不同叙述:"吾窃疑所谓广灵者鲍全,非鲍盖也。《四明丹山图咏》注,称鲍全有圣德,董黯有孝行,并以为甬上之地仙。意鲍全者,必其隐居不曜,不言躬行,足以

⊙ 林宅院墙

---

[1] 今鄞州东钱湖梅湖村。

追踪古之逸民旧德,而后世失载其详也。"此想或因各有其面,月忌而岁不同。

尽管如此,灵应庙能够建造在古代城市中轴线的镇明路上,足见其地位之显赫。即使到了今天,其位置仍十分优越,即便周围有各式各样的江南风貌院落建筑,但均被其庄重威严和金碧辉煌震慑,尤其是富丽堂皇的大门和抬高的门槛,以及庙里幽明而威严的气氛。当有人在灵应的菩萨面前认真跪拜、虔诚祈祷与寻求帮助时,厚积的烟灰和萦绕不断的香火,或将令其得到某种希望与喜悦。

与灵应庙一路之隔的林宅是全国重点文物保护单位,清代建筑。主体建筑坐北朝南,由大门、仪门、影壁、门厅、前进、后进及西边花园、两排偏屋和三进杂屋等组成。该宅为清同治年间(1862~1874)举人林钟嵩、林钟华兄弟住宅。宅之西南隅有幽雅小园,并藏有明代著名画家董其昌所书、明文学家陈继儒题跋的"兰亭序"刻石二方。整个建筑规模较大,结构宏伟,其中砖、木雕刻众多且精细,尚存砖雕170余幅,以人物故事、花卉动物为题材,采用浮雕、透雕形式,工艺精细;另有石雕、木雕50余幅,对研究宁波地方史、文学艺术及建筑工艺发展史,都具有很好的参考价值。有意思的是,在2006年对其进行修缮的过程中,施工人员发现了一块仅限于建造皇宫使用、在民间十分罕见的金砖。该方形巨砖呈黑色,有光泽,重达90公斤,经文保专家确认,为乾隆十六年(1751)所造。

如今在灵应庙的周边,依然保留着大量反映宁波不同历史阶段特点的建筑:有太平天国时期洋枪队队长华尔的岳父、近代"宁波第一买办"杨坊的宅居;有颇受左宗棠、徐时栋等人赏识,发明中国麻将的陈鱼门的故居;有建于清同治、光绪年间为林廷鳌藏书所用的近性楼,后又被浙江学政盛炳纬买下,成为宁波城区内独一无二的精致庭园——盛氏花厅;有城区内仅存的纪念受学于黄宗羲且著有《杲堂文钞》的浙东学派著名学者李杲堂的晚清建筑——李氏宗祠;有经营绸缎、布匹生意的甬籍旅沪商人李坎虞的宅房;有民国时期纺织厂老板董梅生的居宅;有民国时期

邮电局局长陈炳恒的典型的宁式三合院,等等。

当然,由于历史原因,今天我们所能见到的,只是城市文化容器中的一小部分,它们经历了社会动荡、文化碰撞,经过不断地融合和传承才得以幸存下来。尽管其中有封建迷信、陈规陋习和文化糟粕,必须加以针砭剔除,但也不能不分青红皂白、锄草伤瓜。重视宗教的影响与作用,以科学和理性的态度对待,是弘扬中华优秀传统文化的重要形式之一。

无论出于何种考虑,当你来到明州最古老的灵应庙前,当你面对神座之下永不凋谢的朵朵莲花,当你在鲍盖神像前顶礼膜拜、祈求许愿或离苦得乐时,你会用你的微笑,去勾兑生活中的酸甜苦辣咸,并在调节五味的过程中,展现博爱、美德和力量。

月波夜静银浮镜，
霞屿春深锦作屏。

王应麟 《东钱湖》

董孝子庙

孝子传说感天动地

明代万斯同有《竹枝词》云:"南郭巍然孝子祠,千年古木更添姿。东头即是慈亲冢,稍慰晨昏雨露思。"

宁波是一座不缺传奇、独具特质的城市,多元文化在这里交融并存,这里流传着多少神奇故事,生活过多少历史名人,说不完也数不清。

追思昔人所行,宁波是一座有孝道文化涵养的城市,她身上铭刻着中华文明的原始胎记,孝道的基因在这片热土上传承,并融入城市的血脉。董孝子便是其中的典型人物。

董孝子庙,奉祀的是甬上孝子第一人——董黯。董黯,字叔达,后汉时句章县石台乡[1]人,传为西汉时的大儒董仲舒六世孙。其幼年丧父,家境贫寒,因侍母至孝的事迹广为流传,故在民间有口皆碑。

东汉延光三年(124),朝廷敕封其为"孝子",立庙褒扬。

《宁波市志外编》载:"奉母至孝,董母嗜溪水,黯筑室溪旁,以汲饮,现慈溪市名由此而来。"宋宝庆《四明志》十九卷有载:"邑有董孝子之遗风,人知孝、爱乐、循里旧矣。皇朝以来,杨公适、杜公醇,又以行义为之师

---

[1] 今宁波余姚大隐镇。

表，自是文物益盛。王荆公安石有云："慈溪小邑，无珍产淫货以来四方游贩之民。田桑之美，又以自足，无水旱之忧也。无游贩之民，故其俗一而不杂；有以自足，故其人畏刑而易治。所见之士，亦多美茂易成也。"

《重修董孝子庙碑记》等载，则更为详尽：黯固鄞人，幼年丧父，长以樵薪养母，笃孝承欢，奉事唯谨，母嗜大隐溪水，董黯日为之汲供，纵雨春不辍。东邻有无赖，辱其母，董黯斩首祭母，朝廷诏释其罪，且征之为郎官，黯不就，归隐于三江交汇的甬水村，其宅今鼓楼东侧之渡母巷，并自句章返葬母柩于祖关山[1]，筑草堂伴灵，昏定晨省，宛如亲在。迨董黯弥留，遗命埋骨母旁，慰藉雨露之恩，敕封孝子。

古人向来有"臣尽忠、妻守节、子尽孝、奴守德、君贤明、官清白、男勤劳、女贞烈、文献策、武讨贼"之说，古德亦有"百善孝为先"之云，皆因董黯邻居王寄秉性顽劣，事亲不孝，其母常以董黯之孝行作比责之，令王寄十分恼怒，某日乘董黯外出，对董母百般凌辱，致董母一病不起，不久而逝。董黯愤怒至极，伺机斩杀王寄，以其首级祭母，并投案自首。汉和帝刘

---

[1] 今宁波火车南站一带。

⊙ 董孝子庙

肇闻其孝心,"释其罪,且旌异行,召拜郎官",董拒却,归隐后终老于大隐。

明代《宁波府志》载,董孝子庙在府治南六十步,祀东汉孝子董黯。唐大历十二年(777)立,刺史崔殷记。明嘉靖三十八年(1559)知府周希哲重修二别庙,一在县南郭外五里董母墓所,一在县东南四里补陀寺西名徵君庙。

宁波文化遗产保护网介绍称:东汉延光三年(124),汉安帝敕封董黯"孝子",并立祠于古慈溪城内。唐大历七年(772),在宁波城外即位于南郊祖关山之北的土墩上,建纯德庙,祀董孝子,庙东面即他母亲的墓所。明代洪武四年(1371),明太祖朱元璋又敕封董黯为"孝子之神",明州太守张琪将原慈溪城内[1]董孝子庙迁到邑庙之后殿[2],又在南郊祖关山新建董孝子庙。

《董孝子庙志》则记:城南郊庙在慈母墓旁,建置不知其始。大约即庐墓所筑而增广之,则由来久矣。其墓向东南。墓址围一百一十二步,东西四十步,南北二十六步,宝地四亩三分五厘一毫。墓左前有潭曰"滴泪潭",右后营窟隐然,为"望母洞"。

千百年来,董孝子庙几度辉煌,几度衰落,经历无数创伤。清代嘉庆、道光年间重修大殿后,曾金碧辉煌,盛极一时。庙前经常门庭若市,前来朝拜者络绎不绝。其建筑亦成为宁波地区清代坛庙类建筑的代表,是研究清代中叶宁波传统木、石雕刻工艺的实物标本。

然而,抗日战争时期,日军在宁波开明街一带制造了骇人听闻的"鼠疫惨案",董孝子庙一度作为鼠疫患者的隔离病房。新中国成立后,此处曾驻扎过部队。后被用作乡政府驻地。"文革"时期,董孝子庙成为破"四旧"的对象而惨遭洗劫,孝道文化也随之被批判。庙中的塑像、匾额等文物被砸毁,这里一时成为"破烂王"、乞丐、流浪者的栖身之地,文物建筑的际遇堪忧。

---

[1] 今慈城。
[2] 今郡庙。

⊙ 董孝子庙

面对祖先留下来的珍贵文化遗产,文物管理单位加快了保护步伐。时遇萧甬铁路复线建设及宁波火车南站扩建,董孝子庙因距火车南站太近,按照"保持原状、修旧如旧"的古建筑维修原则,于1998年开始移址,向东南方向迁移百余米,至次年完工。

迁建于尹江岸路旁的董孝子庙,占地面积1437.7平方米,建筑面积1257.27平方米,保留了浙东庙宇祠堂常见的台门、戏台、正殿、后殿、东西厢房等布局;同时也保留了自己的特色,如其大门面阔五间,由明间向梢间依次缩小;东侧为中军殿,其中的五扇大门比宁波城隍庙大门更气派,足见时人对孝道的推崇。在宁波市区现存的清代建筑中,董孝子庙在规模、布局、用料、工艺、气势等方面,都具有显著优势,其历史价值、艺术价

值和社会价值,更是其他建筑难以比肩的。

然世事难料,2010年,董孝子庙又因铁路宁波站扩建工程再次面临迁移。相隔12年,"12"果真是个奇妙数字,让一切又回到了原点。按照新的规划,董孝子庙当时的位置将成为南站枢纽工程南广场的公交枢纽站建设用地,而其新地址则坐落在宁波火车站西南面,北接南都宾馆,西邻全国重点文物保护单位——全祖望墓,入口位于南都花城茶花园与百合园交会处,由西南向东北方向进入。现有前殿、戏台、大殿、后殿、中军殿、法物流通处、门房、碑廊、望母亭及附属用房等建筑,于2019年重建完成。频繁的搬迁,见证并记载了董孝子庙接受的考验,就像风中大树,虽命途多舛,但也彰显出了其顽强的生命力。

相传董孝子庙原无中军殿,南宋嘉定四年(1211),慈溪邑令赵崇遂在修复时,又附张孝子无择像于侧。明洪武四年(1371),太守张琪迁慈邑之祀于郡时,在鼓楼东侧按慈城的模式"克隆"了董孝子庙,带来了张孝子庙的中军殿。

⊙ 董孝子庙内院

⊙ 设立于慈城的慈孝文化雕塑（朱恒摄）

旧时宁波除此庙之外,还有数处奉祀董孝子的庙院,如鼓楼东南边的董孝子庙、原江东甬东孝子庙以及江北慈城以外的几处董氏家庙等。此外,宋代孝子孙之翰割肝救母、明代三娘教子等故事,也流传甚广。与孝道文化有关的慈湖、慈江、孝子井等历史遗存与当代人们的生活共融,中华慈孝节应运而生,慈孝文化氛围日渐浓厚。宁波江北的慈城,还成为我国首个"中国慈孝文化之乡"及首个"中国慈孝文化研究基地"。

宁波还有条临近鼓楼的孝闻街,亦因旧时的孝闻坊而名。据宋史《孝义传》记载:北宋徽宗末期,本城有个叫杨庆的孝子,因父病无钱求医,乃割股熬之,喂父疗愈;其后,母病不能食,又取己之右乳肉焚之,以此灰拌药进焉,入口遂瘥。久之,乳复生。北宋宣和三年(1121),明州太守楼异请命朝廷赐"崇孝"石牌坊,以励后人。南宋绍兴七年(1137),太守仇恣又为之上奏朝廷,诏表其门庭。此断不可取,然孝心可鉴。

更多关于董孝子的文字记载,可见于虞预《会稽典录》中三国东吴虞翻的《孝子董公赞》。唐朝大历十二年(777),明州刺史崔殷在为董孝子修庙所撰的碑文中,亦概述了董孝子的事迹。

儒家学说有个重要理念,即"老吾老以及人之老,幼吾幼以及人之幼"。孔子的孝道思想作为中华儒家孝文化的基础,对后世产生了广泛而深刻的影响。孟子继承孔子思想,并强调孝子不仅要养亲,更要尊亲。

道教认为,人的生命长度与质量同善恶休戚相关,即孝道决定生命的高度,因而劝人恭行孝道,为善除恶。葛洪在调和道教求仙与儒家成圣的矛盾方面做过许多阐述,并不断向世人解说,两者之间并没有根本性的冲突,而且还完全可以合为一体。他的理论不仅消除了祖先崇拜与神仙信仰之间的矛盾,还使道教与儒家的孝道文化水乳交融。

因时代的局限,古人有些陈旧迂腐的观点已经成为糟粕,应注意批判和剔除。但作为修身养性的根本和基础,作为社会伦理的自然组成部分,孝道文化永远不会过时。

中华民族山川奇伟,孝道文化早有孕育。文化是一个地方的根脉,其夫子德音,永续不绝。孝道文化当是今人的新需求,用孝道文化滋养每一个人的心灵,让人人都成为传承孝心与孝行的种子,进而丰富人文内涵,既定德量力,又审势择人。

孝友之家,必出孝子慈孙,应慈眼视之,不可忽乎。

南塘老街

宁波人记忆深处的街市

在宁波这座到处矗立着现代化建筑的都市里,有一处让人记忆深刻的街市,那就是南塘老街。

纵览中华历史长河,先人们留下了无数的传统文化,当人们还在纠结如何去糟粕、留精华、求平衡、图发展时,宁波南郭的南塘河、南塘路及其相关的风雅与文脉,剪草留芽,老树着花,顽强地生存了下来,如今的南塘老街,已然成为宁波版的"清明上河图"。虽不完全解粘去缚得其本有,但也依然顺其自然。

水乡宁波,域内有"三江六塘河"及日、月二湖[1]。三江指余姚江、奉化江和甬江;六塘河指东厢的前塘河、中塘河和后塘河,西厢的南塘河、中塘河和西塘河。八水竞奇,汇秀水明洁;无穷民力,集民风淳朴。

名城宁波,古时有四郭六城门。清代宁波杰出的历史、地理学家徐兆昺所著的乡土文献《四明谈助》,将原江东一带称东郭,把南门三市一带以南郊路为中心的称南郭,西门外则称西郭,北郊路等江北一带称北郭。六城门是指元代重建的6座城门,即东门东渡门、东南门灵桥门、南门长

---

[1] 原日湖已埋没,如今的日湖为后人开凿,另地重建。

春门、西门望京门、北门永丰门、东北门和义门;而在宋代,宁波老城有灵桥门、东渡门(东门)、来安门(市舶司门)、望京门(又称西门)、甬水门(长春门)、鄞江门、郑堰门、盐仓门、达信门、渔浦门等多道城门。

甬水门即南水关。南水关外的南塘河,沿河房屋鳞次栉比,人烟稠密,街市繁荣,旧时江南民居前街后河的特色十分明显。河边有无数个石埠头,河上常有船只往来,民国时期每天上、下午各有20多班航船连客带货航行往返,足见繁忙。在没有通邮的乡间,舟行则逸,故水运最受欢迎。

以南塘路为枝、南塘河为叶的南塘老街,饱经沧桑,历尽坎坷,之所以重获新生,缘因历史文化保护观念的提质升级。曾经的南塘路,那些逝去的美,从天而地的那一刻起,经过体制力量、民间资源、草根智慧以及官方审读、学者解读、民间阅读等一轮又一轮的抉择后,终于重现明朝沈明臣"南塘路上百花娇,满面春风处处饶。今日踏青无不可,劝君莫过向阳桥"的诗境。

⊙ 昔日的西塘河泽民段(王之祥摄)

◉ 南塘老街

登高远望南塘,视野一片开阔,但见那南塘老街静静地躺在周遭高楼的怀抱里。近距离阅读,永善亭内明察就里,牌楼底下视水见形,尽管细节上做了诸多改动变通,但依然留有原来的东西,既古朴、风雅,又流行、时尚,看似声稀味淡,实则烟火味浓。

倘徉于塘路之中,酒旗斜挂,茶肆清雅,老字号、甬帮菜、上市货、小海鲜、玩具摊、糕点店,特色小吃、时令佳肴、鞋帽衣饰、艺苑书店等牌匾林立,商品琳琅满目。徘徊在塘河边上,有型男士、新妆美女、鹤发老人、嘤语儿童以及外国来宾等人头攒动,趣味盎然。古朴建筑中的民风民俗,繁荣街市中的沸沸扬扬,美景与美味互动,历史和人文贯通,夹杂着梨园百戏、古今传奇、趣闻逸事、街谈巷议,勾兑着生活中的五味杂陈,在吸引眼球和唤醒味蕾的同时,勾出一段远久的记忆。

⊙ 永善亭

⊙ 甬水桥

南塘河始称"甬水",缘因甬水桥、甬水村、甬水庵和甬水门。地处古城的甬水门附近的甬水桥,横跨南塘河,南接南郊路,北通南周江岸,扼它山、皎口二水入明州之咽喉。现存建筑系清光绪二十五年(1899)重修,为单跨石拱桥,矢高较大,便于航运,遇山洪暴发及潮汛时亦可完全泄水。

所谓的南郭,是指南面的外城,即以南郊路为中心的南门三市一带,故又称南郊路为南郭大街,与当时府城中心大街镇明路处于同一南北轴线上,是昔日宁波府城通往奉化、台州等的通衢大道,行人往来,络绎不绝。

《宁波市志》载南郭的南塘河:古时城内城外河道网结,今中山东路、中山西路、县前街、孝闻街、开明街、药行街、横河街、西河街、大沙泥街等街路均傍河或前街后河。入城的南关、西关两水系,南系自鄞江桥经南塘河入城,接平桥河为城内纵向河道;西系自大雷经西塘河入望京水门,东接县前河为城内横向河道。纵横构织,共有支河45条,分布全城。城外,江东有前塘河、中塘河、后塘河3条,引东钱湖水;江北有颜公渠引水入;城西有南塘河、西塘河、中塘河3条,引它山小溪水入城储于月湖,环城除为江所隔外有濠河。1929年后老市区除月湖、江东3条塘河、西南部3条塘河和北斗河、护城河外,其余相继填没。至1990年,尚存包括南塘河在内的内河11条,另外10条分别是北斗河、护城河、高塘河、西郊河、祖关山河、西环河、后塘河、中塘河、王戎河和北郊河。

南郭的南郊路,早先则称南塘路,是南塘河南岸的塘路。据《宁波市志》载:宁波古道有甬吴大道、甬榕大道、东塘路、中塘路、前塘路、南塘路、西中塘路、西塘路、甬定路、三北路等,其中南塘路起自南门长春路,沿南塘河南侧,经甬水桥、启文桥、范家边、段塘桥、石碶桥、栎社桥、万缘桥、狗颈塘至北渡,全长12.3千米,石板路面,宽1~2米,为城区通奉化的要道。1929年鄞奉公路建成,原路渐废。

民国时,南郊路与东门街等十条大路并称为"市道"。民国《鄞县通志·舆地志》记载,南郊路,自南门口西南下经下驾桥至启文桥。旧名长春桥下、三市街、柳亭巷口、杨家桥、航船埠头、鹅场跟。路长1.8千米,宽8.32米,即南塘路之东北段,可行人力车。

地处南郭甬水门(又称长春门)附近的甬水桥,《四明谈助》有载:"宋元符三年(1100)建。《宝庆志》作'夏家',俗称'下驾'。东抵城南接官亭,西达祖关。"

此处的祖关,即祖关山,为凸起的小山冈,虽不甚峻,但气象兀突,颇有名气。因有建于宋乾德间(963~967)的崇法寺,故又称小山冈为崇法寺冈。世称佛教十七世祖"四明佛祖"的法智大师在此"坐关"而逝,遂有"祖关"之名。另,南塘河与西塘河二水在祖关山前汇匝,似双龙张舌迎逢,形成"双龙捧祖关"之势,故自北宋以来,该地为南郭城外的"风水佳地""清凉世界",历来为明州城郊的墓葬区。北宋王安石之女、南宋魏王妃之墓等相继建在该地,至明代更是官宦大臣们的终极归宿之处。

　　南郭街市俗称"三市",每逢农历初三、十三、廿三为市集,民国《鄞县通志》载:"南门有三市,西门有八市。三市多竹木畜类,有事之家率于此

⊙ 南塘河

以购鸡鹅鸭;八市则多蔬菜行,盖皆由余姚及鄞县西乡而来也。船舶争集,人民杂遝,夹道商铺,鳞次栉比,一如江东。"可见"三市"比"八市"热闹。凡遇集市,人群熙攘,热闹无比。"八市"早就退出历史舞台了,而"三市"存至南塘老街改造前,只是没有早前那么繁荣罢了。

南郭之地,古有风云雷雨山川坛。《四明谈助》载:"元置城东甬东隅,明洪武(1368~1398)初,改建府城南门外甬水桥东,筑坛二丈五尺,高二尺五寸,坐子向午,列风云雷雨之神于中,境内山川之神于左,城隍之神于右。岁以春秋仲月上戊日致祭。"

在风云雷雨山川坛之北,高阜而平,有草香园,俗传吴典史园;在山川坛之左,为薛家山,有宋朝议大夫薛唐墓。甬水门外里许,则有柳亭庵,后称戒香寺,周锷瘗哑女于此,传宋时哑女能知未来事,忽然有一天无病而逝,后有人见之,云即维卫佛,柳亭庵乃其埋骨处。

三面临水的柳亭庵,左为郑浪堰港,堰外即甬江;右为灵感庙前港,庙后即南塘河;而且讲僧之墓,前对薛家山,山外有洪碶桥,分水落

⊙ 南塘老街

⊙ 财神庙

江;后坐后洋河,河外即南城。竹木萧森,沙水交汇,为南郊胜境。

目讲僧能以目讲天下,故称"目讲"。传明初有地师目讲僧游方至此,精于地理,善风鉴,见其家有善行,应得地者,为之迁坟。此外,这里还有与市井文化有关的关帝庙等。

史载宋庆历(1041~1048)中,正议大夫楼公郁(楼郁)自奉化迁鄞后,选择城南而居,为城南埋下了读书的种子。时有讲堂在柳亭,谓"城南书院",故学者称其为"城南先生"。后为袁正献(袁燮)"絜斋书院",学者亦称其为"絜斋先生"。袁燮乃南郭袁氏族祖,其爷爷袁毂,为"庆历五先生"之一楼郁的学生。袁燮的次子袁甫,则是杨简的学生,嘉定七年(1214)在秋闱中了进士第一名;南塘路上出了这么一位状元,时人说南门外不愧为风水宝地。时袁燮与主讲竹洲书院的沈焕、主讲碧沚书院的杨简和在外地任教的舒璘,并称为"淳熙四先生",为浙东四明学派代表人物之一。

令人称奇的是,南门外之风水似乎独钟袁氏一门,著名者如光禄大夫

袁毅、太师越国公袁韶、太师卫国公袁升、朝议大夫袁灼、朝散大夫袁似道、朝奉郎袁垌、通判袁章、贡士袁觉等，都发迹此间，其中又以正献公袁燮、清容居士袁桷对宁波文化影响最大。现代，还有人们熟知的著名电影艺术家袁牧之。

袁牧之的成名作是电影《桃李劫》，拍于1934年，当时他才25岁。此后还有作品《风云儿女》《都市风光》《马路天使》等。袁牧之曾在延安组建"延安电影团"，进行大型纪录片《延安与八路军》等的创作与拍摄。新中国成立后，他被任命为中央电影事业管理局局长，并在第一次全国文艺代表大会上被选为中华全国电影艺术工作者协会副主席，1978年6月30日病逝，享年69岁。南郊路历经改造提升，袁家大宅始终被完整地保护着。

其实，南郭区域塘河边上的袁氏，另一家又称"西门袁氏"，乃宋末忠臣袁镰家族，其代有显人，至明代袁珙更甚。袁珙，字廷玉，号柳庄，曾被姚广孝举荐，被朱棣召进燕王府，为其看相。后朱棣夺权成功，成为大明第三任皇帝，即永乐帝。袁珙则荣极人臣，衣带飘飞，传世有《柳庄相法》等，堪与《麻衣神相》相媲美。袁珙之子袁忠彻，幼承父术，曾经从父谒燕王，后任尚宝书丞，秩满进少卿，历事三朝，著有《符台外集》《凤池吟稿》等。中国传统相学发展到明代的集大成之作《神相全编》，或亦托名"宋希夷陈抟秘传，明柳庄袁忠彻订正"。此中"希夷"为古地名，传宋太宗赐陈抟"希夷先生"雅号。可以想象，来往于南郭陆路水道上的人，不止有布衣白丁，还有不少文人墨客与达官贵人。

如果说月湖是宁波历史文化的母亲湖，那么南塘河就是宁波历史的母亲河。而今南塘老街勾起人们记忆的不仅仅是塘河与塘路，而是文化，尤其是传统文化。因而，我们在享受前人成果和母爱的同时，更应该用自己的方式，去传承和创造文化。

七塔禅寺

城区唯一保存完整的大规模佛寺

赵朴初语云:拜别七塔寺,七佛鉴我心。

宁波旧称佛地,鄞县附郭一隅,寺庵数以千计,今存者犹700余座。宁波四乡之寺,以天童、育王为称首,而县治之寺,则是七塔寺、观宗寺,二寺皆盛于民国以降。

位于甬江之东的七塔报恩寺,建于唐大中十二年(858),为分宁(今江西修水)县令任景求将自己在甬东的住宅出舍为寺院而设,名东津禅院,心镜禅师应邀居之,是开山第一代。传心镜禅师生有异兆,灭有祥瑞,主持天童寺时,能徙神龙、镇毒蟒,有种种神勇妙用。

唐咸通元年(860),剡西[1]人裘甫率兵起事,很快就攻克了象山、剡西等地,次年危及四明。时城门昼夜紧闭,寺众四散。是日,乱军两千余众明火执仗,闯入禅院,见心镜禅师晏坐禅定,不露神色,裘甫等逡巡畏义,惊愕不已,作礼而退,禅院因此免遭兵火。二年(861),四明郡绅因心镜禅师禅定退兵之事奏报朝廷,请以栖心名寺,旌师之德,嗣后改名栖心寺。《七塔寺人物志》载,心镜禅师主持东津禅院后,"广设禅席,大开法筵,

---

[1] 今绍兴嵊西县。

⊙ 昔日的七塔寺大雄宝殿(引自《七塔寺志》)

⊙ 昔日的七塔寺山门及天王殿(引自《七塔寺志》)

以心印心,禅风远播,极一时之盛。"

唐人崔琪在《心镜大师碑》中记载大师"凡一动止,禅者毕集,环堂拥榻。师乃学识泉涌,指鉴歧分。诘难排疑之众,攻坚索隐之士,皆立褰苦雾,坐泮坚冰,一言入神,永破沉惑,在天童当为开法之祖师。"意即心镜禅师学识渊博,常为民众排疑解惑,无论是云游还是住寺,参禅者无不如影随形,法堂和坐榻常被围得密不透风,来者经点拨无不顿开迷雾。其应机之说,言者必中,令人烦恼立消,尽显般若智慧。

心镜禅师圆寂前,事先香汤沐浴,剃发更衣,告诉弟子七日后辞世,并嘱弟子三年后开龛荼毗。七日后,心镜禅师如期坐化,无疾而终。三年后弟子打开灵龛,禅师颜面如生,众弟子按佛教仪轨将禅师遗体荼毗,得五色交辉之舍利三千多颗。又过三年,弟子戒休法师奉禅师舍利七颗赴京师长安上奏朝廷,唐懿宗下旨于皇宫内道场供奉禅师舍利,并颁旨褒谀藏奂禅师,赐谥号"心镜",敕于栖心寺建塔供奉其余舍利,赐塔名曰"寿相"。

宋大中祥符元年(1008),赐额"崇寿寺"。山门前跨河石桥,亦名崇寿桥。后因中华民国二十三年(1934)填河造屋,桥始毁。后又曾名神霄玉清万寿宫、栖心崇寿寺。明永乐四年(1406),栖心寺并入朱元璋下诏改寺额的补陀寺,两寺合一成观音道场。此后补陀寺逐渐修建了圆通宝殿、毗卢阁、十王殿、藏经宝阁、大悲殿、弥陀殿及廊庑等殿宇。

清康熙二十一年(1682),建大悲殿。因门外有七浮屠,故又称七塔寺。光绪二十一年(1895),光绪皇帝钦赐"七塔报恩禅寺"寺名,七塔寺得本来面目。咸丰八年(1858),七塔寺迎来建寺一千周年庆典。然三年后,却遭"洪杨之役",沦为一片废墟。洪杨据东南半壁,牵动十数省,一时家国多难,豪杰并起。

据民国时期七塔寺住持溥常在《七塔报恩禅寺记》有载:至同治辛未(1871),时人周文学君母子,募资重建大殿与山门。寺中功德堂奉祀牌位,以留纪念。光绪十六年(1890),江东绅董耆老等,公请本师慈运慧祖为主席,时年六十有四。自接任后,开海单以安众,常住三百余僧,具大愿力,辛苦经营寺门前七塔古迹,中央改造天王殿、大雄殿、三圣殿,中兴祖堂,新建法堂、藏经楼及方丈,后有开山祖塔,楼上庄严寮,东边慈荫堂,楼上玉佛阁。又有谷仓、工作寮、小厕所、小厨房、新库房、新新库房、老库房、老虎灶、上官厅、大客厅、地藏殿、大钟楼、念佛堂。西边云水堂,楼

⊙ 七塔禅寺鸟瞰

上华严阁。又有浴堂、行堂寮、化身窑、泥水工作房、大厨房、监斋殿、五观堂、如意寮、大厕所、祖堂、客堂、禅堂。禅堂西有余地为僧塔、僧坟等。近今添设佛学院于藏经楼,施医药所于三圣右厢,其工程浩大,阅三十余年始竣事。复于光绪二十一年(1895),进京请颁龙藏,并敕赐寺额,名七塔报恩禅寺。

慈运灵慧,法名慈运,咸丰年间(1851~1861),其挂单于鄞县接待寺任香灯一职。太平军攻入宁波时,凡佛教寺院均遭劫掠焚毁,七塔寺亦不例外。时接待寺中僧人纷纷避乱潜行,唯慈运禅师留守,太平军感其忠义,特送其黄旗一面张挂门前以护,此后再无骚扰,接待寺亦得以完整保存。

慈运禅师主持七塔寺后,经十数年经营,渐复旧观。时为庄严寺院,警醒众生,还购置重达一万八千余斤大钟一座,"宏声巨扣,响震重泉",千年古刹得以中兴。慈运禅师乃临济宗第三十九代传人,誉满佛教界的圆瑛法师、道阶法师、溥常法师等法门龙象均出自他门下,并因此形成了一定规模的七塔寺法派,远播南洋、日本、印度、韩国等地。慈运禅师主持七塔寺期间,度人无数,有亲传弟子四十八人,常住僧众亦不下三百人,被尊为中兴之祖。光绪三十一年(1905),慈运禅师亲传弟子圆瑛法师接管法印,成临济宗第四十世传人。

1958年,七塔寺迎来开山1100周年大庆,时主要殿堂被土产公司用作仓库,西厢房被国营万兴纱厂作为车间。唯东厢房为佛教协会办厂所用,由首创宁波市佛教协会的月西会长,组织不愿还俗之僧尼开展生产自救。

月西法师十一岁出家,受沙弥戒后不久,北伐战争爆发,其报名参加童子军。1935年,他听闻太虚大师在宁波延庆寺讲经弘法,于当年驻锡于金仙寺、延庆寺、七塔寺。1937年卢沟桥事变,日军战机在宁波开明街一带扔下携带鼠疫杆菌的面粉、麦子、跳蚤等物,致106名平民感染鼠疫,激起国人愤慨。1942年起,月西法师利用各种有利条件,积极协助新四军游击队抗击日本侵略者,人称"红色和尚"。

⊙ 七塔禅寺大门

1978年十一届三中全会后，党的宗教政策得到落实，宁波各大寺院重新成立寺务管理委员会，政府相关部门也开始逐一核实、归还寺院房产、查抄物资等。七塔寺复兴在即，月西法师出任修复小组组长，其难而能为，效验亦异，使七塔寺成为宁波市区内唯一一座大型寺院。

据《七塔寺人物志》载："月西法师在党和政府相关领导支持、协调下，逐步收回中轴线上的大雄宝殿、天王殿、三圣殿、方丈殿祖堂等主要殿堂，以及地藏殿、玉佛阁、西厢房等，分别加以维修装饰，新塑、雕刻佛菩萨圣像，添置法器、牌匾、庄严之具等。将主殿大雄宝殿重新改为圆通宝殿，以凸显观音道场特色；将剥落的五百罗汉石刻重新镶嵌于殿内周壁，备显七塔文化底蕴。请书画名家彩绘《西方九品莲台图》，镶悬于三圣殿周壁，以彰显西方净土文化内涵。"1984年，月西升座，荣膺七塔寺方丈，使七塔寺恢复并成为与天童寺、阿育王寺、观宗寺齐名的浙东四大丛林之一，月西法师被尊为七塔寺复兴之师。他还招纳僧众，任人唯贤，积极招请流散各处的僧尼回归寺院，礼请其中德能兼备者担任要职。

1983年，天童寺、阿育王寺和七塔寺，被列为全国汉族地区佛教重点寺院，佛教的对外交流活动也在这一时期重新展开。

1987年8月21日，时任中国佛教协会会长赵朴初参访七塔寺，并在月西法师陪同下参拜随缘留住五十多年、被禅门大德来果禅师印证为"深入堂奥"的桂仑禅师。桂仑六岁时左脚生疮，家贫无力医治，十五岁那年不得不将感染严重的左小腿锯掉，后装上木肢可勉强行走，两年后皈依佛祖，故出家后人称其为"木腿和尚"。桂仑禅师到七塔寺后，随缘度众，灵异神通，过午不食，一世精进，为七塔寺赢来了广泛的信众，汇聚了善缘乐助的涓涓细流，不但使七塔寺驰名中外，也得到了佛教界高僧大德的肯定和赞扬，被誉为"七塔活佛""七塔活罗汉"，许多人不远千里而来，就为见其一面。与桂仑禅师一番交流后，赵朴初信笔写下《参访七塔寺》诗：明月待圆满，三分已二分。佛殿喜重光，像器一一新。廊下一僧坐，昼夜不倒身。终年一布衣，不因冬夏更。一足无人扶，面色光粼粼。自言不

○ 七塔寺内院

识字,能说《金刚经》。恳恳为我道:"难治病众生。云何病难治?家鬼弄家神!"斯言何凛凛,思之意味深。兴亡与祸福,由己非由人。拜别七塔寺,七佛鉴我心。

　　1990年春,月西择日集两序大众在方丈举行收徒剃度仪式,为其弟子取名可祥,字怀海,此后将其培养为堪担大任的栋梁之材。1994年,可祥法师在上海圆明讲堂接慈运长老法孙、圆瑛法师法子明旸法师心法,受恩师月西老和尚重托,主持寺务,使七塔寺法脉得以延续,祖庭得以重光。他于2003年升座方丈,在道风立寺、续建伽蓝、文化兴寺、利济社会、促进交流等方面继往开来,使七塔寺的历史又翻开了新的一页。

◎ 七塔寺圆通宝殿

如今的七塔寺,结构古朴,殿堂雄伟,规模宏大,气宇不凡。整座寺庙占地面积近2万平方米,建筑面积约1.7万平方米,是宁波城区唯一保存完整的大规模佛寺。除了传统的伽蓝七堂建置,还进行了西扩工程建设,增建禅学堂、报恩大讲堂、栖心图书馆等。其山门之外,矗立的七尊青石佛塔,喻过去七佛,即释迦牟尼及以前出世的六位佛陀。牌楼正门,则高悬赵朴初手书"七塔禅寺",与左右两额"东津禅院""栖心兰若"相呼应。

此外,在清同治年间周文学母子发心所建的圆通宝殿殿堂四周石柱上,至今依然镌刻有清代名家张家骧、童华、顾文彬等人所书的联语。圆通宝殿后的"三圣殿"匾额,则由清代翰林院编修萧荣爵所书。三圣殿后的法堂,法堂后的祖师堂暨方丈室,其"方丈"匾额,则为民国书法家陈修榆所书。还有戒忍法师、广修长老、传印长老、性空长老、沙孟海、启功、凌近仁、谭建丞、尉天池、沈定庵、冯其庸、张海、陈佩秋、南怀瑾、连登等先生,皆为七塔寺留下了珍贵墨宝。

⊙ 七塔寺钟楼

一座丛林的建设,除了建筑,还需要精神、文化传承,这其中包括爱国之心与护教之情,也包括慧眼识珠及法嗣有传。七塔寺从建寺伊始到现在,涌现出无数高僧大德,仅近代以来,就有慈运法师、岐昌法师、道阶法师、常西法师、圆瑛法师、溥常法师、月西法师、桂仑禅师等,以及走出去、请进来的和其他开拓者……

寂寞生前事,荣耀身后名,此际几微,非贤不达。

宁波名胜文史撷拾

外 滩

中西多元文化在此交融碰撞

外滩世界,洋场缩影。

历史文化名城宁波,不仅拥有东南形胜的江南品质,更是城市开放之先。作为"五口通商"中最早对外开放的商埠区域,宁波市江北区教堂、码头、海关、银行、邮局、商号、洋房、石库门等中外合璧建筑次第云集,中西多元文化在此交融碰撞,形成了颇具特色的外滩文化。

宁波外滩,开埠前当地人并不称其为"外滩",而是把姚江沿岸一段称之为后江沿,把甬江沿岸一段称之为前江沿。外滩之名,或源于"江沿"也未可知。《鄞县通志》载其"南至新江桥北塊,北至海关"。经过百余年的发展,如今的外滩,已成历史文化街区。

⊙ 昔日的外滩建筑(水银提供)

⊙ 昔日的外滩江面（王之祥摄）

⊙ 昔日的外滩街景（水银提供）

外滩的主要道路包括外马路、中马路和后马路。中马路位居外滩中轴线，曾一度成江北岸大街，相当于当时外滩的中央大道，早先称"前街"，街上的一些路段，亦曾被称作"同兴街""海关前街""领事府前"等。

外滩现存有两座教堂。其中位于新江桥北块的天主教堂，为全国重点文物保护单位。而另一座基督教堂，则位于海关附近，两座教堂南北相望，交相辉映。

⊙ 昔日的外马路（王之祥摄）

中文"天主"一词，为明末天主教传教士进入中国后，借用中国原有名称对所信之神的译称，取意为至高至上的主宰，以示与中国所信奉的神灵相区别，故称其教为天主教。

《宁波市志》记载天主教传入有如下记载："明崇祯元年（1628），葡萄牙天主教传教士费乐德应鄞县教徒王芳济[1]邀请，自杭来甬传教，发展教徒80人，其中王芳济一家25人，为天主教传入之始。1633年，意大利传教士李类思应鄞县朱宗元请来甬传教，发展教徒15人，内多学者，朱宗元于清顺治五年（1648）中举人，著有《答客问》《极世略说》等，宣传教义。意大利传教士孟士表于1640年首任宁波天主教神父，历5年，发展教徒560人，内多官吏。意大利传教士卫匡国于1648年来甬，设天主堂（址无考），旋被清兵所毁。法国耶稣会传教士郭中传、利圣学于康熙四十年（1701）自江西来甬，居甬20年，建药行街住宅和小教堂[2]。雍正

---

[1] 1624年在北京入教。
[2] 即今天主教堂址。

⊙ 昔日的草马路（王之祥摄）

元年（1723）禁教废堂，教衰。"

《宁波市志》载：江北岸天主堂建于清同治十一年（1872），名圣母七苦堂，宁波教区本堂，堂址在中马路40号，建筑面积4380平方米，具哥特式建筑风貌。1876年起为主教常驻堂，增建主教公署、藏经楼等。1887年添建钟楼。1963年停止宗教活动。1980年12月24日复堂，改名耶稣圣心堂。宁波教区和宁波市天主教爱国会设此。

据史料记载，1879年，法国传教士赵保禄至甬；1884年任浙江省代牧主教，历42年。赵主教在甬权势显赫，俗谓"道台一颗印，不如赵主教一封信"。有说赵保禄生日的那一天，从今药行街天主堂到江北岸天主堂，沿街都用五色幔天帐，悬灯结彩，宁绍台道亲自去拜寿，宁波的一些士绅，则替赵主教在寿堂前回拜。

1923年11月6日，法国政府授赵保禄荣誉十字勋章典礼，在宁波泗洲塘毓才学校举行，可谓盛极一时，《申报》以《赵主教授勋之盛况》报道称："法军舰辣尔个尔奉命于六日晨抵甬，到时鸣炮，有兵头九人，率领武

装海军三十余人,九时许排队至毓才学校。是日中西官长到者,有会稽道尹黄涵之、镇守使代表陈熙甫参谋长、林厅长、姜知事等多人,暨驻华英领事凡鲁笃、税务司甘福履、邮政司杜爱尔等多人。又有毓才学校懿德女学校等团体,及各界来宾,共计二千余人。"

1926年2月,赵保禄病逝于法国巴黎,遗柩由法国政府照会中国政府运回宁波安葬,所谓热土难离。《外滩风云:西风东渐下的宁波缩影》对当时的场面有详细描述:"天主堂所属学校师生及各司铎等千余人,前往码头迎柩,佛教孤儿院军乐队为之前导,抬着置有赵主教所遗之十字架及中法政府所授之各种勋章的彩亭,由总堂整队出发,浩浩荡荡,在外滩绕了一圈,沿同兴街何家弄转海关后至外滩江天码头,沿途派纠察多人维

⊙ 外滩鸟瞰

持秩序。追思礼更为隆重,宁波各地中西司铎、教立男女各校师生,以及耶教牧师、佛教孤儿院代表等均到场。鸣钟后,集合在教堂中,由司领同祈祷唱诗读《圣经》,为其哀悼。宁波的头面人物段司令、朱道尹、林厅长、张知事、威税务司以及不少士绅也前往现场,共计有三四千人。"天主教堂则在其主厅的南侧,增建了一间耳室,用于安放赵主教的灵柩。

　　《浙江天主教史略》称赵保禄所办事业中最著称的有三:其一是修建了草马路庞大的建筑群,包括保禄大修院、增爵小修院、拯灵会、普济院、中西毓才学校等;其二是在绍兴、衢州等地办学;其三是救灾。赵在宁波任主教长达40余年,获誉不少,有清廷双龙宝星勋章、中华民国四等、二等嘉禾勋章等,亦曾获法国政府的十字勋章、教皇御座大臣衔等荣誉,可谓名誉权势、双锤落鼓。他因有力量济人,故在江北天主教堂为妇女儿童提供避难等方面做了不少善事。但由于他的强势与蛮横,发生"白水权事件"等,导致其口碑时好时坏,甚至有人以"一手拿着宝剑,一手拿着十字架"喻其边施惠边害事,所谓"是耶非耶,去矣来矣,功首过魁,自相矛盾"。除了鉴不能自照、尺不能自度、权不能自称之外,亦与昵近权要、言重九鼎、趋之者多、渐难自律等有关。人之眼光,在所自处耳,此即世之常情,人之通患。

　　历史是前人走过的路,文化是沉淀的记忆,宗教是人类社会发展到一定历史阶段出现的文化现象,功能为灭除苦恼不安、获得希望与安心、匡正世道人心、确立伦理道德等。从各国人民之间的文化交流角度来看,传教士中具世外眼、不为流俗所沉之正人者居多,当然也不乏个别不怀宗教热忱、违反常理者,世界之大无奇不有,薰莸同器千奇万异,人心不同各有其面,此人之利弊与高下,尝鼎一脔,窥豹一斑,足见其大略。

再，老城灵桥门内三法卿地方[1]的天主教堂，不仅建造时间早，而且位置优越，地处今宁波著名商业地标天一广场。《宁波市志》载：药行街天主堂，清康熙四十年（1701）始建，1724年废，1847年重建。宁波教区本堂。1850年12月起为主教座堂。1853年扩建，越两年倒坍。咸丰十年（1860）重建，名圣母升天堂，东侧建主教和神父住宅楼，1868年增建钟楼。新中国成立后，宁波教区和市天主教爱国会设此。1966年停止宗教活动，教堂移作他用，1980年钟楼被拆除，1985年主教和神父住宅楼归还教会使用，1992年毁于火，教堂存。如今这座哥特式建筑，为1995年于原址重建，在闹市中，显得既宁静肃穆，又卓尔不群。只是志中所置药行街地名之时间表述，或有待斟酌。

时，宁海凤潭、宁海城关、象山石浦、象山鱼山、江北白沙、余姚、慈溪新浦、慈溪观城、慈溪逍林、象山吉港、慈溪腰塘等处，都先后建有天主堂。

与外滩相互交织的江北岸巡捕房，为晚清建筑，位居中马路，中式三开间两进三层砖木结构。清道光二十二年（1842），宁波港被辟为"五口

---

[1] 今药行街。

⊙ 外滩天主教堂

⊙ 外滩天主教堂近景

通商"口岸后,英、法、美等国的商船、商人出入频繁,他国歹人也随之混入,宁波的社会治安受到严重影响。同治三年(1864),宁绍道台拟在江北岸外滩设立巡捕房,行使江北岸商埠区的一切治安、刑事等权力。

宁绍道台在禀请浙江巡抚一文中称:"各路撤退的游勇洋兵及海外无业流氓,中外勾结,在外江内河抢劫商旅。因为宁波兵力单薄,防务空虚,经与英、法、美三国领事及海关税务司会商,认为此种流氓多系别国下户,并无该馆领事驻宁。不遵伊等的约束,禁之不听,驱之复来,恐非中国兵勇所能捕尽,必须添派外国巡捕弁兵,严密巡逻,制之不敢滋事,使之无所希图,庶几不逐自去。"为此,还出资请洋人充任捕头,有督捕名华生,时统率巡捕。但因"相沿既久,江北民刑事项其权几全操在诸西人"。

时巡捕房门首挂"奉道宪设立巡捕房"的牌子。巡捕房曾有章程和示禁,其中有不准在江北地段放桩、打鸟;不准在口沿及街巷骑马等条文,亦有领事馆所管洋人必须有该国领事官执照方准提拿、如拿获外国匪人即交该国领事衙门究办、如该国并未与中国立有条约则应报由新关税

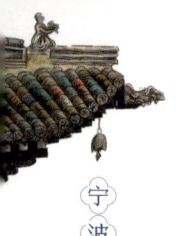

务司商同地方官办理……工程局所设立的董事会,则由税务司自任董事长,其所修筑之马路,有从海关到扬善路(原名洋船弄)口一段,其他如草马路、新马路等,则既为自利亦为利他。但由于洋人欺负中国人的事件时有发生,犯而不校非常态,于是有陈夏常等人联名禀诉清政府要求收回主权,在民众的强大压力下,清政府于光绪三十四年(1908)七月收回警权,并在改组工程局的同时,撤销了巡捕房。而工程局直到中华民国十六年(1927)宁波设立市政府才收归市政府管。

有关资料介绍称,时江北岸洋行林立,人流如织,赌场、妓院、番菜馆、戏院、弹子房、外文书报店、外人墓园等应有尽有,几乎成了外国人的居留地。在江北岸的白沙路一带,另建有英国领事馆、侵华日军水上司令部等建筑,其中建于清咸丰十一年(1861)的浙海关(新关),亦位居中马路,为四层楼房,面朝甬江。

据《宁波揽胜》介绍,1842年,根据中英《南京条约》,宁波被辟为"五口通商"口岸之一,并指定江北岸为商埠。1844年1月1日,正式开埠通商。此后各国洋商在甬广置地产,开设洋行,建造住宅,进出江北岸的洋

⊙ 外滩街景

商船舶也随之增多,贸易日趋兴盛。时清廷设立税务司,并另立浙海新关于江北岸[1],专征国际贸易税。但海运出入权乃操纵在洋人之手,宁绍道台衙门不敢过问海关事宜,时商贾市民也误认为浙海新关是"洋关"。光绪初年,温州被辟为商埠,浙海关已名不副实。光绪二十七年(1901)修订的《中英条约》,又以距甬关五十里以内的原江东、镇海二关及小港、沙头二口岸划归税务司管理,唯征得之税仍归交浙海关监督核收。辛亥革命后,浙海关已名存实亡。

与浙海关新关相对是"旧海关",设立于康熙年间(1662~1722)。清初实行海禁,康熙二十三年(1684)十月颁"展海令",次年在府治南设浙海关行署,关口设在甬东七图[2]。因商船等在此验税,俗称海关,后称浙海常关。

值得一提的还有,能让甬人有幸看到19世纪时宁波样貌的人,正是在宁波浙海关任职的包腊先生,他拍摄《包腊相册》等照片,再现了宁波这座城市的许多印痕。

笔者小时候经常在外滩附近的一幢俗称"五层楼"的高楼里,脚踏凳子远眺轮船进出码头,聆听浑厚沉重的汽笛声,年少豪兴,不倦不疲。遥想祖辈下南洋之坚韧,父子离乡背井之艰辛,家慈寄迹域外之体认。达地知根,因循守职,岂止文章误我,还有分心之过。今走在外滩道上,意与日去,年与时驰。忽地驻足回眸,那楼底层还在,陪我看船听笛的家严却背过尚未布满皱纹的脸庞上了别离船,幡然升华归根,如同现在的外滩,让我的记忆时而流淌,时而泛黄。人啊人,伤如之何!

2014年7月28日凌晨,第六批全国重点文物保护单位江北天主教堂发生大火,过火面积达500平方米,教堂建筑损失惨重,所幸没有人员伤亡。原也是一段堪怜堪惜的缘分,然而红罗尺短,好物难全。

---

[1] 该新关有别于设在原江东的浙海常关。
[2] 即原江东北路包家道头。

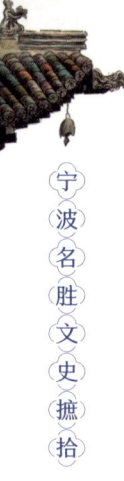

善 园

近代宁波帮义商严康懋的道义良知

先创业聚财,后施善散财;于此起善行,是真善行。

2006年,宁波被列为首批第三次全国文物普查试点城市,在随后的普查中发现,位于宁波市郊东南城乡接合部的鄞州区钟公庙街道铜盆闸村,有一组颇具规模的民国建筑群,但已被列入以向东南部拓展为规划的城市化建设中的拆迁对象。该建筑群,为民国早期宁波帮杰出代表、上海工商业主严康懋所建,现存主体建筑有严氏宗祠、严氏故居、严氏义庄、严氏义仓等,是迄今发现的民国时期建筑种类最为丰富的宁波帮建筑。幸运的是,在各方的努力下,这片具有较高文物价值、善举意义的典型建筑,最终被保留了下来。

钟公庙街道,以驻地钟公庙而名。南宋庆元六年(1200)至嘉泰四年(1204),鄞县知县钟元鼎,字廉,任中率民兴筑鹊巢碶、捕蝗除害,百姓深受其益,于碶旁建钟廉庙以示纪念。明时,改庙额为"忠廉"。清道光二十四年(1844),为避名讳,改庙额为"钟公",该地域亦依此取名。据鄞州区第三次全国文物普查资料介绍,时该区域有不可移动文物的村占村庄总数的47.06%,其中文物密度为每平方公里2.857处。

铜盆闸村有楛木庙,庙神乃唐代名将薛仁贵,始建年代不详,现存建筑为清光绪十九年（1893）重建，其中前殿受毁坏而改为现代建筑。村内亦有建于民国十二年（1923）的芳桂桥，横跨于村内小河之上，为单孔平梁石桥。相邻的铜盆闸，则建于20世纪50年代初期，为东西走向，八墩九孔，横跨奉化江与内河交界处，上供行人、车辆通行，下为闸口，用于控制水位，使咸田变良田。

上述所发现的严氏宗祠，为清末民国初建筑。宗祠坐西北朝东南，单檐硬山顶高平房砖木结构。前进门厅面宽五间，中、后殿面宽五开间，明次间梁架五柱八檩，五架抬梁前单后双。梢间用中柱，穿斗式结构。门厅与前殿间均设厢房三间，前殿与后殿间的厢房已改建。祠内木雕精细、生动、丰富，檐柱头施牛腿、雀替，雕龙头、人物。三架梁均为月梁，两侧雕龙头，与五架梁之间以花篮瓜柱相连。整体布局规整，建筑高大宽敞，展现了深厚的文化底蕴和优良家风。

严康懋故居建于民国时期。主体坐西朝东，由正厅及暖阁组成，为合院式结构。正厅乃单檐硬山顶楼房，面阔三间，进深五柱七檩，穿斗式结构。第二层前檐外侧仿车木栏杆结构，后檐转角处施牛腿承檐檩，雕刻精美繁复，地面则采用石板铺就。暖阁位于正厅明间后部，单檐硬山顶平房，单开间，抬梁结构，有梁五架，前后亦施牛腿承檐檩，外观大气，布局合理。

⊙ 善园"乐善济美"门楣

⊙ 善园鸟瞰

严氏谷仓为严康懋所建之义仓。主体建筑坐北朝南略偏西,单进楼房,全院式结构。重檐硬山顶楼房,面阔五间两弄,进深八柱九檩,穿斗式结构。其中明间为厅堂,次、梢间为谷仓,以木板壁分割;弄堂位于次、梢之间,明间、弄堂、檐廊地面铺石板,次、梢间地面架空,两端由青砖砌出高约30厘米砖墙,设通气孔,上覆地板,气孔外有防虫蛇出入装置。库门均采用条木板闸式结构,以便谷物进出,其布局合理,用料考究,强调实用性与易操作性。

严氏忠房民居,位于"咸亨吉泰"[1]四房中间,坐西朝东,全院式结构。正厅为重檐硬山顶楼房,面阔五间,进深八柱八檩,穿斗式结构。其中明间为客厅,各间地面均采用石板铺设,第二层楼顶施圆穹顶,布局巧妙,雕刻精美。

为了传承和保护好这处凝聚宁波帮人文精神的历史建筑群,当地政

---

[1] 一说"咸恒节泰"。

府以遵从社情、尊重民意、舍利取义、注重公益为原则,在有关人士的积极倡议下,以严氏建筑群为主体打造了国内首家公益慈善综合体——"善园",并于2015年6月17日在铜盆闸村隆重举行开工奠基仪式,续种善之种子。

"善园"原主人严康懋(1878~1929),谱名严正英,又名严英,字康懋,以字行。其出生于鄞县城区以南的铜盆浦严家汇头村[1]。此地河道交叉,水流纵横,是一片神奇的土地。清代中期,严康懋的祖父严智楷从费家村[2]迁往此处,为严家汇头村严氏始祖。严智楷是个手艺人,日常奔走乡间替人修理木盆水桶等木匠活,收入甚微。育有四子。老大严信廉,先

---

[1] 今属宁波市鄞州区首南街道。
[2] 在今宁波市江北区。

⊙ 善园内池塘

是继承父业,后去上海闯荡,在洋泾浜(今上海延安东路山东南路)码头边开了家"祥泰"木行,并将三个弟弟都带去谋生。其中三弟严文周最为出色,日积月累,自立后回宁波安居,先是在严家汇头村建造了第一进严氏祠堂,并在祠堂左侧建造了三开间朝南的两层木结构楼房,安其居而后动,俟其时而后行。

严文周虽出身贫寒,但凭借自己的努力,不仅昌盛贵显,且交友甚广,时与宁波权贵、麻将发明人陈鱼门存有交情。太平天国军占领宁波期间,陈鱼门受清政府委托执掌善后局,负责筹措浙江全省的军饷,其善上下周旋、从容酬答,故深得左宗棠赏识。时陈鱼门委严文周以重任,让其主持征收洋药税的协查公所洋药局。

⊙ 善园内牌坊

清同治八年（1869）四月，英国人所建的连接宁波城区与江北岸的浮桥（俗称新江桥），因守桥巡捕收取过桥费，引发大量参加迎神赛会的人群聚集并发生争执，突发桥链断裂事故，致400余人落水丧生。严文周对此惨案忧愤不已，力主赎回此桥，在征得陈鱼门同意"尽出协查公所羡金"的情况下，凡不足部分发起募捐。严文周自己则带头认捐，终于冲破阻力，多年后赎回该桥，改为义桥，此后不再收取过桥费，时人赞美之誉言日闻，《鄞县通志》亦载"一时行路德之"。

严文周原配夫人不幸早逝，无有生育。严康懋乃严文周之继室卢氏所诞，时严文周36岁。卢氏为鄞县望族，世居城内，著名藏书楼抱经楼即为其家族所有。嫁入严家的卢氏德性佳美，做事持之以敬，待人临之以庄，因严文周常年在外奔波，打理钱庄业务等，家务皆由她操持，且井井有条。因严康懋是独生子，且又晚得，故严家上下对其宠爱有加。严康懋有此载福之基，成长自然是自适其适，甬上宿儒蔡和锵称其"君自少聪颖，读书倍常童，师甚爱之"。

不曾料到的是，严康懋15岁的时候，年仅51岁的父亲不幸去世，临终前嘱咐儿子"毋藉先荫守死财"。失去顶梁柱加之先前委托他人打理的家业也出现了一些问题，严家的经济情况每况愈下。好学勤思的严康懋于1895年带着父亲和亲人的嘱托，去上海谋求发展。刚到异地的严康懋虽然也像一叶小舟，但凭借自己的聪明才智和父辈乡亲的原有资源，很快就拂去了陌生与迷茫。不久，严康懋就在上海站稳了脚跟，施展开拳脚，并脱颖而出，逐渐步入了发展中的钱庄业，建立起了自己的商业帝国。后又得到近代上海著名钱业"大鳄"、在宁波天一阁旁建秦氏支祠、为人低调热心公益的秦君安的提携，并与上海商界精英建立了长期合作关系，严康懋如江头日出、林下生风，蓝图愈发远大。他创业历程亦极非同寻常，在上海投资的钱庄就有恒隆、恒赍、永聚、恒祥、恒大，在宁波有信源、衍源、永源、五源、鼎恒、复恒、泰源、泰生、春生，在杭州有寅源、仑源、崇源、益源，在汉口有裕源，在金华有裕亨，在兰溪有瑞孚、宝泰、源亨，等等，获利颇丰。

对商机极其敏锐的严康懋,在多元化经营策略方面亦颇有建树,他先后入股或参与多家银行的创办,参与中华信托股份、宁波四明信托、上海神州信托等公司的发起,入股宁波和丰纱厂,投资上海大丰纱厂、上海元盛永协记棉纱号、福泰庆记纱号等。他还参与交通业建设,出巨资创办懋昌商轮公司,投资宁波境内首条公路鄞奉路,涉足农垦、房地产、洋货、银楼、参行、木行等诸多行业,在家乡宁波广置地产。

事业有成的严康懋并不满足于自己发家,他经常接济、提携亲友同乡,即使是对家里的保姆书童,也是有求必应,能帮尽帮。他于1921年在首南严家汇头宗祠旁建造庄房五十余间,置田千亩有奇,市屋三所,创办康懋完全小学。《鄞县通志》载:"捐金十万,置田千亩,办义庄,以赡族人之贫乏无告者,设学校于其旁,使寒酸子弟亦不至失教。"时《时事公报》等,均做过详细报道。

其间,严康懋扩建了原由其父严文周建造的第一进严氏祠堂。第二进严氏祠堂,俗称"女祠",由此可见其思想之开明。他还在康懋学校旧址上开办医院,用于救治族人并惠及乡亲。除了义庄、义学,还有义仓(谷仓),不独嘉惠同族,凡遇天灾亦能推及外姓。特别是义庄附设的康懋完全小学,更是惠及乡里,所有费用皆由义庄承担。时鄞县教育当局在给全县学校排列名次,该校因"校舍宽敞,光线充足,校长严觉初办事认真,马教员教授合儿童心理,学生成绩亦可,而体操更为注意"名列甲等,严氏族人及附近村庄子弟几乎都在此接受良好教育。在募捐育婴堂、安养堂、江东公会、鄞县模范监狱、宁波中山公园、江东平粜局、华洋义赈会等方面,严康懋也慈幼为怀,好施善愿,义之所至,无役不从。

尤值一提的是,严康懋对医疗卫生事业特别关注,先后在宁波创办了多个医疗机构。清宣统三年(1911),其与旅沪甬商余葆三、徐庆云等集资在宁波三江口缸甓弄水仙宫创办普仁医院,成为宁波城区除教会医院外,中国人创办的最早西式医院。他还曾捐资支持宁波华美医院等医疗机构,为四明孤儿院、四明贫儿院、宁波佛教孤儿院、鄞县巡防局、游民乞

⊙ 善园内院

丐教养所、泽仁公会等倾注热情与心血,慷慨解囊。

据《鄞县通志》等的记载,严文周发起赎回英国人建造并收取过桥费的新江桥后,新江桥经理公所每年收入仅四千余金,而支出约一万金,包括岁修经费等不敷之款,俱由董事严康懋兜底。从1912年至1934年,时间长达22年,直到1934年新江桥归属官办止。严文周还参与发起老江桥[1]改建,为后来"三联钢骨环洞式单跨拱桥"灵桥的建成奠定了基础。

家境殷实的严康懋,由于早年丧父,常年奔波,照料事务,披星戴月,疲于应接,远超凡人承受之力。他长期患糖尿病,中年后身体健康每况愈下,最后积劳成疾,一病不起,虽遍请名医,终无能为力,一代善人于1929

---

[1] 旧称老浮桥。

年11月4日不幸英年早逝,终年52岁。

人可以有缺点,但不可以不善良。尽管每个人都有俗虑尘怀,但严康懋生前的善举义行,却受到人们的普遍尊重,1929年11月9日,《时事公报》以《严康懋先生之生荣死哀》为题报道:

哀挽屏轴达万余幅,词句哀惋一字一泪,各界筹开追悼大会,先生好善因以感人。参与吊奠之闻人……昨日沪甬各界纷纷至江东大河桥严宅吊奠。旅沪绅商如徐庆云、谢蘅牕、陈子埙、楼恂如辈,均亲自乘轮来甬致祭。市长罗惠侨、县长陈宝麟、公安局长毛秉礼,以及本市各界领袖,亦均参与祭奠。远近来观者,络绎不绝。十余小时内,大河桥一带,车水马龙,挤得水泄不通。严氏生平慷慨,宜乎死后有斯哀也。

甬上宿儒蔡和锵所撰《严康懋先生行述》一文亦于同日登载,文中对严康懋的一生进行了较为系统和全面的回顾,并特别提到严康懋终年所得收入,除自家日常开销外,其余百分之五十至六十,都奉献给了社会。为此,鄞南巨绅郁桂芳挽联曰:"长于理财,善于用财,故生平之成就也大;宽以容物,博以爱物,宜死后之感泣者多。"

严康懋故后,其在各钱庄的股权由其子严祥琯继承。其他后人,则多散居于海内外。严康懋的外孙、曾任清华大学副校长的倪维斗院士,在能源技术领域有杰出的造诣。严康懋的孙子、曾任上海工商银行黄浦支行行长的严同常,1988年在鄞县钟公庙镇政府召开的商谈会上,代表严氏家族向政府明确表示,将祖父故居、康懋学校、严氏祠堂、严氏义庄和谷仓等建筑群,全部无偿捐献给国家,由国家统一安排使用。

2010年4~5月,《宁波晚报》先后刊登了《鄞州钟公庙发现"宁波帮"慈善建筑群》《专家:价值重大 应该保护》《严康懋慈善建筑群拆还是留依然是个问题》等系列报道。随后宁波市文物保护专家许孟光和李本

⊙ 善园内长廊

挺等对这组建筑群进行了实地考察,他们和浙江省文物局局长鲍贤伦等都纷纷表示,这一建筑群具有较高的文物价值,值得保存。

为了不让善良吞泣,以求尽善,鄞州区此后启动了关于建造鄞州慈善博物馆的计划方案,区财政拨款600多万元,后经过调整,确定将其建设为以弘扬公益慈善文化为主旨,集展示、体验、参与、服务等于一体,具备游览、休闲、教化等功能的"善园"。经过一年多的修复,于2014年3月,基本恢复了该建筑群的历史风貌。

怀感恩之心,持公益之事。为了使善园公益项目顺利推进,宁波圣龙等公司集团慷慨捐资,鄞州银行公益基金会亦收到爱心人士为"善园"项目捐赠的现金、物资,宋汉光为此举办书法作品义卖,浙江蓝海绿业集团设立公益慈善基金等。

历史是一面镜子,也是最好的教科书。2017年6月,位于今鄞州区

广德湖南路和泰康西路上的善园,终于正式对外开放。近代"宁波帮"杰出代表严康懋先生百年前留下的慈善建筑群,以及他的良知和道义,终于重生并迎来了新的使命。严康懋先创业聚财,后施善散财的美谈,已成为国内首家公益慈善综合体、宁波公益地标善园的心性与灵魂。

提个小插曲,意在提醒天下大事必作于细。2014年,严康懋孙子、苏州大学法学教授、现定居加拿大的严令常曾撰写《祖父墓葬沧桑》一文,述其祖父之遗骨大概于20世纪60年代迁至宁波宝幢永安公墓。1998年他们去宝幢寻觅祖父的坟墓,几经周折,终于在一个山腰处的乱草丛中找到一块斜倒但字迹尚可辨认的墓碑,时景况十分凄凉。为此国内外的家人们共同出资出力,于1999年在原地进行了重建,还立了块"严公康懋之墓"的墓志铭,在墓地前后左右也都种上了柏树,并交纳了50年的管理费。可惜仅几年时间,野草丛生,整个坟地又都被覆盖了,柏树枯萎,栏杆上的狮子头也掉了下来,只得再次进行修缮。2012年12月,他们回国时又去了祖父的墓地,发现水泥平台已经破碎,坟前的两棵柏树也已枯萎,只得再出资铺设。人同此心,心同此理,依依难舍,怅怅而归,他感叹说,随着年事渐高,又远隔重洋,如此反复,实难招架。念其身份特殊,反映独特,有厚此薄彼之意,须切慎之。

为善不易啊!报一个可以说是宅心仁厚的慈善家以大德、以细节,是谓道义良知。

梁祝庙

一段远古的爱情绝唱

三载同窗情如海,山伯难舍祝英台。相依相伴送下山,又向钱塘道上来。

家喻户晓、耳熟能详的《十八相送》,是越剧《梁山伯与祝英台》剧本中的折本。一段远古的爱情绝唱,漫过千年岁月,穿过无垠时空,情意缱绻,余音绕梁。

⊙ 梁祝文化公园

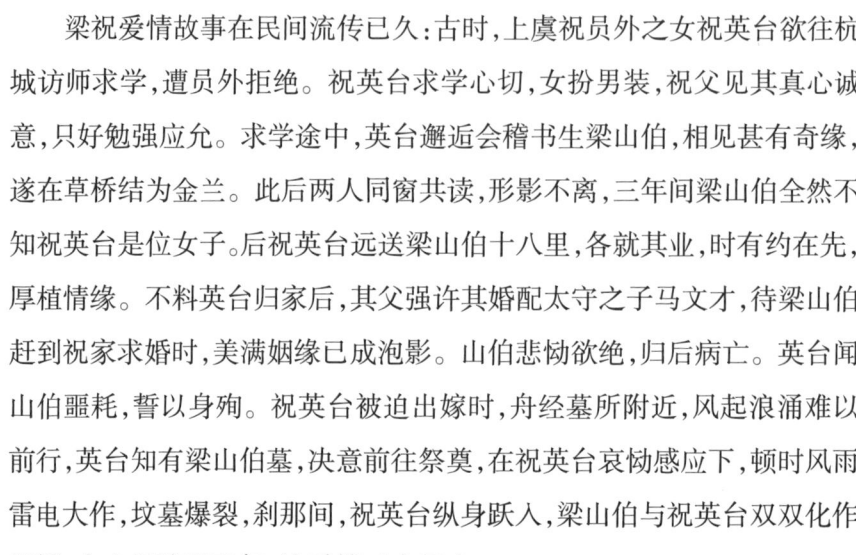

梁祝爱情故事在民间流传已久：古时，上虞祝员外之女祝英台欲往杭城访师求学，遭员外拒绝。祝英台求学心切，女扮男装，祝父见其真心诚意，只好勉强应允。求学途中，英台邂逅会稽书生梁山伯，相见甚有奇缘，遂在草桥结为金兰。此后两人同窗共读，形影不离，三年间梁山伯全然不知祝英台是位女子。后祝英台远送梁山伯十八里，各就其业，时有约在先，厚植情缘。不料英台归家后，其父强许其婚配太守之子马文才，待梁山伯赶到祝家求婚时，美满姻缘已成泡影。山伯悲恸欲绝，归后病亡。英台闻山伯噩耗，誓以身殉。祝英台被迫出嫁时，舟经墓所附近，风起浪涌难以前行，英台知有梁山伯墓，决意前往祭奠，在祝英台哀恸感应下，顿时风雨雷电大作，坟墓爆裂，刹那间，祝英台纵身跃入，梁山伯与祝英台双双化作蝴蝶，在人间蹁跹飞舞，让爱情亘古通今。

见证千古爱情传奇、印证时代海誓山盟的宁波人，把梁山伯与祝英台作为坚贞爱情的象征，每每前往梁祝庙（梁山伯庙）祈求婚姻美满或求得子息的人流络绎不绝，故当地俗谚亦云："若要夫妻同到老，梁山伯庙到一到。"尽管其中有精华，但也有糟粕。但作为百姓，他们喜闻乐见这种敢作敢为、敢爱敢恨、悲欢离合、起伏跌宕的爱情故事，并为此而折服。

梁山伯与祝英台的故事，大概起源于三国后六朝前。梁元帝有《金楼子》一书，惜明末已佚，现存的《金楼子》乃清乾隆年间修《四库全书》时从《永乐大典》中辑出的版本。晚唐张读有《宣室志》记之。祝英台因固守义理，忠贞爱情，为梁山伯殉情而死，被称为与义妻同义的义妇。

宁波高桥乃中国四大民间故事之一的《梁山伯与祝英台》的发源地，现存有梁山伯庙和梁山伯墓、祝英台义妇冢等遗址。梁山伯庙，又称义忠王庙、梁圣君庙。《四明谈助》载义忠王庙："在接待寺西，祀东晋鄞令梁山伯。安帝时（397~418），刘裕奏封'义忠王'，令有司立庙祀之。"又载："晋·梁山伯，名处仁，家会稽。少游学，道逢上虞祝氏子，同往。肄业三年，祝先返，后二年，山伯方归。访之上虞，始知祝氏九娘，女子也，名曰'英台'。怅然归，告父母求姻。时，祝已许鄮城马氏，弗遂。山伯后为县令，婴疾弗起,遗命葬于鄮城西清道原。明年,祝适马氏,舟经墓所,风涛不能前。英台闻有山伯墓,临冢哀恸,地裂而埋璧焉。马言之官,事闻于朝。丞相谢安奏封'义妇冢',勒石江左。至安帝丁酉(397)秋,孙恩寇会稽,及鄮,妖党弃碑于江。太尉刘裕讨之,山伯托梦于裕以助。夜果烽燧荧煌,兵甲隐见,贼遁入海。裕奏闻于帝,帝以神功显雄,褒封'义忠神圣王',令有司立庙焉。"

⊙ 昔日的梁祝墓前(水银提供)

宋代郡守李茂诚于北宋大观年间(1107~1110),撰《义忠王庙碑记》曰:"越有梁王祠,西屿有前后二黄裙会稽庙,民间凡旱潦疫疠,商旅不测,祷之辄应。宋大观元年(1107)季春,诏集《九域图志》及《十道四蕃志》,事实可考。夫记者纪也,以纪其传不朽云尔。为之词曰:生同师道,人正其伦。死同窀穸,天合其姻。神功于国,膏泽于民。谥义谥忠,以祀以禋。名辉不配,日新又新。"

南宋乾道《四明图经》卷二《鄞县·冢墓》记载:"义妇冢,即梁山伯、祝英台同葬之地也,在鄞西十里接待院之后,有庙存焉。旧记谓:二人少尝同学,比及三年,而山伯初不知英台之为女也,其朴质如此。按《十道四蕃志》云:义妇祝英台与梁山伯同冢,即其事也。"

《鄞县通志·舆地志·庙社》载:"义忠王庙,九龙乡接待寺北少西,祀晋鄮令梁山伯。庙社组织分十八堡。晋安帝时刘裕奏封义忠王,令有司立庙,宋郡守李茂诚有记,明邑令魏成忠有碑记。清乾隆、道光、光绪三

⊙ 梁祝庙鸟瞰

朝,历次重修,光绪元年(1875)邑人陈励有碑记。民国十年(1921)又修。"

《四明谈助》载:"接待教寺,城西十五里。宋大观间(1107~1110)与国宁寺先后互建,盖国宁之子院也。明永乐间(1403~1424),两寺俱废。久之,贵家侵为坟基。"到了清顺治五年(1648),另建国宁寺于高桥东南向。康熙间(1662~1722),圆空重建接待寺于旧址,址在高桥镇芦港村,义忠王庙则在接待寺西。慈运禅师在住持七塔寺前,曾挂单于接待寺;太平军攻入宁波时,众皆避乱,唯慈运禅师留守,太平军感其忠义,寺得以完整保存。1909年圆瑛法师出任鄞西接待讲寺住持,重兴梵刹。因接待讲寺地处西塘河畔,旧时官船等都要经姚江过大西坝,之后沿西塘河向东,故接待寺常作为接待四方去天童寺等地的僧人、居士之处,相当于中转驿站,以"接待"名寺,名副其实。

明朝弘治元年(1488),朝鲜弘文馆副校理崔溥《漂海录》记西塘河:"自府城至此十余里间,江之两岸,市肆、舸舰坌集如云。过此后,松篁橙橘夹岸成林。又过茶亭、景安铺、继锦乡、俞氏贞节门,至西镇桥,桥[1]高大。所过又有二大桥,至西坝厅。坝之两岸筑堤,以石断流为堰,使与外江不得相通,两旁设机械,以竹绹为缆,挽舟而过。"可见位于今海曙区高桥镇邵家渡庙根的梁圣君庙,其所处地位是颇为特殊,著名的宋金"高桥之战"就曾发生在甲于一郡的高桥。《四明谈助》载高桥:"其桥甲于一郡。舟至此,通西坝,达大江,为南北往来孔道。"又载:"明州多席草,人业于织,著名四方,曰'明席'[2]。建炎三年(1129)十二月,浙东制置使张俊与金人战于明州西门。俊见民间多织席,遣兵敛取之,以重席覆于路。金骑践席上,皆足滑而仆。因急击之,斩获甚多。"

距高桥不远的景安铺,唐宋时称马铺,乃驿站,驿使快马等皆在此驻足。大西坝则是古代官船的必经之堰,也是连接大运河内河航道与外海的重要节点。

旧时义忠王庙有三进,结构宏丽,前进左右有戏台各一。中殿供梁山伯神像,白面长须,后殿奉梁山伯、祝英台并坐像。后殿之右侧为寝宫,有梁祝卧榻,榻上罗帐低垂,榻前置黑靴、绣鞋,家具齐全,如真人居室。庙西为梁山伯墓,四周砌石,上复黄土,墓碑横置,书"敕封梁圣君山伯之墓",碑石中有裂缝。墓后立一直碑,中书"晋封英台义妇冢",上款"浙江

---

[1] 此桥指高桥。
[2] 即明州草席。

⊙ "柳荫胜景"牌坊

按察司佥事王书",下款"嘉靖丁未腊月吉旦鄞县知县徐立"。整座庙宇在古木掩映中,红墙、飞檐绚丽。庙前约半里处,有"夫妻桥",过桥便是"百龄路",间嵌荷花石板。旧时有庙脚十八堡,庙下户口一千三百余户。夏历三月一日为神诞期,八月十六日为讳期。每年三月初一、八月十六日均有祀神戏和赛会,三月赛会被俗称"高桥会"。各堡出纸会,旗锣、鼓亭、纱船、抬阁、高跷,精彩纷呈。坐夜香会于八月初七夜举行,拂晓自散。20世纪50年代,庙屋等移作他用。1985年,庙、墓均修复。

梁祝爱情故事已经扎根民间,深入人心,成为有世界影响力的民间文化。关于梁山伯与祝英台的籍贯,除了宁波和绍兴,多地亦流传有该故事的不同版本,一方面说明其流传广泛性,另一方面也说明了梁祝爱情文化在不断被认同和发展。不过更多的专家认为,宁波是梁祝羽化成蝶爱情故事的真正圣地,无论真相是什么,重要的是梁祝爱情故事给人们所带来了思念、惊喜与美德传承。

时至今日,梁山伯庙已扩建成占地面积数百亩的梁祝文化公园,其依山托水,园中有园,花遮柳掩,景趣天然。其中有梁圣君庙、观音堂、夫妻桥、恩爱亭、荷花池、九龙潭、龙嘘亭、百龄路、梁祝化蝶雕塑、喷泉广场、万松书院等众多景点,突出"草桥结拜""三载同窗""十八相送""楼台相会""化蝶永伴"等主题。梁祝文化碑林、梁祝文化节、中国梁祝文化研究中心、中国梁祝婚俗节、国际性的梁祝学术研讨会等活动层出不穷,不断彰显以爱情为基调的文化特色与内涵。由共同的志趣逐步发展成为爱情,并始终忠贞不渝,视死如归,其身虽死,其名却生,他们的坚贞与执着、坎坷与残落,在令人心碎的同时,又令人陶醉,其中的悲与美,无不让人动容。从某种意义上讲,洋溢着古典气息,充满了生命哲思。

但愿人间无悔无怨,希望世界和谐安宁,人们都能展开各种翅膀,自由飞向那向往的天空,一起圆满那千古绝唱:"碧草青青花盛开,彩蝶双飞久徘徊,千古传颂深深爱,梁山伯与祝英台……"

走马塘村

中国进士第一村

一个地域的文化含量,主要看它文化特质的保存量和实力与意蕴。

被誉为"中国进士第一村"的走马塘村,位于宁波市鄞州区姜山镇,世人称其有"礼仪之乡、文献之邦、江山之胜、水陆之饶"。千年的文化熏

⊙ **走马塘街景(余园芬摄)**

⊙ 走马塘鸟瞰

陶和积淀,历练出了其耕读文化、民俗文化、儒家文化、名人文化与村落文化的群体特性,洋溢着足赤纯粹、有机整体的文化特质和生活智慧。

2000年7月,香港《大公报》以整版篇幅刊发了该报记者采写的《千年古村走马塘探路行》,再次唤醒并唱响这个"中国进士第一村"。2005年8月,走马塘村被列入宁波市历史文化名村;2009年12月,走马塘村获评中国首批"魅力小城"称号和首个"田园乡村魅力奖";2010年上海世博会期间,首届"发现中国魅力小城"成为世博会向全球推广的倒计时

180天的主要活动,走马塘村名列"仙班"。

走马塘之名,始于唐,因两浙兵马铃辖张仁皓骑从往来于此而得。《四明谈助》载:"走马塘,茅山南。临河直路,云是张兵马骑从往来处,故名。诗云:'策马转山隅,芳塘按辔徐。风尘人过靖,泥泞雨余除。柳色缠金勒,波纹耀锦裾。固知风俗旧,不必问图书。'"

明代古诗"茅山山色翠嵯峨,千古文章炯不磨。柏府清荫铺锦里,柳桥流水绕忠河。祖孙接踵登瀛贵,父子捐生效节多。唯有故家千秋树,春风秋雨长危柯"吟唱出了走马塘村耕读传家、人文蔚起、名人辈出、名振朝纲的群体现象。

据《四明走马塘陈氏行五房谱》记载,北宋开宝四年(971),江苏长洲县[1]人陈矜高中进士,赴鄢陵任职。端拱元年(988),在明州任知府。咸平四年(1001),为救民开仓赈灾,后卒于衙内,葬鄞南茅山之麓。陈矜之子陈轩,太平兴国八年(983)进士,从父在明州府任录事,其在茅山为父守墓期间,见此地深幽涵碧、古木葱茏,遂置田建屋,迁居于茅山陈蕲村[2],遂成走马塘村人的二世祖,其父陈矜则为一世祖。经此耕读传家,渐成鄞南望族。

走马塘村以陈姓为主,另有王、张、胡、楼、夏、董、周、邬等姓。"走马塘"之名,亦有武官

---

[1] 今苏州南境。
[2] 今走马塘村。

下马、步行过塘之意。据不完全统计,从陈氏始祖算起至第二十三世,除十五世、十九世至二十二世,世世都有进士,其中第十世高中进士的多达12位。如此众多进士的家族,接力见证千余年的科举制度,这在中国极为罕见。

《四明仓基陈氏家谱》载,从宋朝至清代,走马塘共出进士76名,有朝官、地方官、学管160余名,贡生、庠生、监生等也代不乏人,故贤良荟萃、人才辈出,使走马塘成为古代陈氏的发祥之地。宋徽宗敕封走马塘为"忠孝里",宋理宗赐额家庙"遗忠堂",自此见博学、闻声之誉,闻名遐迩。今"慈荫堂""兄弟学士""紫来桥""沈西桥"等牌匾和桥匾,皆历史见证物。

游览走马塘,有前后两条明朗的轴线。南部以东西横街为轴线,曾经汇集有30多家商铺,中心位置为祖堂、陈氏宗祠等,让人遥想当年人头攒动、物资充沛的古村盛况;北部则以"蟹肚脐"[1]为中轴横线,以密集的民居为主,如贵房、慈荫堂等。旧时村民在此乘船,可直通奉化江至宁波,或经浙东运河赴杭州等地。

近观村口三卷圣旨形状的巨型书卷雕塑,面对硕大照壁,"中国进士第一村"和"走马塘历代进士总目"的题刻字字惊人,在进士总目中列出了历代进士76人,其中北宋6人、南宋54人、元朝10人、明朝6人,彰显了陈氏祖先的功名成就。

据《鄞县通志》载,这个起始不过数户人家、到2010年统计时也只有645户的小村,占从宋至清鄞县所产生的1074位进士人数的7%。另又据《宁波市志》统计,宋至清,宁波地区共产生了进士2428人,出身走马塘村的进士则占其中的3.1%,可谓至奇无惊。

走马塘村口有"中国进士第一村"牌坊,清廉亭亭柱上刻有"英气振茅山有志簪缨仰高风,科名登汴秀争气子孙光祖业"等楹联。遗忠堂的楹联有"直声振赵宋,忠节耀朱明"等,后人以此对穿梭经纬的进士们给

---

[1] 指形如螃蟹肚脐的河漕。

予了恰如其分的评价。

曹厚德先生题写的"浙江大学中国古代史研究所教育科研实习基地""宁波高等专科学校教学实习基地"等石碑,则营造了浓厚的文化研究气息。"一清二正勋名振朝纲,四靖三清德望闻乡里"等联句,更是开人识见。还有那些临水千年、亘古不灭的宗谱、画像、墓志、碑碣等,仿佛始终搏动着不息之心,遂成血脉流向与文化记忆。

就连村西看似普通的护村河——走马塘河,都颇有来历。据称是因河畔栽有竹子,而竹子又有"君子"美喻,故又称其为"君子河",隐含着祖先对后人的期盼。后查阅《四明谈助》,其则载:"君子河,茅山走马塘河。宋嘉定间(1208~1224),陈埙置庄,种竹,称'君子河'。"

⊙ "中国进士第一村"牌坊(余园芬摄)

"日、月、星、辰"四大院是走马塘的大房,其旧宅是今走马塘的前新屋(又称月房)、中新屋和后新屋(又称日房)。这些建筑,有的黑瓦白墙、清雅别致,有的大方明亮、整齐古朴。紧靠前新屋的信保房、地处村中心的高楼阁(又称三房楼阁)、单层歇山顶的贻谷堂、高大围墙内的慈荫堂、宁波地区保存最完整的百年私人诊所、作为千年古村守护神的济安水龙会,以及位于村南的典型的江南三合院陈露芗故居等各种古建筑,共有432间,如燕之营巢、蜂之累房,莅临者无不感叹日月星辰之由此可知也。

在走马塘村,明代建筑为数不少,但清代建筑更比比皆是,有贵房、前新屋、中新屋、后新屋、老东窗、老流房、慈荫堂、忠房、遗忠堂、光裕堂、行五堂、瞻衮堂、裔公堂等。无论是建筑风格,还是水系布局,它们都保持着千年的风味。虽规格各异,然格调类同,整体建筑既古朴典雅,又封闭开放。全部水系和谐穿透,又开合有度,故虽历经沧桑而又生意盎然。

还有旧石板广场、荷花塘、马头墙、飞檐、石窗、山墙、天井、重阳木、大会堂、紫来桥、沈西桥、庆丰桥、东升桥等,犹如数不尽的凝固音符。颇

⊙ 荷花塘(余园芬摄)

有意思的还有"荡洗秽污、投掷零杂、堆积于岸、壅塞通沟"等内容的公禁碑,表明早在清代,陈氏先祖就有了包括垃圾分类等理念在内的环保意识。

走马塘的宗祠、寺庙、墙门、古桥等,亦无不奇特佳妙,至今风采依旧。其家塾、义塾、私塾和讲舍、书舍、小庄乃至小学等,徐徐地吹着其重学兴教的严实学风,拓展着特有的文化流向。其非物质文化遗产、民俗风情、民间文学、宗姓家谱、诗文楹联、古代先哲、现当代英才等,既有荣于家族,亦自有嘉处,浓郁的文化气息,似一壶迷幻老酒,令读书人迷醉千年。

漫步至村落的某一转角,不时还会发现能唤起怀旧之情的老器旧物。有人试图从地理风水、祖荫德佑、种族遗传等角度,探究其悠久的传家原理和不衰的仕优现象,以及它的资质气度和精神体现,虽各有说辞,但也有共识:那就是先辈们的遗风,已然成为后代人的滋养。

"一清二正遗风远,四靖三文世泽长""祖孙三学士,父子两侍郎。一门四尚书,钦点郡马公"等古楹联,则书归了正与才学直接挂钩。"读书为重,次即农桑。取之有道,工贾何妨""克勤克俭,毋怠毋荒。孝友睦姻,六行皆藏""仕于朝也,为忠为良。神则佑汝,汝福绵长""引而亲之,岁岁登堂。同底于善,勉哉勿忘"等陈氏早先留下来的祖训,一直沿用至今。

业有所成的陈爱明乃走马塘陈氏后人,据他介绍,小时候的走马塘既热闹又安宁,年事渐高的奶奶闲时喜欢在家门口赏景,父母亲则会带着他们小孩或乘船或陆行走亲访友见世面,迄今尽管有许多亲友定居各地,但还是会定期回走马塘走走看看,以及修缮父辈们留下的祖宅。皆因陈氏人文蔚起,名振朝纲,故其文化在血缘中延续最长,并渗透到随处可见的陈姓人士之中。

不能悉数的还有走马塘陈氏重学兴教、继往开来的诸多善举。《宁波传统村落田野调查·走马塘村》有载,清同治年间举人陈愈守,居心忠厚,志识过人,殚心服贾,勤俭起家。咸丰十一年(1861),其与郡人金资修复

日湖文昌阁。同治九年(1870),又在采莲桥北与同族的烈瀚、愈涌、愈畯、隆琛和里人蔡筠创设日湖义学,捐助田产120亩,房屋数所,以每年的租金充作修缮经费。还设勤勤斋、全义会,用来教养失教孤童。同治十一年(1872),他在今鄞州区下应街道姜村办育英义学,又在省城杭州建立乡试鄞县会馆,以帮助赴考的本县学子。次年,其又在今鄞州区鄞江桥办定山义学。同年,陈愈守还在月湖之南的水月桥边,出资1200缗、田6亩,取"文翰振其书香"之义,构筑书室数楹,创设翰香家塾。光绪三十二年(1906),改家塾为翰香初等小学堂。若不遇其良,则不会有今日百年名校"翰香小学"。

举人陈愈守还习先人之手泽,绍先哲之心传,订立戒条十则:一是为人须立品勿可妄为;二是祀事须整理勿可废弛;三是治家须勤俭勿可浪费;四是子弟须就业勿可游荡;五是就贾须勤慎勿可刻薄;六是为官须清正勿坏天良;七是宗族须和睦勿可争斗;八是亲党要照顾勿厌贫穷;九是用人须老成勿用俊美;十是家境得温饱勿吝周济。其嘉言善行,根于学养,出于本真,顺乎性情。

好家风带来了好乡风,涵养了良好的社会风气。是故,走马塘村不仅成为埋藏在现代文明中的古典画卷和史书典籍,而且生态环境也优生优长,民风淳朴、人情味重,无论是想要呼吸一下新鲜空气,还是丈量时光,似乎都能与进士们的翰墨书香咫尺天涯。

以独特的意趣与情怀,徘徊于此间的巷头径尾,慢慢地走,轻轻地问,作诗来品,当画来赏,了解点历史时期的风土人情,听一段尘封往事,或亦可偷师"学霸"养成的秘诀,诚哉奇观:一身精神,具乎两目;十步之内,必有芳草。

东钱湖

浙江省第一大淡水湖

每汪湖的背后,都藏着秘密。

相传春秋时期献策扶助勾践兴越灭吴的范蠡,在勾践对开国功臣大开杀戒之前,已看破人性、钱财、名利与生死,留下"蜚鸟尽,良弓藏;狡兔死,走狗烹"之说后悄然隐退,偕美女西施避居此湖,自号陶朱公,成人生一大赢家。

此湖,即宁波东钱湖,古称"钱湖",又称"万金湖"。其面积三倍于杭州西湖,为浙江省内最大的淡水湖,且因其既有西湖之柔美秀丽,又有太湖之烟波浩渺,大量游客慕名前往。大学者王应麟留有"湖草青青湖水平,犹航西渡入空明。月波夜静银浮镜,霞屿春深锦作屏"的诗句。

东钱湖原为天然潟湖,唐天宝三年(744),由鄮县县令陆南金开拓,后历经疏浚修筑,为宁波重要的水利工程。民国《东钱湖志》序言的开篇一句,即"四明水利,江海而外,莫大于东钱湖"。

唐、宋时,因县治易地,方位有别,东钱湖先后又被称为"西湖"和"东湖"。湖之四周,青山环抱,林木苍郁。福泉山雄踞东南,月波山横亘西北,陶公山、狮子山、二灵山、霞屿山等遥相呼应。其湖岸则曲折蜿蜒,溪流众多,俗称"七十二溪贯注";湖面辽阔,湖外有山,山外有湖,波影荡漾,山

重水复,环境秀丽无饰。

东钱湖畔,代有兴筑,多官宦学子消闲隐居处。湖东下水村,即南宋史氏家族发祥地,其所筑功德寺、石窟、墓葬颇多,如今依然有一些古老的家族建筑,古朴清幽的气息扑面而来。

清代全祖望在《万金湖铭》中称:"甬东七十二溪之水,会于横溪,而以其泄入江流也,潴之为湖,其名曰万金湖,亦曰钱湖,言其利之重也;其支则有所谓南湖、沧湖、梅湖之属,唐人谓之西湖,宋人谓之东湖,说者以为前此县治置于江东则西之,其后迁于江西则东之。然观厚斋先生《四明七观》:唐有西湖,爱在东郊。湖姓以钱,亦处东鄙。其称西湖溉田五百顷,东湖溉田五千四百顷,则似原分东西二湖者。湖势东高而西下,其水皆自东而西,或者西湖先成,东湖后辟,其究混而一之欤?"《四明谈助》则载,东钱湖称西湖。王伯厚在《七观》中称:"唐有西湖,爱在东郊。陆令开广,农殖嘉苗。湖姓以'钱',亦处东鄙:受溪七十二,环塘八十里,四闸七堰,重治者李。"

自唐天宝三年(744)鄞县令陆南金筑八塘四堰后,宋天禧元年(1077)到治平元年(1064)间,地方官李夷庚、王安石、吕献之等又先后重修湖塘,置四碶,修六堤等。宝庆《四明志》载:"庆历八年(1048),县令王安石重清湖界。嘉祐(1056~1063)中,始置碶闸。至治平元年(1064),复修六堤,立陆南金、李夷庚之祠于堤旁。"此后从官员到乡绅,为修整东

⊙ 昔日的东钱湖(水银提供)

钱湖,屡有所为。个别豪强之家亦有废湖屯垦逐利之举,所幸未能得逞。

　　从古代造堰围合,到历代疏浚,从地方主政者等兴修水利致力民生,到现代形成泱泱大湖,让后人感念动情,后世对王安石修建与治理东钱湖的功绩也追思无穷、祭祀不断。全祖望在《王文公祠》诗中,有"至今去思留山中,斗门惠泽垂东谷"句,歌颂王安石修闸治湖之功。自宋朝以来,东钱湖周边修建了多处纪念王安石的庙宇,如位于东钱湖东畔菊岛内的福应庙、下水岙绿野村西的灵佑庙、下水村的忠应庙[1]等,以其名字命名的亦有位于二灵山旁的安石岭,谷子湖畔的王安石公园、安石路等。

　　元明时期,文人时有辟居湖山间,故四周山麓多名人遗迹,滨湖尚存古代遗址,使湖光山色与人文景观交相辉映,在1000多年的历史长河中形成了丰富的地方文化。元代袁士元赋诗《东钱湖》云:"尽说西湖足胜游,东湖谁信更清幽。一百五十客舟过,七十二溪春水流。白鸟影边霞屿寺,翠微深处月波楼。天然景物谁能状,千古诗人咏不休!"清嘉庆年

⊙ 昔日的二灵山下二灵寺(王之祥摄)

---

[1] 即王安石纪念馆。

⊙ 昔日的陶公山临湖民居（王之祥摄）

间（1796~1820），陶公山人、县学廪膳生忻恕归东钱湖风光为十景，沿袭至今。

《宁波市志》载，"东钱湖十景"之一的陶公钓矶，是一座横亘湖心的半岛。山上苍松浓郁，涧麓民居云集，远眺似伏牛饮水，古称伏牛山。相传春秋时，越国大夫范蠡功成身退、不慕荣利，情犹在、无悲伤，偕西施隐居于伏牛山中，后人追念其兴越之功，把伏牛山改称为陶公山，名其临湖垂钓处牛头渚为陶公钓矶。南宋宝庆三年（1227），郡守胡榘浚湖，在陶公山上修建烟波馆、天镜亭。然馆亭早圮，石矶亦毁。明代诗人洪性《陶公钓矶》写得动情、有趣，诗曰："霸越平吴此息机，蓑衣终日坐鱼矶。一竿风月高名在，千古江山旧事非。春雨荒台苔藓合，夕阳古渡钓船归。探奇欲试登临兴，流水无情白鹭飞。"另则，不到陶公山下的陶公村，难懂江南弄堂有如此的千折百转，蜿蜒、绵密与悠长，这或许与隐逸文化有一定关联。

余相书楼,位于月波山麓。平畴濒水,山竹岸柳,彼此掩映,相互两得。在青山环抱处,翠竹如画屏,有岸柳成行,人称其地为月湖山。南宋淳熙五年(1178),丞相越王史浩建月波楼于此,并叠石为岩,辟宝陀洞天,请赐"慈悲普济"匾额。明洪武十五年(1382),定名月波寺,后圮。万历元年(1573),相国余有丁用月波寺废址划地百亩构筑五柳庄,神宗题"名山洞府"。余有丁晚年在此读书自娱,因感陶渊明《归去来兮辞》,遂名五柳。其借鉴天下园林之胜,亭榭楼阁均采其精要,楼曰"舒啸",斋曰"觉是",台曰"矫首",总称"舒园",时湖光烟波,空山鸟语,水韵风光,自然情趣,极一时之盛,后人称为余相书楼。但自明迄今,历经兵火,已荡然无存,其址亦移作他用,除了驰名之誉,只剩波涛拍岸声。清代忻宇春有诗感叹云:"五柳庄开僻地幽,高低亭榭接书楼。而今零落埋荒草,剩有波声带月流。"他日若能重构,则物尽其用,地尽其利。

百步耸翠,位于湖之西南。因群山屏立,山兀立陡峭,人称百步尖。又因其山峰似苍蒲刺天,状貌峻奇,亦称百步剑。诗人忻宇春同样叹喟曰:"尖尖百步绝跻攀,屹立湖南第一山。何日登峰能造极,芒鞋踏破翠云鬟",激发了人们对自然景观、湖山岁月、历史人文和生命深邃的无尽感慨。

霞屿锁岚。东钱湖内,有不少孤悬绿洲,陶公山前湖心亦有一孤悬绿洲,名霞屿,又称小普陀。旧时上有望湖亭、霞屿寺[1]、观音洞[2]等建筑景观。因霞屿卧波,山岚水气,朝雾暮霭,故名。忻宇春"霞光倒映水光灵,装点孤山入画屏。一自洞天新琢就,晴岚锁住佛头青"之句,说的就是此处。现存的南宋石窟"补陀洞天",洞深40米,高宽2至3米,洞中有洞,洞壁刻镂空石龙、石佛,营构巧妙,匠心独运,写满了苍茫大地和文化历史的盛衰兴废。

双虹落彩。清道光二十八年(1848),以浚湖淤泥、筑梅湖邵家山至杨家山之长堤,名"五里塘"。塘之首尾,各建石拱桥一座。东为下虹桥,

---

[1] 望湖亭、霞屿寺均毁于晚清。
[2] 即"补陀洞天"。

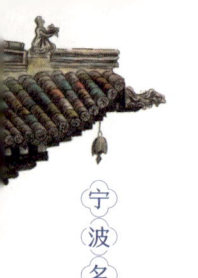

西称上虹桥,以通舟楫。旧时每逢暮春盛夏,雷雨过后,多见骄阳破云,上悬虹霓,下伏弓桥,山水映辉,景色艳丽,故取李白"雨水夹明镜,双桥落彩虹"句,名"双虹落彩"。清人忻宇春咏:"走马梅塘五里通,洞桥高架各西东。不嫌明镜从今破,道是双虹降半空"。

二灵夕照。东钱湖之名山水,不可以一二数,而二灵为最奇。在湖之东下水溪口,一山迤逦由东南来,突兀湖中,三面环水,水既清碧,山亦多

⊙ 东钱湖鸟瞰

姿,取"山灵水灵"意,名二灵山。北宋政和年间(1111~1117),韶国师在山上建方形七层石塔,塔身每层四面皆精雕石佛。宋熙宁年间(1068~1077),左正言鄞县茅山走马塘进士陈禾曾在此筑室读书,取名二灵山房,元代戴良有《东钱湖二灵山房记》,时人称之"祖孙三学士,一门俱忠耿",父子均埋骨二灵山,让柔媚的江南山水多了几分庄重与品格。后知和禅师居此,相传有二虎相侍。南宋绍兴年间(1131~1162)复建,赐"普光"。自元至清,塔院屡经兴废。1985年,重修二灵塔,复其旧貌。每当夕阳西下,余晖斜照,塔影倒映湖中,俱佳俱绝。明人乌斯道诗《二灵山》曰:"东湖阔处二灵山,龙吐双珠落水间。四面乱峰云气白,半天孤塔土花斑。"清忻宇春亦诗云:"竟说山灵与水灵,连环看似卧龙形。独留青冢埋忠骨,终古残阳照石屏。"

上林晓钟。缘上水溪行,绿树夹岸,峰回路转,山盘水曲,群翠环抱,幽谷处有小村,僻静娴雅。北宋乾德年间(963~967),就此建寿宁禅院。南宋丞相史浩在其旁砌石百余丈,层峦叠嶂,宛若天成,称假岩。清康熙年间(1662~1722),僧超济重建佛殿,更名上林寺。昔每当寺僧早课,击钹撞钟,山鸣谷应,其声可闻数里,益显空山清幽,故有"上林晓钟"之称,后寺废无存。忻宇春诗曰:"山回水曲路街横,中有丛林拓宇宏。湖上月沉天越晓,敲残云里几声钟。"遗憾的是,寺之不存,钟声难闻,山僧呼舶之景不再。

芦汀宿雁。北距莫枝镇不远的谷子湖,有一小屿,状似浮瓜,称瓜屿,中有岳鄂王[1]庙,俗称西瓜庙,南宋端平年间(1234~1236)建。依山傍湖,四壁环水,有堤如瓜藤,与岸一线相连。庙前约百米处,隐伏一片沙洲,旧时芦苇丛生,成为岳鄂

---

[1] 即岳飞。

王庙的天然屏障。每当秋深鱼肥,北雁南飞,或月明星稀,湖山沉寂,风动芦枝,舟兴湖波,宿雁惊飞,凌空哀鸣,犹如为将军鸣不平,遂有"芦汀宿雁"之称。忻宇春诗云:"秋水苍茫夜色微,宿芦汀雁浑忘机。风来瑟瑟忽惊起,明月满湖花乱飞。"后屡圮屡建。岳鄂王庙存有清代匾额、联对,包括八大山人金农题匾、会稽道尹黄庆澜等人联对。湿地得到保护后,宿鸟也自然增多。

殷湾渔火。殷湾是湖北的一处湖湾,殷湾村是其旁背山面湖的一座渔村。村落绕山转,纵深处有避风小港,时渔户麇集,渔舟夜泊。每当夜色朦胧,水湾深处,渔火闪烁,舟影横移,万籁俱寂,渔歌清晰。相传宋军曾退避殷湾沙洲芦苇丛中,金兵追至而突见满湾渔火闪烁,疑为宋军大队援兵而撤。忻宇春诗云:"水阔烟深望渺然,霎时渔火满前川。客舟过处添愁思,疑是寒山寺外眠。"现今,使用鱼叉、鸡罩、板罾或鸬鹚等传统的捕鱼方式越来越少见了,但东钱湖的鲌鱼、青鱼、河虾、螺蛳等湖鲜依然声名远播。

白石仙坪。谷子湖北有山,白石裸露,故名白石山。山体白色,山北坡峭崖如壁,南向山势平缓,半山腰有平坡。传说俩仙姑在山上弈棋,偶为牧童窥见,识破天机,乃名其为"白石仙坪"。忻宇春诗谓:"仙人偶下洞云深,对局弹棋坐碧岑。惆怅烂柯山寂寂,曾留片石到于今。"从白石山顶极目远望,可饱览钱湖风光……

湖山美景自然集聚人气,环湖几十个村庄的人们,在这里生活安顿,每个家族都建有自家的祠堂,如史氏宗祠、钱氏宗祠、郑氏宗祠、项氏宗祠、忻氏宗祠、戴氏宗祠、金氏宗祠等,他们并没有把这里当作纯粹的桃花源,成化《宁波府志》记载:"自宋以来,礼俗日盛,家诗户书,科第相继,间占首选,衣冠人物甲于东南。"

东钱湖越窑是浙江三大青瓷窑址群之一。被誉为"江南兵马俑"的东钱湖南宋石刻群也在这里,此地还有圣迹庙、青山庙、裴君庙、忠应庙、岳王庙等著名庙宇。被称为"东钱湖土楼"的清早期建筑殷湾廿四间,俗

⊙ 东钱湖湖景

称"走马楼"的民国时期建筑群殷湾十四间等,都是东钱湖周边不容错过的知名建筑。传奇画家沙耆晚年居住在湖畔,美丽的景色激发了他的创作激情,也成了他笔下的生动主题。

东钱湖还有许多民间故事,如东钱湖的来历、"瓜屿西瓜庙"、"司马追范蠡"、"情人眼里出西施"、小普陀的来历、二灵寺的由来、白石的传说、探花余有丁、百步山剑的传说、福泉山的来历、石虎的传说、督治东钱湖、鲍盖做菩萨、赵家天子史家相、雪里蕻咸齑(咸菜)、八月十六过中秋、田螺姑娘的爱情传说等。其中西晋时期的鲍郎(鲍盖)射鹿和汉朝大将李广射虎等故事,在《东钱湖志》等旧籍均有生动记载。

有人将宁波的文化概括为"江海"和"商贾",突出了水路交通和商帮文化。正如称范蠡为"商圣"和"儒商鼻祖"一样,这不仅仅是因为血浓于水的情感,还有一脉相承的文化,一如伫立于东钱湖北岸的华茂艺术

⊙ 东钱湖远眺

教育博物馆,以波浪形的身影,在地面上盘旋上升,气势恢宏,望之俨然。

留心寻找,从古到今,浩渺无际的东钱湖始终以宽广的胸怀,滋养着湖畔的大地、村庄和城市,至今她依然以湖水滔滔、浪花阵阵的形式,掀起历史和文化的浪花与碎片,简单丰富,似柔而刚,其境无了,恰如其分,为宁波这座中国沿海最早的文化古城平添景致,以清史大成《游东钱湖形胜赋》末段句为例:

> 呜呼!里山外山,叠叠兮青山;上水下水,悠悠兮绿水。慨陶公其已逝矣,自偃王而何在乎?徒存钓鱼之矶,空有穿藤之石。睹梨花于书院,悲芳草于茶亭。烟波之馆虽虚,天镜之桥岂废。时已迁变,景若长新,虽历历而可言,莫区区而详记。怀山水而顿赋,因探摭以成词。

东钱湖,大其蓄而施之于用,能载舟亦能熬粥。

天童寺·阿育王寺

卓然于世,蜚声海内外

接天之怀抱,无痛无忧愁。

卓然于世、历经1700多年的宁波天童寺,是中国佛教名寺,传为太白金星化身童子助建而成。

《四明谈助》载天童寺:"在县东六十里太白山。晋永康中(300~301),僧义兴结茅山中,感太白辰为侍童,寺因以名。"东晋隆安三年(399),寺毁于孙恩起义的战火。

传僧义兴诛茅禅定山中之时,有一童子日给薪水,既而辞去,曰:"吾太白辰也。上帝以师笃道行,遣待左右。"言讫不见。义兴遂以太白为师,并以名山。

太白金星,是天边启明星的神格化,一般以白发苍苍、神情慈祥的老者形象出现,是玉皇大帝的特使,负责传达各种令旨,受人敬重喜爱。天童寺祖师义兴穷居野处,情深如许,因感动太白金星化身童子帮助建寺,遂以"天童"命寺,以"太白"名山,并自名"太白禅师"。

坐落在鄞东太白山麓的天童寺,宋时称阳堂乡太白里,清时属鄞溪乡,中华民国时称天童镇,旋改天童乡,现归辖鄞州,乃东吴镇下三塘村太白山南麓。寺周群峰叠翠,寺内殿阁巍峨。寺院坐北朝南,拥有殿、堂、楼、阁、轩、寮、居、室等三十余幢,旧说有九百九十九间。

天童之胜,从王荆公《天童道上》诗"村村桑柘绿浮空,春日莺啼谷口风。二十里松行欲尽,青山捧出梵王宫"中可见一斑。天童寺殿堂之雄伟,寮阁之众多,甲于东南。现存殿宇规模,基本保持明时格局。寺依山而筑,层层递升,气宇轩昂。建筑之间,主从有别,相互为衬,布局严谨,造作精良。中轴线上,由南往北依次为外万工池、七佛塔、内万工池、照壁、天王殿、佛殿、法堂(藏经楼)、先觉堂、罗汉堂,两翼偏殿,配置对称;东轴线上,有新新堂、伽蓝殿、云水堂、自得斋、立雪轩;西轴线上,有清规堂、祖师殿、应供堂、静观堂、面壁居,偏殿两掖,按地形起伏。另建有钟楼、禅堂、戒堂、奎焕楼、回光楼、返照楼、库房、如意寮、大鉴堂、方丈室、东桂堂、西挂堂、长庚楼、古松堂等诸多垛殿寮室。崇楼杰阁,廊房枥比,千楹万础,疏密相间,构成规模宏大、结构精致的佛寺建筑群体。

⊙ 昔日的天童寺深径回松(水银提供)

唐开元二十年(732),僧法璿建精舍于山麓之东,法轮息而复转,后人称之为"古天童"。是时,秘书省正字郎万齐融于精舍西南隅建多宝塔,峭拔凡数仞。至德二年(757),住持宗弼、昙总之徒徙建精舍于太白峰下。乾元二年(759),相国第五琦奏请以天童玲珑岩为寺名,赐天童玲珑寺。是时,僧清闲、昙德植夹道松二十里。会昌年间(841~846)僧心境建镇蟒塔于少白岭

⊙ 昔日的天童寺天王殿前（水银提供）

头。咸通十年（869）改天寿寺。

北宋景德四年（1007），改天童景德禅寺。大中祥符年间（1008~1016），僧子凝"重植夹道松二十里"。时构筑有蒙堂、临云阁、春乐轩、宿鹭亭、更幽亭等。南宋建炎三年（1129），僧宏智正觉嗣曹洞宗法脉，创默照禅。绍兴二年（1132），僧正觉始建僧堂。二十六年（1156），状元张孝祥题少白岭上之揖让亭额[1]。淳熙五年（1178），判明州军州提举皇子魏王恺以太白山图进孝宗，应右丞相、鄞人史浩请求，御题"太白名山"四大字赐寺。淳熙十六年（1189），住持怀敞承临济宗法脉，日僧荣西随侍习禅，怀敞重建千佛阁时，荣西航运巨木前来佐助。嘉定年间（1208~1224），名列"禅院五山十刹"中五山之第三山；十六年（1223），如净在寺，日僧道元从其习禅。宝祐四年（1256）寺灾，判庆元军府事吴潜请洞庭天王寺僧祖智主寺兴复，至则结茅以居，越两年复建寺宇宝阁。后又有僧居敬主寺

---

[1] 今亭已坍圮。

⊙ 天童寺鸟瞰

事,复作千佛宝阁、构叠秀轩,怀信重新佛殿,僧原良重建宝阁、方国珍捐资等,百废俱举,有法堂、大鉴堂、东西蒙堂、叠秀轩、望月楼、钟楼、鼓楼等,树有狮子柏,器有千僧锅。

明洪武十五年(1382),赐今寺名。明太祖册封天下名寺时,被列为天下禅宗五山之第二山。永乐十三年(1415),归并天下寺观,以佛陇、盘山、二灵、珠山寺僧,归并天童禅寺。宣德三年(1428),寺殿毁于火,令世相无常。七年(1432),住持圆恺重建。嘉靖三十四年(1555),夹道松遭砍伐,用以造舰防倭。万历十五年(1587),寺遭洪水破坏,础砾无存,后

渐复。崇祯四年(1631),临济宗僧密云主法席,复为十方住持。八年(1635),重建佛殿、天王殿,既而法堂、先觉堂、藏经阁、大方丈殿依次落成。次年建云水堂、延寿堂等,至十三年(1640),东西禅堂、东西客堂、钟楼、新新堂、回光阁、返归楼等相继落成,又接西涧桥,浚筑内外万工池,造七塔,奠定现存寺院格局和规模。

清顺治十七年(1660),赐今寺额,世祖托名木陈老人御书"敬佛"。后有兴替。康熙五十二年(1713),请梵本经一藏。鄞人元乘(又名超乘,别号苇斋)撰《太白山十景诗》,即深径回松、清关喷雪、双池印景、西涧分钟、玲珑天凿、太白生云、东谷秋红、南山晚翠、平台铺月、凤岗修竹,"天童十景"名始于此。

清雍正十一年(1733),赐"慈云密布"四字及金字《心经》一卷,又赐御书"名香清梵"四大字。后又有多次赐函和重建、重修、新建,与镇江金山寺、扬州高旻寺、常州天宁寺并称为禅宗四大丛林。

据《天童寺志》载,天童寺与日本佛教界交往频繁,历代来寺院参修日僧多达32人,历代赴日弘法寺僧亦有11人,为"海上丝绸之路"佛教文化交流热土。

1930年后,圆瑛等任天童寺住持,至1950年有700多僧人,后渐减。"文化大革命"期间,佛像、法器等被毁,寺僧另作安置,寺舍关闭作他用。1978年起,政府拨款修复,遂成大观。1982年,广修任方丈。1983年4月,国务院批准天童寺列为全国汉

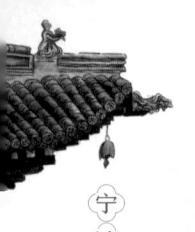

族地区佛教重点寺院之一。1988年,圆瑛弟子明旸升座任171代住持。1990年,天童寺有僧74人。现任方丈诚信,兼宁波市佛教协会会长。

天童寺背靠的太白山,上天入地,乃鄞东第一高峰。其左为松樟掩映之东峰,右为层峦奇谷之玲珑岩,前有二十里遮阴之万松关,并以小白岭五佛镇蟒塔为路标,四面群山环抱,山外有广阔平原,素有"群峰抱一寺,一寺镇群峰"之名。

东峰在太白峰之东,向西遥望,与太白峰相对,作施礼拜揖状。东麓与放羊山相连,有放羊蓬,乃昔净心禅师开荒治林之处;西麓为东谷,即古天童旧址,晋代义兴祖师开山之所,重建的太白精舍就掩映在苍松翠竹之中,迁建的开山、中兴、重兴三座祖师塔,亦立其东边。

玲珑岩峙立于寺之西侧,跨西涧从曲径循级而上,可登岩巅。山径曲折,怪石垒坷,古木飞泉,摩肩接踵。倾崖若蚁房、若蜂房,千姿百态,奇状万千。此地分布有玲珑蓬、穿心洞、观音洞、拜经台、盘陀石等名胜古迹。

天童寺之周边,有龙潭、响石、佛迹石、坐禅石、问水石、万松关、五佛镇蟒塔、揖让亭、古天童、青龙岗、青凤岗等景点。寺内多泉水,有弘法泉、楞严泉、体净泉、潜源泉、应真泉、降龙泉、青龙泉、钵盂泉等,皆发源于应真泉,并由此潜流至天王殿下,分道注入万工池,诸泉中尤以弘法、楞严、体净三泉为著,另有七佛塔、琵琶石、觉馨石、狮子柏等胜迹。

⊙ 昔日的阿育王寺山门(水银提供)

⊙ 昔日的阿育王寺舍利殿（水银提供）

天童寺虽历经沧桑之变，浩劫之余，尚不乏魏佛、宋碑、明锅、清匾等，现存不同朝代的碑碣、银铜铁器、玉石瓷器、书画匾额甚多，广结欢喜之缘。

与天童寺近邻、位于太白山麓华顶峰下的阿育王寺，在东25公里里育王山下。育王山即阿育王山，在鄮山之东，高数百仞。昔阿育王见灵，建寺其下，因以名山。

育王寺始建于西晋武帝太康三年（282），梁武帝赐"阿育王寺"额，是佛教禅宗名寺，名列"禅宗五山"之第五位，也是中国现存唯一以印度阿育王命名的千年古寺。寺内藏有佛国珍宝释迦牟尼的真身舍利及玲珑精致的舍利宝塔，1984年被国务院公布为全国汉族地区佛教重点寺院，2006年被国务院公布为第六批全国重点文物保护单位。

清代鄞人张廷宾文以情生，其先到育王山拜睹佛舍利，再去天童寺拜访，乃成言辞清妙、笔力精练之《两入天童记》：

岁丁卯夏,余寓四明天宁寺,发足礼佛舍利。先自寺僧为余言,天童古佛胜区,丽〔离〕育王尺咫,不可觌面失。余因至育王山,拜睹舍利毕,遂觅一笋舆过天童。田中人见余挈一仆入山,颇怪而观之,余亦不顾。但蝉声竹影中得路,遥望而窣堵兀如者,其小白岭耶?自岭而下,有数百余人家聚族而处者,天童街耶。逾街见众山围抱,或夷或锐,而中有突如其高者,曰太白峰,其坦肤独坐者钵盂峰,若覆钵然。寺基实处于此……

寒暑代迁,居诸迭运。1989 年新编纂的《阿育王寺新志》序载:

⊙ 阿育王寺远眺

⊙ 阿育王寺鸟瞰

阿育王寺者,浙东名刹。传建于西晋太康三年(282)。沙门慧达,自并州至会稽鄮山,夜闻钟声,见地涌佛舍利宝塔,因奉祀焉。梁武时始笼以木塔,赐阿育王寺额,萧子云为作飞白书。唐道宣录神州塔寺,以本寺居第一。鲁殿灵光,盖千百年于兹矣。

宸奎阁、承恩阁、玉几松堂和苏轼、王安石二祠,灵菊轩、娑罗阁,拾翠楼、上塔、佛迹岩、极目亭、大权洞、袈裟石[1]、善知识祠、无相庵、明月堂、鄮峰草堂、灵鳗井、晋松、妙喜泉等,皆育王寺旧有内外诸胜。

事有斗巧,物有故然。同为太白山麓,相距不远,却拥有两座1700多年历史的寺院,其屋宇建筑数百间、阔大精美、尊贵独特,与自然环境和谐共生,可谓深山净土,实属罕见,见者亦甚有奇缘。

---

[1] 亦名堕星石。

它山堰

中国古代四大水利工程之一

诚哉伟观,一座堰坝的横空出世,成就了中国水利史上的千年传奇。

它山堰,位于今宁波市海曙区鄞江镇西南它山之旁。唐太和七年(833),鄞县县令王元暐率众建造。因其地樟溪[1]上流南沿山脉连亘,北为平壤,至此主流趋近南岸,有小山虎踞,旁无其他山脉相接,故称它山。王元暐,人称大禹使者,只因他的功绩与大禹治水般的故事世人皆知。

它山堰走向世界是1957年的事,时波兰国际水利会议首提它山堰。1971年的西班牙国际大坝会议上,中国水利专家为它山堰再次发声。1988年12月28日,国务院公布它山堰为全国重点文物保护单位。2015年10月,它山堰被国际灌排委员会列为世界灌溉工程遗产。

《宁波市志》载:它山堰长134.4米,面宽4.8米,皆用长2至3米、阔0.2至0.35米条石砌筑,计80片半,左右各36石级。堰身木石结构,相传有大梅木枕卧堰中,历千余年不朽,称"它山堰梅梁"。《四明谈助》记载:"它山有梅梁,在堰下江沙中。出自大梅山,断而为两:其上为会稽禹庙之梁,其下沉于此……"

---

[1] 旧称大溪。

在古代对水的利用程度,反映了当时社会发展的水平,水资源历来都关系着人类的生存和发展。千百年来,人们不断修建以它山堰为主体的一整套水利工程,包括九碶、五堰、十三塘等配套设施,时启时闭,零拼碎补,让后人十分受用。

"碶"是宁波方言,特指用石头砌成的水闸。宋文学家曾巩在《广德湖记》中介绍,鄞人叠石堵水,在所留缺口内封以木板,即可根据水流的大小任意启合,此种设施,称之为"碶"。

它山堰在筑堰之前,下不能挡咸潮,上不可蓄溪水,海潮沿江河上溯,海水倒灌,导致土壤盐碱化,人们用水困难。筑堰后,截断鄞江,上游樟溪水经此引流,一路入南塘河,经洞桥、横涨、北渡、栎社、石碶、段塘,然后由南城甬水门注入日、月二湖,复经支渠脉络,供城市之需;另一路北入小溪港至梅园、蜃蛟。两路水经支脉分流贯通鄞西平原诸港,可灌溉七乡农田,并因此给后人留下了得天独厚的历史、人文、地理和旅游资源。

王元暐之所以选择在此处修建堤堰,主要是因为该地是上游樟溪河的必经之处,乌帽山和它山两座小山位于河道两侧,两山夹一水,河道相对狭窄,在此处建筑堤堰,相当于截住了河流的咽喉,把河水一分为二,可最大限度地缩短堰坝的长度,降低筑堰的成本。其堰身的设计也极为

⊙ 昔日的它山庙(引自《宁波旧影》)

◉ 它山堰世界灌溉工程遗产标志碑

精巧,一块块巨大的石板层层堆积在一起,构成了堰的主体,结构颇为奇特,建造亦称精密,故历经千余年洪水冲击仍基本完好。涝时水流七分入江、三分入溪,旱时七分入溪、三分入江,至今依然发挥阻咸、蓄淡、引水、泄洪等作用。

  修身行乃先。作为领头人,王元𬀩"日与民相融,餐于民宅;夜与民促膝,宿于樵房",建造堰坝时,带头捐款亦有他。官员士绅庆祝他生日时,他把生日转变为开工仪式;夫人寿庆时,他将庆典做成竣工典礼。他甘愿将"十兄弟"为建设它山堰而殉身的事迹传于后人,而对自己率众筑堰的过程与功绩却并没有做过多的记载与渲染。纪念为了铭记,传承不忘初心,人们迄今依然敬重之。

  后人为纪念王元𬀩,还在堰侧的它山上立"它山遗德庙",功成行满,遂成鲜活记忆。现存的前后二殿,中轴线上有平台、明堂、大殿、后殿。山门平台有荷花栏板和莲花、石狮望柱。堰之东北山麓,有四柱落地歇山顶石结构碑亭,柱上镌"江河旧著分流绩,霖雨新膺锡谥荣"联句,额上刻有"片石留香"四字。亭内置《加封孚惠遗德庙善政灵德侯王公碑记》,乃清嘉庆十一年(1806)周镐所撰,蔡莹所书。据称,宁波地区供奉王元暐的庙宇多达30多处,可谓流情不尽,爱敬存心。宋杨蒙有《重修它山堰引水记》、魏行已有《重修增它山堰记》,明周应宾有《重修它山水堰碑记》等。

描写它山堰的古诗亦不少,有唐僧元亮的《它山歌诗》,宋薛叔振的《它山堰》、魏岘的《它山堰次永嘉薛叔振韵》、应枢的《游它山》等,其中以著《攻媿集》的南宋大臣、文学家、鄞人楼钥的《它山堰》为博,诗虽冗长,但真切入微:

  它山堰头足奇观,百万雷霆声不断。
  谁把并州快剪刀,平剪波涛成两段。
  四明山深水源远,众壑会溪长漫汗。
  滔天狂潦不少留,泻入长江势奔窜。
  贤哉唐家王长官,欲图永利输长算。
  想得惨淡经营时,下上山川应饱看。
  西偏千岭相属联,惟有兹山拥东岸。
  遂于此地筑横堁,截取众流心自断。
  斟酌利害不全取,高下参差仅强半。
  水大十分七入江,徐挹三分供溉灌。
  支流淰淰穿郡城,脉络贯通平且缓。
  旱时反此水亦足,坐使千年忘旱叹。
  无穷庙祀报元功,像设森严人敢玩?
  梅梁夭矫有冥助,大患于今尚能捍!
  前辈所作多神灵,日月真成赤心贯。
  后人小智枉更易,仰望先贤重兴叹。
  老木号风波湛碧,画屏俯仰丹书焕。

更须积雨看惊湍,濡足褰裳何足惮。

去家不远时一游,短艇垂纶流可乱。

八月倘有仙槎来,便欲乘之溯天汉。

它山堰不仅仅是一座堤堰,更确切地说是一座规模宏大、设计精准、运行高效、布置缜密的水利工程,完成它,既需要勇气和智慧,也需要务实的态度和争先的精神,与宁波水利工程最有关联的王元暐、王安石、杨懿等历任县令,在此方面居功至伟;而众多勤劳勇敢、聪明能干的劳动人民,虽默默无闻,亦可圈可点。正因如此,古往今来,人们坚守护惜,绵延不绝,陆续修建了诸多配套项目,与原堰连为一体,形成合力。

自它山堰建成后,人们在南塘河上分别续建了乌金碶[1]、积渎碶[2]、行春碶,以及上游的回沙闸,还有洪水湾古塘、角尺形石塘等,成配套体系,鄞西平原渐成重要粮食产区,一改此前"民不能饮,禾不能稼"的面貌。堰坝几经加高修治,更趋安全、牢固、方便、实用。千百年来,它山堰遭遇过上百次大洪水,最高时过堰顶达5米以上,但它岿然不动,固若金汤。

据水利考证发现,它山堰拦河坝,是中国水利史上首次出现的块石砌筑的重力型拦河滚水坝。因而,它山堰与

⊙ 回沙闸则水尺

---

[1] 即上水碶。

[2] 即下水碶。

⊙ 位于月湖中的水则碑

郑国渠、灵渠、都江堰,并称"中国古代四大水利工程"。至今,它依然能让时而凶险桀骜的鄞水变得温婉可亲,让偶尔波涛汹涌的樟溪不再疯狂肆虐,进而造福一方,惠泽世人,助力宁波长期繁荣发展。

由此联想到城中的月湖,经它山堰调控的上游淡水,通过南塘河后一路向东缓缓而来,为城区提供充裕的水源,于时于世,无不利焉。迄今,在月湖北面矗立的水则碑,仍是提供观测和调节水位的重要依据;凡水位上

涨淹没石碑上的"平"字时,即可根据所淹部位的高低,判断城中和各个碶闸所处的水位,高则开闸放水,低则关闸蓄水。此与居上游、距它山堰堰坝百米处的回沙闸,其所遗存的四根石柱,其中西首第二根石柱上镌有"则(测)水尺"三字和水纹尺度,相安如知,各得其平,有异曲同工之妙。

与它山堰不同的是,建造年代更早的郑国渠、灵渠和都江堰,都是倾国家之力所建,它山堰则为地方工程,之所以能与它们齐名,主要是因为工程的不同特色和功用。它山堰作为有坝引水,施工难度特别大,不仅要阻断鄞江潮汐江河上游的咸汐,还要解决淡水灌溉和城区用水等一系列问题,还要承担河网通航,而且作为渠首工程,要有一定的配套设施,没有人与自然和谐相处的文化理念,则无法形成如此完整的水利系统,故可视作超级工程。

伟大的工程,必有精彩的故事,"梅梁成精""神兽镇水""潜龙在渊"等,有关它山堰传奇,不传于此,则见于彼。那么1000多年前科技并不发达,古人是怎样做到让它山堰历经风雨而安然无恙?究竟还有哪些特殊原因使它山堰屹立千年而不毁?堰坝不水平的构筑、斜角微倾等设计是为了抵御上游水压还是利于水势下泄?于此我们同样也想到了未曾留名的千千万万的工匠、民夫和杂役,并为此激活了无尽的想象,深入观察、考证、推测与猜想,试图揭开更多的奥妙和谜团。

肉眼所见,它山堰堰体由宽约0.5米、长约1.7米、厚0.2米的巨大石板组成。有说采自附近的上化山,石料称小溪石,因鄞江昔称"小溪",故以地名命石名。石为酱红色,石质较硬,属火山碎屑岩,适用于修桥铺路和建造宅第牌坊。不过有些书籍则记载上化山石宕是从元代以后才开始大规模开采,而它山堰修建于唐代,这与上述说法不符。

它山堰的堰体上至今留有一些圆形孔洞,据传这是时人为增强堰体强度,将熔化了的铁浆浇灌进事先在石板表面开凿的孔洞,铁浆凝固后石板间的结合更为紧密,最终形成牢不可破的堤堰。但也有专家予以否定,他们称此操作极易引发石板炸裂,不足取。

宋代鄞人魏岘编著的《四明它山水利备览》则载云,它山堰体内有中空结构,当洪水来临之时,水流会把泥沙冲进堰体里面,进而加固堰体,俗称护堤沙;而当洪水一旦退去,泥沙逐渐流失,堰体内又恢复到其空如初,时人以杖试之,信然。然而有关部门在1995年曾经利用先进仪器进行探测后发现,堰体是实心的,这否定了相关记载。

目前的认知是,它山堰建有呈梯形堆积排列的堰体,可以很好地提高强度,抵御水流对堰体的冲击。它所使用的独特的黏土砂石填充物,又可以很好地防止渗漏。概而言之,它山堰集多级消能、来水远抛、土砂混凝多种技术于一体,但还是有许多未解之谜。

厚貌深辞,艰语浅说,今天的它山堰,依然江水如锦、人流如织,依然半边石头半边水,半为天助半人力,一如鄞江水利,一如它山庙会。于是

⊙ 它山堰

有作家叩问,这里流出来的是智慧还是水?答案是集中民智和所遗水德。

显然,除了思接千载、延续浓郁、称奇称妙和探索未知,除了更好地维护和利用它山堰等的完整性与资源,人们还要铭记与之有关的历史人物和普通角色,还有就是要居安思危、处满惧盈,更好地改造环境和与大自然和谐共处。

⊙ 它山堰鸟瞰

章水镇

四明山中奇特秀美的古村落

原色记忆,红色印象,蓝色畅想,绿色希望。

名扬全国的浙东革命老区章水镇大有来头,是宁波的历史名镇。它东临鄞江镇,西依四明山,南界龙观乡与奉化区毗连,北邻余姚市,是鄞西平原通向四明山腹地的门户与天然屏障,地势险要,故有"四明锁钥"之称。

登山临水,章往考来,见远望近,钩深取极。章水的山,状大象,状小鸟,状条屏;樟溪的水清澈见底,岸树葱郁繁茂。水流所到之处,青山倒映,桥梁悬架,屋庐深邃,好雨催诗。时而雾截山腰、若隐若现,时而霞横树梢、妩媚含羞。这佳山秀水,山容水意,令人极尽期待,共享精彩。

一、奇特古村李家坑

深藏于海拔 800 多米杖锡山麓的章水镇李家坑村,屋宇连山,溪水绕屋,形如弯月,风光旖旎。不仅自然景观秀美,还是李唐文化的传承之地,是四明山区保存最完整、规模最大的古村落,与丹山赤水景区相距不足 2 公里。

在密林深处、山重水复间,大溪坑穿村而过,呈大半个圆形,文人视为砚台,武士比作弓把。另有小溪坑被喻为长毫、长箭。时间是伟大的作者,文武双火在此反复烧煮。溪上的四明廊桥,跨越两岸,被视为李家坑的地标性建筑。

据称,李家坑村原名徐家畅。村中原有夏、徐、李三大姓氏,其中又以李姓居多,传为唐太宗李世民的后裔。李氏始祖李龚荐,明朝天启年间(1621~1627)在河南洛阳一带为官,后到浙江,见李家坑自然风光秀丽,乃建舍发族,迄今已有380多年。

⊙ 李家坑

李家坑村有不少建于清朝中晚期及民国的建筑,布局讲究,层次分明。走进李家坑,迎面的参天古树,遍布村落的四合院,高耸的马头墙,四通八达的巷道,组成山居实景。"环溪楼""莫厥修居""与鹿游""凤跃鱼游""千祥云集"等门匾及宅院,其貌温温,了了可读。加上村内的李氏家庙、善教初等遗迹、旧址,三横四纵,分布有序,错落有致,尊贵大气,俨然一座浙东古建筑博物馆。在这里除了可以看到大自然的造化,还可领略营构功夫。

　　李家坑村有通往杖锡的蟹坑岭、通往丹山赤水的唐古岭和通往梁弄大岚的燕岩岭三条古道，是体验"吃的六谷糊（玉米糊），走的黄泥路"、寻幽访古的好去处。人们在上坡、下坎、跨溪过谷的过程中，想往昔艰辛，感慨现今丰裕。传当年王阳明曾翻山越岭，路过于此。燕岩岭上的回马亭，除见证李氏系唐皇家族受封赐之尊贵，据说当年日军进犯李家坑、路过燕岩岭时，指挥官坐骑忽失前蹄而跪于亭前，日寇认作凶兆，仓皇而返，保全了李家坑村。后来才知道，原来是村民焚烧伴有草药的篝火，烟雾使战马双眼迷失而失前蹄，足见村民的勇敢与机智。

　　从500多年前的人称"夏家桥头坪"，到400多年前的人称"徐家畅"，再到380多年前的李姓迁入，"李家坑"之名沿用至今，历史不算久远，而民风始终至纯，且后来居上，把藏风纳气的一个"坑"做得淋漓尽致。李氏第十九代公，官居光禄大夫；第二十三代公，官至吏部侍郎。李氏后人节孝一事，亦引来皇上注意，曾下旨制匾褒奖，之后又催生出"十八财主"云云。走在由鹅卵石铺设的路面，迈过宽敞明亮的天井，从木格窗棂往里瞧，一种回归自然、重拾乡趣、洗涤风尘的情感油然而生。

　　在李家坑村，还有龙眼井、龙心石，亦留有唐诗、宋刻之痕迹，不是一枝独秀，而是相映成趣，看似荒蛮苍阔，实乃隐世古村。总之，别处能看到的，这里都有，而这里有的，别处不一定能看到。

二、革命老区章水

　　章水镇是浙东四明山抗日革命根据地重镇，是我国南方解放战争时期重要的游击根据地之一，也是全国百个红色旅游经典景区之一。镇域内散落分布着众多的革命遗迹和遗存，其中矗立在镇中心的樟村四明山革命烈士陵园，是著名的浙江省省级文物保护单位与全国百个爱国主义教育基地之一，"浙东刘胡兰"——李敏烈士汉白玉雕像屹立在章水镇烈

士陵园旁,可谓"质本洁来还洁去"。

章水镇不仅是兵家必争之地,还是长寿之乡,此或与环境和特产有关。章水镇是享誉天下的"浙贝之乡"、中国"雪菜之乡"和"生态旅游之乡"。所产中药材"浙贝"始自清康熙年间,至今已有300多年历史;《广群芳谱》卷十七《蔬谱·雪里蕻》引《野菜笺》:"四明有菜,名雪里蕻,雪深诸菜冻损,此菜独青。"说的就是始自樟村的传统特产雪里蕻咸齑。此外,在章水镇著名的古树群所在地茅镬村,拥有树龄400年以上的古树近百棵。镇中海拔868米的杖锡山上有古杖锡禅寺遗址、"四明山心"摩崖石刻群等遗迹,峰顶有"四明天地"胜景,冬有雾凇奇观,寒风吹起,霜花迷离。

章水镇的民居建筑很有特色,沧桑的石墙、砖墙、竹墙年代感浓郁,未显丝毫破败。章溪附近寻芝岭、樟村大岙岭、崔岙蠡起岩、章水朱梅大雷岗、半坑分水岭、李家坑唐古岭、杖锡百步阶、低坪指如岭、鹿窠蟹坑岭等古道,历史悠久,景观独特,传说感人,于今独存。

⊙ 樟村四明山烈士陵园

三、传统村落崔岙村

崔岙村,以山为屏,依水而形,传统营建。生长此地者,夙世必有山水奇缘。

崔岙村背靠青山,樟溪河穿村而过。临山照水,山势崔嵬,屋庐深邃,小径迂回。村庄依山而建,村人傍水而居,村内民风淳朴,村民大多姓崔,叩问她的年龄,已然700多年,是镶嵌在樟溪河畔的一颗璀璨宝石,令人道妙称奇。

据《章(樟)溪崔氏宗谱》载,四明崔氏始祖崔鸥,字德府,系姜太公第七十二代子系。其父崔与之,家学深厚,襟度阔达,曾金榜题名,官运亨通,财富加身,仕至右丞相兼枢密使,封南海郡王。约在南宋淳祐十年(1250),为避水患,崔襄长子崔淮迁徙至玉屏山麓,成为崔岙崔氏第一世祖,迄今已有770多年,经长年繁衍,遂成江浙民系。

伏久者飞必高,盛传于坊间的"言贵姓者莫如崔卢李郑王"之俗谚,其说虽未必然,但能立天下之事者,从不中道而辍足,此不可不深思而自

⊙ 崔氏宗祠

⊙ 崔岙村鸟瞰

勉。今观始建于南宋的崔氏宗祠,源自内在,仪状伟然,阅尽世途,饱更事变,虽曾被日军烧劫,然亲者不以存没易心。现存建筑于1950年重修,坐南朝北,四合院式结构,设有戏台,显示了丰厚的积淀。

　　崔岙村的古巷里弄,称得上传统民居建造工艺的典型代表。远观近视,但见富者润屋,亦有贫士结庐;屋宽者宜布置,房小者可御寒。一阵好风吹来,半床落叶,数只鸟儿拍掌,满屋狂花。亲疏贵贫为一体,男女老少

皆同胞;碰面不必矜持,谈笑无须顾忌;家人温馨甜蜜,邻舍合词称美。景色虽不艳丽,气度自是风雅。

此外,这里红色基因深植。保存完好的崔岙矗起岩古道,起点处正是李敏烈士任中共章水区委书记时教书的启明小学。循古道从古山村下山,不远处即著名的五龙潭风景区,还有村人引以为豪的碧波荡漾的宋家潭、清凉甘醇的冷水孔、千年古刹定光寺、神秘奇穴仙人洞等,葱绿浓郁、石冷苔寒、花疏竹瘦、神奇卓异,皆为当地人所重。

有山则灵,有水则名,大如其地。近代与鲁迅、柔石等交往甚密的崔真吾、中国共产党早期的理论家和活动家崔绍立等烈士,皆为崔岙人。巍巍青山留青魂,生而为英死为灵,生如夏花之绚烂,死如秋叶之静美。此地适合观山听水与临风飘举,最宜静思漫想和作画看书,益于勤耕勤织及修身养性。

有报道称,前不久崔岙村还发现了嵌在崔氏宗祠墙壁上、由清顺治十二年(1656)浙江第一位状元史大成撰写的石碑,碑文记述了崔氏始祖来明州、家族迁居、撰写因由、兴祠赞誉等内容,恭为德首,可珍可宝。

四、流甜淌蜜的蜜岩村

蜜岩村是章水镇又一座古老村庄,前后有狮子山和白象山守护,村南的蜜岩山宛如屏风,村东有一湾章水沿村而下,大小两皎之水在此交汇。若将章溪比作巨龙,那么蜜岩即龙头。从明清到现在,不同时代风格的建筑相互交错,原汁原味的传统风貌始终保留,其本真来还自然。

《鄞县志》载,蜜岩村宋时属句章通远乡,《山海经》里亦有四明山和蜜岩的记载。《四明谈助》称蜜岩山在溪南,"进樟村

里许,隔溪望见绝壁干天,危然欲压。岩下路狭如线,俯瞩深溪,旁无附葛。观行人辄为惴惴,此即所谓'蜜岩'也。属东四明山,与樟村各脉。二皎水皆从此岩下至天象岩转南而去。"

狮子山即蜜岩山,又名甜山,峰高千尺,旧时山上建有祭天台、道观、石室等。相传,道观为护宝而养蜂,山上岩洞为群蜂营造了筑巢酿蜜的绝好去处,日久满山皆蜜蜂。遇雨时蜂蜜依岩缝而下至潭中,故称山为"蜜岩山",称潭为"龙潭"。时山上之蜂蜜,乃进献吴越王之贡品。而流入潭中的蜂蜜则为鱼儿所食,其鱼亦称蜜鲇鱼。清代大学者、著名思想家、史学家黄宗羲曾慕名而来,亲自察看蜜岩之山石、水体,其在《四明山志》中写道:"石峰竦拔,悬根峻壑,非葛藤连接可企。故野蜂分巢其上,岁久积蜜,流溢潭间,鱼啥喁变色,采捕食之,美珍常味。蜜非家酿,故以仙称。"

⊙ 蜜岩村鸟瞰

蜜岩村村民以应姓为主。据《蜜岩显爵应氏宗谱》记载，应氏发族于唐长庆年间（821~824）的应彪公，其官拜明州刺史，为官期间曾用16只船撑起一座浮桥——东津浮桥，也就是宁波灵桥的前身。应彪之子亦随父"固家于鄞"，初择居鄞江光溪，至刺史之十世孙应高时迁入蜜岩，娶蜜岩刘氏女为妻，应高由此成为蜜岩应氏之开山祖，应氏家族就此繁衍开来。

村中的鄞县民主政府成立大会旧址，乃红色堡垒。村中亦建有蜜岩庙，塑应彪像供人膜拜。

蜜岩村现存古迹以明清建筑居多。村内有桂馥堂、崇本堂、中和堂等多座宗祠，取名字字珠玑；幸存的桂馥堂，则是家族文化的支点；近旁还有旅沪村人应文生与其儿子应桂馨创办的崇义学堂，后桂馥堂与崇义学堂合并为蜜岩小学。另有上道地、老街、长大屋街、奠蕨居、见大宾、安贞吉、恒利一房、容车马、中宅墙门、双韭山房、望三益、前八房、里外堂前、见大宝、应氏梅房等近30处特色老墙门，老屋密集。传双韭山房是全祖望六世祖全元立别墅之名；安贞吉乃著名老字号亨得利钟表的发源地。所有名号都隐含主人的寄托与情思，这亦是蜜岩村的独特之处。

上道地墙门即上宅大墙门，是蜜岩村最早的一道墙门，有对联"蜜藏千年风水地，桃源石质富贵宅"。游走在村中，随处可见嵌有"福"字的石窗和雕花砖窗，散发着浓浓的福气、喜气和书卷气。村中的洗马池，因"四明狂客"贺知章考察四明山时在此洗马出名，此后蜜岩村义事渐起。北宋进士、户部尚书陈显曾在此隐居。

村落南部，尚有一座单孔石拱桥，名万安桥，建于清咸丰二年（1852），桥高离河床约6米，半圆孔底直径约12米，曾是蜜岩到许家岩下的必经之路，早先是板桥，因常遭山洪侵袭，故桥边备有渡船。山洪来时人们乘船过河，洪水退去再把木板铺上，两备一用，各行其是。

昔日的蜜岩村，每逢农历七月二十一日至七月二十五日，还会举行盛大的庙会。曾几何时，电影《难忘的战斗》亦在此取景拍摄，索隐钩奇。

慈 城

江南第一古城

在中国古代,并非任何地方都可以筑城。

可惜的是,在现代,有些城市却在开发建设中拆毁了许多古城墙,令古城样貌荡然无存,失去了传统风貌和个性。

拥有2500年建城史、2200多年建县史、1200多年县城史的慈城,位于宁波市江北区西部,曾经是老底子慈溪县的中心,也是江南第一古城,是闻名遐迩的文化之乡、进士之乡、慈孝之乡。

早在七八千年前,人类就在距其约10公里的河姆渡、田螺山、傅家山、井头山等地繁衍生息。公元前473年,越王勾践在姚江边建句章城。唐开元二十六年(738),名相房玄龄之孙房琯[1],为慈溪县首任县令,其择此为县治,并仿都城长安规划了双棋盘式样,构建起了县城。

传立县之始,与孝子董黯有关。董黯,字叔达,大儒董仲舒六世孙,因事母至孝,有口皆碑。东汉延光三年(124),朝廷敕封其为"孝子",立祠以祀。《宁波市志外编》载董黯:"奉母至孝,董母嗜溪水,黯筑室溪旁,以便汲饮,现慈溪由此而来。"慈溪因此闻名,慈城亦以此为名,凡慈城、慈

---

[1] 房琯后任宰相。

⊙ 昔日的慈城三板桥（水银提供）

⊙ 昔日的慈城夹田桥（水银提供）

水、慈江、慈镇，三孝乡、孝子井、孝中镇、孝东镇、孝子路、孝子祠等，无不打上慈孝文化的烙印。

《四明谈助》载："玄宗开元二十六年（738），始立州，以故句章地为慈溪，县令房琯遂迁县今治。后负石刺峰，前面重江，左山蜿蜒，右山兀耸，距郡西五十里。历五代、宋、元无改。明永乐中，令有失印者，朝议恐失印覆（复）出为奸，改'溪'从'谿'。国朝仍之。"

明代天启《慈溪县志》载："令有失印者，请于朝，诏更铸。恐滋奸利，故更印文从谷，而名'慈谿'。"原来在明永乐十六年（1418），慈溪知县不

265

慎丢失县印,于是重铸了一方官印,上奏获批后,将"溪"改成了"谿",以区别和防止失印再被冒用,慈溪县名就成了慈谿。

慈溪县城核心,即慈城镇。慈城之心,即慈溪之根。慈城属宁波府,隶浙江承宣布政使司。传房琯将县治从距今慈城西南7.5公里的城山移至今地时,还没有真正意义上的城垣。至明嘉靖(1522~1566)倭寇入侵,惨遭洗劫后,始筑建,逐渐成现古城模样。

慈城之城墙,与四周地形、建筑、自然山水相结合,颇有深意。其地以"井"字形分隔,主城区则以灵龟之背为状,通过开湖挖渠,构成中间高、周边低之格局,纵横交错,宽窄相宜。从地理角度来看,其南有两江,北、东和西三面又是群山环绕,极像一把太师椅,具一方临水、三面环山、坐北朝南、龙盘虎踞之势,县令房琯视其为风水宝地,并把县治从西南城山迁至慈城浮鳖山,又把句章县改名为慈溪县,采用阴阳统一手法,做足上下表里功夫,遂成中国古代县治中少有的天然形胜样本。鉴于慈城得天独

⊙ 慈城街巷(朱恒摄)

厚的地理形胜、人文优势与房琯的超前思路,以及街巷规划建设与江河湖海治理利用的成效,专家称其为"中国传统县城的典型代表"。

盖因慈城得天时地利,故物华天宝、人杰地灵,方有"鼎甲相望、进士辈出、举人比肩、秀才盈城"之誉。自唐宋尤其是明代以来,全国共开科90次,取士24000余人,状元91人,而慈溪县考中进士者竟达245名,超过杭州、苏州等科举名地。且明嘉靖二年(1523)的状元姚涞、万历三十二年(1604)的状元杨守勤,皆为慈城人。自唐至清,仅慈城一地,就有进士519位,举人秀才无数。而其前后,共有状元5位,是谓人文荟萃、英才辈出。

《四明谈助》载:"慈湖,县东北一里。唐开元(713~741),令房琯开凿之以溉民田,名'阚湖',又名'慈湖',以普济寺在其北,故名'普济湖'。寺僧筑堤湖中,直贯南北,以通往来。"《宁波市志外编》又载:"普济湖,县东北一里。唐开元令房琯开凿之,以溉民田。吴太子太傅阚泽德润居之,谓之德润湖。近岁宝谟阁学士杨简敬仲居之,谓之慈湖。""阚峰,县东北二里。吴太子太傅阚泽居其下,取其姓以名之。"

慈湖背依阚峰,湖呈腰圆形,山不高而清幽,湖不大而秀丽。唐开元年间(713~741)慈溪县令房琯开去葑田150亩,拓以引水灌溉。南宋景定五年(1264),县令金昌年置东闸西硬,调节水源。明洪武二十八年(1395)遣官修堤塘碶闸,启闭以时,民田赖之。清顺治十二年(1655),县令王绣再疏,建师古亭于堤上,有桥名彩虹。

慈湖旁有慈湖中学,原为普济寺旧址。慈湖一说源于杨简。杨简,字敬仲,慈城人,南宋乾道五年(1169)进士,历官乐平知县、温州知府、宝谟阁学士,晚年筑室慈湖,宣讲性理之学,名震一时,人称"慈湖先生",其讲学处"谈妙书屋"及普济寺旁一带,皆名慈湖书院。

除了慈湖,慈城名震江湖的还有浙东大运河慈城段,其地处慈溪历史上重要的核心区域,历代屡有开挖、整治和疏浚,是古代漕运和海上丝绸之路的重要节点,朝鲜王朝官员、《漂海录》作者崔溥,日本高僧策彦周良

等,皆从浙东登陆后进入这段运河,然后通过京杭大运河抵达京城。2014年,中国大运河成功列为世界文化遗产,则进一步表明浙东大运河慈城段已跻身世界文化遗产行列,慈城亦因此走上更大的世界舞台。

历史文化底蕴丰富的慈城,吸引了历代无数文人墨客,为其留下了灿若繁星的诗篇。如清光绪《慈溪县志》卷八《舆地三·河》载元代翁传心《慈湖》诗:"好山四面围青螺,十顷慈湖胜事多。房相门前花似锦,杨公祠下水如罗。人从碧玉壶中立,鸟向青铜镜里过。买尽江南霜白纸,品题不了欲如何!"诗中,依稀可见当年慈湖形貌。《四明清诗略》卷十六载清代黄式毂《慈湖》诗:"长堤纡郁短亭空,敲笠人来趁好风。一片夕阳秋影外,四围山色水光中。杨祠草绿门闲闭,阚宅云深磬暗通。却恨不逢三五夜,更看明月堕珠宫。"诗不尽言,化见为识。

1988年,在慈城镇的慈湖新石器时代遗址考古发掘中,出土了两只木屐,被考古界认定为重要发现。两只木屐均前宽后窄,圆头方跟,有穿绳子用的小孔和孔间凹槽。据碳十四测定,距今已有5500年,为河姆渡时代慈城人的鞋子。这一发现将中国木屐的发明时间往前推进了3000年,堪称当今中国乃至世界第一古屐,亦是中国乃至世界最早的鞋类实物。

慈城古县城自2001年启动保护、改善、改造、保留、更新和整饬工程以来,越来越多的历史积淀逐渐显现出来,2006年,慈城古建筑群被国务院公布为第六批全国重点文物保护单位,2009年获联合国教科文组织文化遗产保护荣誉奖。前人勋业,卓然于世,这是对慈城历史文化遗产良好保护的最大表彰。

作为中国唯一获得亚太地区文化遗产保护奖的慈城,还保留有大量的书院、藏书楼、药铺、庙宇、官宦宅地、陌巷民居等传统建筑,已然成为宁波市最高等级的文化遗产项目。

⊙ 孔庙（朱恒摄）

孔庙[1]是来祭祀我国古代伟大的思想家、政治家、教育家孔子的地方。古时各县大都建有孔庙，一为纪念，二为培养人才。慈溪孔庙位于慈城竺巷东路，宋雍熙元年（984）初建于县衙西40步，即今城隍庙地基，大成殿居其中。庆历八年（1048）迁至现址重建。王安石有名篇《慈溪县学记》。孔庙虽代有兴毁，但迄今仍保持清光绪年间（1875~1908）的样貌，除主体建筑外，设有县学，另有附祠8座，各类房屋137间。其中轴线上，有棂星门、泮池、跨鳌桥、大成门、大成殿、明伦堂、梯云亭等，左右分别建

---

[1] 孔庙又称县学、学宫或文庙。

○ 孔庙（朱恒摄）

有魁星、文昌、土地、崇圣、孝节规、多宦、乡贤、广文等祠堂,且东有绿地和广场,四周有红色之高墙,布局完整,气势连贯,高大雄伟,至清乾隆时已"规模宏敞,庙貌巍峨,四方过而谒者",称为"宁郡六邑之最",遂为浙江省内至今唯一幸存的古代县级孔庙。

县衙,乃知县办公之所,创建于唐开元二十六年(738)。首任县令房琯,把县治从7.5公里外的城山迁至慈城浮鳌山上,后屡建屡毁,明嘉靖时,迁至今址。县衙(含县丞署)占地4万多平方米,坐北朝南,气势雄伟,凡大门、仪门、正厅、正房、边房、后堂、花厅、楼阁等应有尽有,计100多间。现存县衙按照清光绪原图重建,是江南地区迄今罕见的古代县衙。

校士馆,是科举制度中最初级的考试场所,此试每年举办一次,应试者为"童生"。童生经县、府、院三个阶段的考试,其及格者,称之为"生员",俗称秀才。旧时因建筑校士馆费用高,利用率又低,每年用不了几天,于是多数州县都未能建造专用馆所,而是临时利用孔庙、县衙等处所。清道光十五年(1835),慈城半浦郑氏佑启堂乡贤郑廷荣、郑一夔父子慷慨捐银3万两,建成这座占地约8000平方米、建筑面积约2000平方米、被誉为慈溪科举史上之盛举的校士馆。馆内有正厅、土神祠等建筑和考场设施,考屋多达69间。后,邑人杨元骧亦捐地四亩有奇,宗人郑诏于正厅西北隅捐建黄文洁公祠3间,邑人桂馥、凌庆铉、冯可镛等又筹款重修云。凡此种种,感荡心灵,遂成时代文化之缩影,折射出古代科举之概貌。

城隍庙乃中国民间和道教信奉的守护城池之神。慈溪城隍庙位于"慈城县衙西四十步",址在今慈城中华路,始建于唐代立县之初。宋咸淳四年(1268)重建,后历朝累有修葺。明洪武二年(1369),敕封为监察司民城隍庙显佑伯,后改城隍庙之神。洪武四年(1371)拓其故址,增建祠宇廊庑及左右门。嘉靖三十五年(1556),慈溪籍工部尚书赵文华重建两庑、后寝及中门。万历三十九年(1611),县令陈其柱、邑人邵相等改建,左有文昌祠,右祀尚书赵文华,岁以春秋仲月,合祭城隍神于山川坛。清康熙三十四年(1695)知县方允猷暨邑人重建正殿,三十六年(1697)知县罗万象暨邑人重建前殿等。同治九年(1870),邑人冯本怀募捐修建,规模已为"宁波府六邑之最"。1946年,庙宇被毁。现重建的城隍庙建筑属清代规制,坐北朝南,庙院宏大,层层叠进,布局完整,是中国道教庙宇殿堂的典型建筑形式。

保国寺,位于慈城东南7公里的马鞍

⊙ 20世纪70年代保国寺古建筑群全景(天一阁博物院供图)

山腰,即今江北区洪塘街道鞍山村灵山岙。马鞍山又名骠骑山,旧名"古灵山",因峰如马鞍而名,乃府治后镇山。汉时,张意为骠骑将军,其子齐芳,历中书郎,退隐于此山,人皆贤之,没而祀之,遂以其父之官名其庙,此即保国寺前身。唐广明元年(880),赐"保国"匾额。北宋大中祥符六年(1013),重建大殿等。自南向北分布有天王殿、大雄宝殿、观音堂、藏经楼,两侧有钟楼和鼓楼连接其他建筑。宋袁燮的《游灵山》诗云:"何人题作一灵山,千古佳名不可刊。欲识此声非浪得,势与高处一凭栏。湖山秀美冠东南,况此山椒枕碧潭。眼界宽平无限景,个中好处不容参。"明代钱文荐有《游保国寺》诗:"兰若隐云端,萦回路百盘。骇人啼怪鸟,障日耸危峦。僧磬竹阴晚,佛台花雨寒。相期观海曙,留宿待更残。"诗

⊙ 保国寺(天一阁博物院供图)

中可知山是灵山,寺是名寺。宁静开阔的灵山保国寺,佛灯悠远,法系绵延。在漫长的历史进程中,保国寺虽历经兴废更替,但依然保留了历史上某一时期形成的原貌,其中以大雄宝殿最为珍贵,其结构采用斗拱巧妙衔接,并以榫卯方法不用一钉便将各构件组合,且前槽天花板上还巧置三个与整体结构有机衔接的镂空藻井制造"无梁殿"错觉等,成建筑法典《营造法式》实物例证之一,有的技术甚至已是孤例。作为江南保存最为完整的宋代木构建筑,最令人惊奇的还有,尽管周边绿树成荫,池水四季不涸,这座全部以榫卯巧妙衔接而成的殿宇,其殿内却不见鸟雀筑巢、蜘蛛悬梁以及蚊虫蚂蚁,这在气候湿润的江南地区实属罕见,具有很高的历史、艺术和科学价值。

清道观,位于慈城东门口外龙山上,为江南地区著名道观。始建于唐天宝八年(749),后废。宋绍兴三十年(1160),重建和扩建。此后屡废屡建,规模宏大,环境幽美,文物众多,影响广泛,遂成江南著名道观。清光

⊙ 贞节坊(朱恒摄)

绪十三年(1887),邑人冯翊廷、冯全墡再次发起集资修建,至中华民国时期,清道观槐荫夹道,松柏独秀,阁、厅、殿等建筑随地形逐层上升、依山而立。各式塑像不可胜记,"文革"期间,清道观遭拆毁,但千年参天古柏、木质奇特转幢、精工五金巨钟等道观三绝,早已远近闻名,遗存下来。

朱贵祠,始建于清道光二十三年(1843),位于慈城大宝山西麓,其背倚青山,面对慈江,群峰相映,流水潺潺,乃当地人民为纪念甘肃籍爱国抗英将领朱贵将军和在大宝山抗英战役中阵亡将士的纪念祠庙。

随着岁月的流逝,尽管失去了很多,但慈城仍旧保留着唐代街巷的基本格局,建筑尚在,形体犹存,实属难得,如甲第世家、福字门头、冯岳彩绘台门、冯宅、布政房等都是国宝级建筑,姚镆故居、大耐堂、刘家祠堂、莫驸马宅、世恩坊、冬官坊、恩荣坊、贞节坊、桂花厅、向宅、俞宅、程氏庆余堂、方氏砖雕台门等也都是响当当的古代建筑。况且在近现代又从这些古建筑中走出了梅调鼎、秦润卿、周信芳、谈家桢、冯骥才等一大批名人名家。

其中的冯氏家族肇始于唐,兴盛于明,绵延至今,其发源之远、簪缨之盛、支本之繁,在宁波地区实属罕见,为典型儒商望族、诗书传家,仕商并举,名人辈出。如二品大员、刑部尚书冯岳告老还乡时,皇帝曾赐宅,名曰"彩绘台门",至今犹存;再如清末"慈溪四才子"之一的冯君木,精导善引,陈布雷、沙孟海等乃其弟子;以及当代的著名作家、全国文联副主席冯骥才等。

从今天的角度挖掘历史的深度,就慈城而言,能造就至极,古城幸甚!然历史建筑保护之难,不可不虞,亦不可不慎,唯恬安无事是望。

此生初饮庐山水，
他日徒参雪窦禅。

苏轼 《过圆通寺》

郑氏十七房

国内现存最大的明清古建筑群之一

若要追寻宁波的江南明清遗风,首选郑氏十七房。这里有明清世界,这里有世外桃源。

中国的许多地方都有世家大族,他们或书香门第,或权倾朝野,或富甲一方。而郑氏十七房,则士农工贾、技艺百科、情文兼至,姿态横生。这里不仅有明清遗留下来的我国江南地区传统民间建筑集大成之作,更有

江南文化的传承和不朽记忆，是一幅宝贵的建筑艺术"活地图"，同时也是研究世家宗族的一本活字典。

郑氏十七房位于镇海区澥浦镇，其名称源于系族中最盛一脉——塘路沿东房六世祖十七公郑东沧。

郑氏十七房所处村庄，亦名十七房村，紧邻329国道，杭州湾跨海大桥、舟山连岛大桥、杭甬高速、甬台温高速等贯通四周，交通十分便捷。景区呈棋盘形，经保护性修复和开发，整体建筑以幢为单元连成庭院，是国内现存最大的明清古建筑群之一，现已成为民俗文化旅游胜地和中华传统节庆文化传承基地。

⊙ 郑氏十七房鸟瞰

  那么,郑氏十七房到底有哪些迷人魅力,又藏着哪些神秘故事呢?通过同名电视连续剧《郑氏十七房》可略知一二。该剧以郑氏十七房景区为主场景,截取清末至抗日战争的近30年为故事情节发生和人物性格发展的时间段,重点以郑氏十七房后裔奋斗史为主线,着重讲述了在抗日救亡的关键时刻,其郑氏族人一起配合当地守军保卫镇海,谱写了一曲荡气回肠的壮歌,电视剧重现了甬商传奇,反映了中国人民在面对民族与国家危难时的坚强与不屈。

  该区域还有名闻遐迩的镇海中学、镇海招宝山等。镇海,古称"浃口",别名"蛟川",乃著名商帮宁波帮的发源地,素以望族辈出而誉。近

代的叶澄衷、李也亭、宋炜臣、胡西园,现代的包玉刚、邵逸夫、应行久、张济民、赵安中等,皆在这块热土留下了纵横捭阖的足迹。我国科技界泰斗、"两弹一星"功勋人物、中国科学院原院长周光召,乃郑氏宗族女婿。

郑氏十七房始迁祖靖侯公,于宋时徙迁澥浦塘路沿,迄今已历800多年。据清谢辅濂《前绪郑氏宗谱·原序》记载:"郑氏系出周宣王母弟桓公友之后,桓公初受封于郑,在周畿内历数世至武公、庄公,入春秋获麟以后传至幽公……而惟吾浙江浦阳郑氏,在明代累叶同居,天子优诏,褒美旌曰:'浦江郑氏义门'为最著望族。吾郡之郑氏,则以慈溪之鹳浦,吾镇海之海晏、灵绪为三望族,灵绪即澥浦之郑氏也。"《四明谈助》载:"半浦郑氏,慈之东乡半浦,亦称鹳浦,有郑氏世家,藏书最富。"又载"郑明经启,公为诸生时,有盛名。天启中(1621~1627),逆阉乱政,浙主司阑入阉姓。""郑观察溱,字平子,号秦川,明经启之子。""郑高州梁,字禹梅,号寒村。康熙二十七年(1688)进士,授庶常,历升刑部郎中,出守高州。""五岳游人郑南溪(性),字义门,故按察副使溱之孙,知高州府梁之子也……"

《宁波市志外编》载:镇海县郑氏原籍河南荥阳郡新郑,随宋室南徙

郑氏十七房旗杆

至慈溪半浦、定(镇)海灵绪和海晏,为同宗之三大族。郑家十七房通德堂郑,始迁祖靖侯,迁居灵绪乡择山,分支有庙基头郑、殿跟应郑、骆驼罗郑、临江三斛王郑等。

郑氏起家于宋元时期。时瀣浦塘路沿乃原始海滩,环境条件复杂恶劣,但却是个天然良港,既有待垦荒野,又有待后生。郑氏先人负耒而来,首重力田,以耕读起家,再以经商富族,尤以明末清初七世郑文瑞为官起,登科入仕者众,门第逐渐兴起,有为有位,富甲一方,名震乡里。《四明谈助》载:"瀣浦,县西北六十里,即古之渤瀣浦。西有昆仑山,东有渤瀣岛,渔舟聚集之墟。外通大洋。有瀣浦行宫,宋乾道六年(1170)建。山突出海中,居民颇盛,多渔户。"《前绪郑氏宗谱》又载:"瀣浦郑氏,为镇海灵绪乡望族","瀣浦郑氏为蛟川巨室","自公次子益斋公濡染家学,领乡荐,捷南宫,由引,族中人文蔚多起,多士踵接,列名黉(黉宫,指学校)序者济济日盛,阖邑咸推为衣冠望族"。

时郑氏十七房与甬上名流交往甚多,人们熟知的银台第主人童槐、晚清政治人物张家骧、大梅山馆的姚燮、烟屿楼的徐时栋等历史名人,皆为其亲朋好友。高古之风源远流长,关系网络盘根错节。

与郑氏十七房身份相符的,还有其姻亲和居住的明清民居建筑群。联姻者,如小港李家、镇海柏墅方氏、镇海骆驼桥盛氏、天一阁范家等。而郑氏十七房所建造的豪门府第,其数量之多、特色之别、结构之精、布局之绝,堪称经典,属国内罕见,亦令个人折服。现存建筑有大祖堂、三房堂沿、后堂楼、恒德房、恒祥房、鼎丰房、立房、兴房、河跟沿、大弄、东弄等,层层叠叠,错落有致,首尾相连,鳞次栉比。

郑氏十七房崛起于明末清初。因有了原始积累,家族商帮不断发展,为登科入仕创造了条件,进而儒商并举。清乾隆、嘉庆、道光年间,郑氏进入鼎盛时期,先后涌现出进士、举人、贡生等百余人,既为经商世家,又为书香门第,亦成官宦人家,并于新中国成立后华丽转身为文化新地、科技世家,且新人辈出、潮落潮生。

与其他望族相比,郑氏十七房宗族的官职品第等级并不高,但家族体系却为他族难以企及,其族人立谱者,从乾隆年间的500余家,到光绪续谱时已有千数百家,枝繁叶茂,族系兴旺,人口超万,并派生出众多分支,有塘路沿、庙基头、十七房、后新屋、海甸闸口等房支,十七房在其五大房支中位列第三,即前文所称的六世祖十七公郑东沧。

郑东沧(约1550~1627),名铨,字东沧,为塘路沿东房道三公之五世孙,世称十七公或十七太公。大概在明万历年间(1573~1619),因子孙繁衍,郑东沧从塘路沿东房迁出,择塘路沿西北隅建宅,后人遂名其宅居为"十七房",并非指十七间房。郑德容在《明·处士东沧公传》有载:"以旧宅不敷居处,乃于旧宅之西北隅,别营新宅,东沧公名郑铨,以公行十七,遂名其宅居为十七房。"时三房堂沿、后堂楼、恒德房、恒祥房、鼎丰房、立房、兴房、河跟沿等豪宅府第,皆属郑东沧的十七房房支,是整个郑氏宗族的杰出代表。

清嘉庆丁丑年(1817),郑谦进士及第,官至福建归化、南平知县。后因疾请归,卒于后堂楼,享年75岁。其墓志碑刻有"貌如其心,教如其政,孰屯其享,以葆其性"等内容。

十七房郑氏宗族中出过郑德本、郑传笈、郑传楷等多位举人,其中郑德本与郑传笈为父子,天一阁藏有郑传笈《含英轩全集》《郑传笈朱卷》等。另外,十七房郑氏宗族中还有不少贡生,其中有正途出身的、包括开办私人学馆的郑逸亭,有晚年继承父志致力纂修《郑氏宗谱》的郑德容,有贤儒名医郑明之和致力于乡学教育的郑有伸,等等。

综观郑氏家族的起源与发展历程,不难发现,家族商帮是其宗族文化的显著特征,同时也是其核心内容。无论是外出经商还是小本经营,是开设渔盐业还是开庄号设钱肆,所涉猎行业不断拓展,致富后亦不忘善为义举,对社会的影响和作用也越来越大。

当然,其最具特色风貌的还有以"镇邑望族"著称于世的民居建筑。这是由几十个名门府邸和名宅大户组成的庞大建筑群,具有江南水乡风格,又兼有宫室的布局结构。这些深宅大院,除部分明代建筑,大多为清乾隆至光绪年间(1736~1908)所建。整体规模宏大、紧密相连,一幢紧挨一幢,却又不显拥挤。过廊者,多设亭;楼屋后,皆置园。凡屋檐、墙体、厅堂、书楼、厢房、巷道、石鼓、旗杆、门楼、天井、水系、防火墙、出入口、雕件、装饰、色彩、地坪、花木、用料、搭配、朝向、围墙、仓储、栈房、作坊等都十分注重整体、讲究细节。在经过历代增建和扩建之后,其建筑规模更为恢宏,富有个性,于庄重沉稳和古朴大方中透露优雅别致。

如今,经过重新修葺的郑氏十七房,不仅历史韵味深厚、风格独特、规模宏大、结构精巧,同时又汲取了江南水乡的风格显得玲珑俊秀,兼备北方建筑的开朗大度而显得端庄大气。漫步其间,依河成街,筑屋松下,河埠临水,花木相接。水相通,桥相连,巷相接,屋相依。其姿态之高、质量之大、门第之深,不言而喻。

坊间戏称郑氏十七房"恒德有三宝,独脚旗杆吹勿倒,父子登科挂得高,后门坎还有一只漕,每年六月晒勿燥",相关报道则称:"十七房是国

⊙ 郑氏十七房民居

内现存规模最大且保存最为完整的明清古建筑村落之一,对清代建筑史研究具有重要价值,更是继唐、宋、元、明建筑之后,中国封建社会民宅建筑的最后一个高潮。"

徘徊在郑氏十七房,领略最具江南水乡特色的诗情画意,目睹曾经繁华的古村落,石板路、马头墙、牌坊、棋杆处处透出古意,仔细观赏那些散落各处的老旧木门、翘首飞檐、粉墙黛瓦、镂空花窗、特色灯笼,让人在嬉笑、等待、憧憬的过程中,感受到神秘、怀旧与温故纳新。若有缘得见郑氏后裔,得悉其身份来历,得赏其收藏大观,亦人生之缘遇者也。

郑氏十七房丰富的历史遗存,当然还包括始迁祖靖侯公的靖侯墓、郑氏大宗祠通德堂遗址、女祠洽礼堂、娣姒双节坊"圣旨"盘龙石刻匾额、灯盏漕、恒德漕、百年古灶台等。这些见证过郑氏十七房宗族约800年沧桑岁月与发展变化的著名遗存,承载了家族长盛不衰的内在基因,其中就包括他们崇道德、尚礼义、敦孝悌、笃宗族、昭雍睦、保家业、行善事、成德行以及忠孝传家、诗书继世、兴学重教、风节自励等人文精神,对家风和乡风产生了积极的影响。

作为宁波帮的重要组成部分,郑氏十七房宗族又是其中一支开拓较早、规模庞大的商帮劲旅。其在宁波帮的发展历史上,占有重要地位,产生过积极影响,是宁波帮形成、发展、壮大和辉煌历史的建设者和见证者,同时也是宁波帮精神的铸就者之一。

与郑氏十七房相近的宁波九龙湖风景区,乃宁波市十佳新景之一,因有绵延数里的九个山头和九条山脊并列,犹如九条卧龙伏地,故名。群山环抱间,九龙湖、凤凰湖、月亮湖和天鹅湖罗置,山水之间时而轻烟缭绕,时而碧空如洗,湖光山色、十分迷人。主要景点有蓬莱园、湖心岛、龙潭飞瀑、蓬山佛迹、斗鸡双峰、方腊寨、子瑛公馆、烈士陵园、香山寺等。

"十七"和"九"都是奇数,研究和探索其深刻嬗变,有利于这块神奇土地的臻善臻美。本文以管窥蛙见之识,抛砖引玉之意,为吊古、为探微、为寻幽,亦可择房小住、枕湖而居、依水入梦。

招宝山

一夫当关,万夫莫开

山不在高,海不在深,在于所处位置不同。

《四明谈助》载:"镇海县,周为越东南境地。秦置鄞县,地在其封内。历汉、吴、晋、宋、齐、梁、陈无改。隋为句章县地,唐复为鄞县地,宪宗元和中,置望海镇于甬江之口(即大浃江口,今县治是),不隶明州。昭宗乾宁四年(897),钱镠据有吴越,改望海镇为靖海镇,因遗望海县隶明州。梁

⊙ 昔日的大小招宝山和虎蹲山(水银提供)

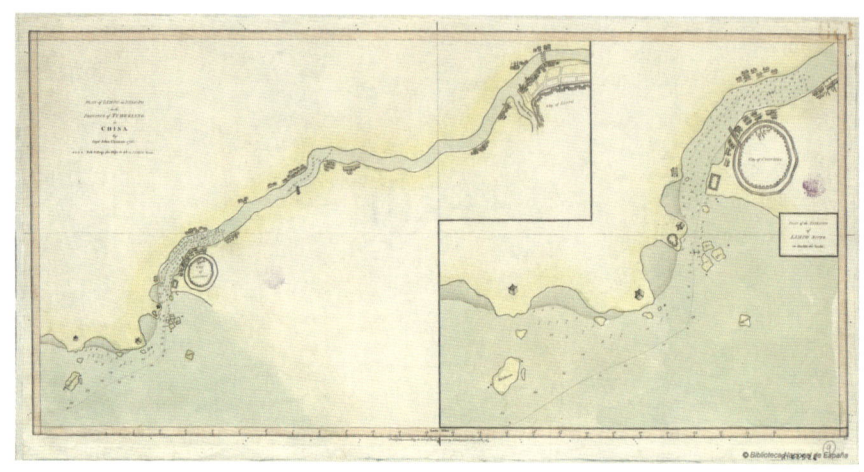

⊙ 1756年的三江口与镇海口老地图（水银提供）

改名定海，宋因之。……国朝康熙二十三年（1684），展复海界。赐舟山名'定海山'，后遂以名其县，而改'定海'为'镇海'。县东连招宝，南环以江，北负大海，距郡东六十二里。"

固六邑咽喉的招宝山，位于甬江出海口，南吞甬江，北临东海，西接古海塘。历史上，这里是中国重要的海防要塞，海上丝绸之路起碇港和佛教文化圣地，是一个集自然景观、海防文化、佛教文化与民间信仰于一体的国家4A级旅游风景区。其名亦铁骨铮铮、气韵灵动，饱含驱凶避邪、迎吉纳祥之意。

招宝山又名候涛山，古诗曰"莫小候涛山，东来第一关"，诚哉伟观。因其山巅原建有"插天鳌柱塔"，故又称鳌柱山。其所处海口，商舶所经，百舻交集，为全浙之关隘，故改称招宝山，寓"招财进宝"意。作为东海入中国大陆的第一山，它是中国海防历史的缩影，同时又是东方财库第一门户，供奉着东南亚最大的露天财神像和天下第一聚宝盆。现景区内有百步堤、第一山碑、半山亭、威远城、明清碑碣、宝陀寺、抗日碉堡、观音阁、天后宫与仙人洞、鳌柱塔、月城、东方招宝财库、招宝文化苑、摩崖石刻、镇海关、千年古海塘、安远炮台、海防历史纪念馆等20多处景点。

据中华民国《镇海县旧志诗文·删余录存》载,清代袁枚手握笔,足登场,徐行不困,陡者级之,其《登招宝山望海》诗云:"招宝山头坐,茫茫望大洋。波涛如起立,人世定洪荒。水合天无缝,云生岛尽藏。有谁温带下,亲手折扶桑。"可见并不算高的招宝山,山势峻险,雄如磊落丈夫,潮汐起落喧嚣,可观波涛汹涌。登顶俯瞰,左右求索,招宝山大桥、甬江、东海、舟山连岛跨海大桥等尽收眼底,高者之所以言爽,不全因高度,而在于独特位置。

招宝山还是我国东南沿海抗倭、抗英、抗法和抗日的主战场之一,今硝烟已散,然故垒尚在,威远城、明清碑群、月城、安远炮台、中法战争镇海口之役纪念碑等文物遗址,岿刚独存。

威远城乃全国重点文物保护单位,位于招宝山巅,据山控海,城门上"威远城"三个大字,系清道光十二年(1832)镇海县令郭淳章所题。此处有古城墙、瞭望口、烽火台、安远炮台等历史建筑和堡垒防御设施,坚固实用,雄伟奇特,具"一人当关,万夫莫开"之势。其楹联"海不扬波千古定,地无爱宝一山招",系建城原物。《四明谈助》载威远城:

⊙ 招宝山大桥远眺

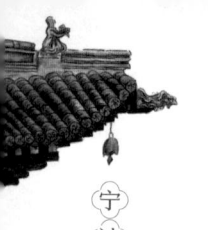

招宝雄据海口,与竹山相对峙,为郡治之门户,诚保障要害处也。明嘉靖间(1522~1566),都督卢镗与海道副使谭纶议:以招宝俯瞰县城,相隔不数十武,贼一登据,置火炮其上,县城可不攻而破。即倭船络绎衔尾入关,我军亦无以制之。故守郡非据险不可,而据险非成城不可。乃请总制胡宗宪,于招宝山之巅筑建城堡。东西为门二,内建成屋四十余楹,名"威远城"。复于山麓西南展筑靖海营堡,建屋四十余楹,以时教阅。于大小浃口分布战舰,以严扃钥。诸战守器械毕具。

相关史料还记载,威远城在明天启四年(1624),清顺治十五年(1658)、康熙四年(1665)、道光十三年(1833)都有修缮,其中以康熙四年(1665)为最。道光二十一年(1841),英军进犯,城垛遭严重破坏,数年后又经过大修。现存南段周长50米、高7米多的部分,为1983年至1985年加固所得。

位于招宝山威远城进道左侧的明清碑碣,现存碑刻九方,碑高2至2.4米、宽1至1.2米不等。其中"海天清晏""撑半壁天""擎天鳌柱""天开图画"乃明代石碑;"重修招宝山宝陀寺"、"海天雄镇"、《招宝山宝陀寺续修碑记》碑、永清四海、《镇海防夷图记》碑则为清代石碑,为浙江省省级文物保护单位之一。

招宝山南麓的安远炮台,建于清光绪十年(1884)中法战争镇海战役之前,炮台虽小,但依然设有前后炮门。前炮门朝东面海,后炮门朝西面江,中心铺设圆形铁轨,大炮可沿轨道旋转,并与南岸金鸡山的"平远""靖远"炮台隔江对峙,互为掎角,共同扼守镇海口。

宝陀寺,源于普陀山的"不肯去观音",来历不凡。宋元丰三年(1080),普陀山观音禅院因赐"宝陀"额而改名宝陀寺。明嘉靖年间(1522~1566),倭寇活动猖獗,普陀山宝陀寺被据,寺毁,仅存观音铜像,暂供奉于栖心

⊙ 威远城

寺[1]。嘉靖三十六年(1557),观音铜像移座招宝山威远城内,并在山上建造宝陀寺,方便之门大开,香火极盛。此后400多年,招宝山宝陀寺屡毁屡建。清道光二十五年(1845),宝陀寺又大修,重置天王殿、罗汉堂、圆通宝殿、钟楼、僧寮等,后部分殿宇毁于日军轰炸。1965年和1981年,圆通宝殿又进行过修葺和大修。明代王炳诗曰:"海外传补陀,此间复有寺。海外僧延宾,此间僧种莳。一佛分荣枯,两山各争翠。"隐喻宝陀寺的史源、史事。

---

[1] 今宁波城内七塔寺。

妈祖阁,供奉妈祖神像。妈祖又称天妃、天后、天上圣母等,宋建隆元年(960)三月廿三日,诞生于福建莆田湄洲,因常为乡亲们避凶趋吉、拯救海难、驱魔治病和排忧解难,声名逐渐远播,在宋、元、明、清四个朝代的700多年时间里,受皇帝褒封高达36次,并列入国家祀典。

据中华民国《镇海县志·庙坛》载:镇海较早的天后宫在招宝山下,始建于元至正十六年(1356)。西门外天后宫于清道光二十四年(1844)重建。圣妃宫在招宝山下,另有新碶头、小山下、梅山、郭巨、峙头、陈山、石湫、澥浦、招宝山上等10多座天妃宫。

宁波是妈祖文化信仰的重要传播地之一,妈祖从民间供奉走向官定航海保护神,从地方信仰上升到举国认同,并经海上丝绸之路传播至世界各地,与宁波不无关系。宋元丰元年(1078),明州打造"凌虚致远安济"和"灵飞顺济神舟"于招宝山船场,后满载丝绸、茶叶、瓷器等从镇海口出发往返高丽。宣和五年(1123)前后,又建造两艘更大的"循流安逸通济"和"鼎新利涉怀远康济"神舟,其中"利涉"二字缘系"利涉道头"。给事中路允迪等乘两艘神舟和六艘雇募来的客舟驶往京都开封,返宁波后从甬江驶入利涉道头停泊,开航仪式后出使高丽。回来时途经黄水洋,突遇狂风巨浪,舵折船覆。危急时刻,路允迪等求助于妈祖,五昼夜后终于顺利抵达镇海。事闻于朝,宋徽宗下诏封妈祖林默为"湄洲神女",赐庙额为"顺济",与元丰元年(1078)打造的"灵飞顺济神舟"同名。

与妈祖同为福建人的林则徐,乃清代后期政治家、文学家、思想家、民族英雄,他曾到访镇海,亦四登招宝山。时因清道光皇帝抗战决心动摇,虎门销烟后,林则徐被革职查办,赏四品卿衔,并命赴浙江候旨。他于道光二十一年四月二十一日(1841年6月10日),历经一个多月的长途跋涉后,从广州抵达宁波,当日下午入住镇海蛟川书院。尽管车马劳顿,但他依然心系海防,次日即登招宝山,察看海防形势和新旧炮台,观看操练演习,议论备战措施。不料,到了第33天,道光皇帝再行下旨,革除其职务,并重新发配至新疆伊犁,所谓效力赎罪。英雄失路,托足无门。

林则徐从政40年,历官13省,所至之处,关心民瘼,兴利除弊。其所倡导的禁烟运动,拉开了中国近代史上反鸦片战争的第一幕。有专家称林则徐为清朝"开眼看世界第一人"。在中国近代历史开端时期,其以揭光荣史篇、扬民族精神、树为政楷模、开一代风气,为后世讴歌与尊崇。故而,功之重者虽未有宠荣,但德厚位尊,1994年在镇海的林则徐居所建的林则徐纪念堂,则尽显其"海纳百川,有容乃大;壁立千仞,无欲则刚"的正直不阿、德务双馨之英豪气概,并声如裂响,举世仰目。

　　登高极目,置己苍茫,山不辞石成其高,海不辞水成其广,原来天上最宽,大海最广,地底最长。

　　海天雄镇的镇海,还是院士之乡,是宁波港口的大门,是浙东的门户,是宁波帮的发源地。被称为浙江"最牛高中""状元之校"的镇海中学更长驻于此地。

⊙ 鳌柱塔

⊙ 镇海中学大门

  始建于清宣统三年（1911）的镇海中学，校园内有近20处历史遗迹，其中有3处被公布为全国重点文物保护单位，且距招宝山很近。该校连续多年入选"中国高中教育50强榜单"，平均每年有10%左右的毕业生被清华大学、北京大学录取，有超过20%的毕业生被国内顶尖的四大名校录取，年均重点率达到98%，连续多年被多所顶尖名校授予"优质生源中学""科教结合协同育人突出贡献奖"等荣誉。今镇海中学内，还有座小山，名叫梓荫山，寓"梓材荫泽"意，与招宝山的命名有异曲同工之处。招宝山或许是镇海中学养性灵、助学识的义海恩山，具有神师之力，故校园因多贤才美玉而贵雅，招宝山亦因其纳海蕴玉而荣耀，此又使人萌发人生亦像一座山，不在高低重在钟秀会聚之无尽遐想。

  哲学家云，判断一个人是否成功，不是看他站在什么位置，而是看他朝什么方向走。重要的是，过宝山而不能空回。

北 仑

山川秀美、人文荟萃的万物之海

北仑的海特别宽大，不可深量。

北仑区位于中国大陆海岸线中段，宁波市东部、甬江口南岸，东濒东海，北临杭州湾，南临象山港，西接鄞州区、镇海区，三面环海，不择细流，故能宽其广、就其深。

7000年前，此地尚是一片大海，只有属天台山余脉的太白山和灵峰山等露出海面，只有群鸿戏海，野鹤游天。经过一定的地史时期，海面出现下降，陆地开始上升，海水后退，陆地面积逐渐扩大，海岸线亦向海洋方向渐渐推进，海退终于让陆地显露出真实面目，业经先民长期的筑塘阻潮和围海造地，遂有今日海阔天空、山川秀美、人文荟萃、生机勃勃之北仑。

现如今，北仑区域内相继设立了宁波经济技术开发区、宁波保税物流园区、宁波大榭开发区、浙江宁波出口加工区和宁波梅山保税港区5个国家级开发区，有近百位中共中央和国家领导人先后到北仑视察和指导工作。

据专家考证，北仑原为镇海之甬江的南岸部分，属河姆渡文化，北仑沙溪发现的文物即证明其乃河姆渡文化之延伸，在新石器时代已有先民居住在此。

⊙ 昔日的镇海崇邱镇江塘（陈一鸣提供）

公元前222年，秦置郡县，北仑区域属会稽郡鄞县。唐元和四年（809）在明州甬江口建望海镇。后梁开平三年（909）扩望海镇为望海县，未几改定海县。同年，改鄮县为鄞县，北仑区域之大部分为鄞县地，唯崇邱乡[1]时属定海县。

宋熙宁十年（1077），划鄞县东境之灵岩、泰邱、海晏三乡归定海县，北仑区域全境始属定海县。至清康熙二十六年（1687），定海县更名为镇海县。中华民国时期和新中国成立后，县属基本未变。1984年，划县域部分地区，新建宁波市滨海区。1985年，撤销镇海县，扩大滨海区，以甬江分界，甬江以南为宁波市滨海区，甬江以北为宁波市镇海区。1987年滨海区更名为北仑区，辖新碶、小港、大碶、柴桥、霞浦、戚家山、春晓、梅山、白峰、郭巨等。

所谓沧海桑田，在此得以印证。北仑西端的甬江口，曾经是日本、韩国等使臣、僧侣、商人来中国的必经之处。

---

[1] 今北仑小港地区。

北仑地灵人杰，气宇不凡。唐光化年间（898~900），有乐仁规、乐仁厚兄弟出任兵部尚书、刑部尚书，立朝为公。宋胡榘官至兵部尚书、知庆元府，曾拓郡城、修水利，编纂宝庆《四明志》，功载史册；理学家沈焕，创立"定川学派"，为"明州四先生"之一。明代则有沃頖官居监察御史，清正廉明；谢泰宗官至兵科给事中，有多种著述留世。清代文学艺术家姚燮，著述宏博，素有"浙东杜甫"之称；经学家黄以周著《礼书通故》，堪称礼学中之"宏纲巨目"；王荣商授翰林院庶吉士，曾任四川乡试正考官，晚年编纂民国《镇海县志》。民国时期的乐嗣炳，乃中国民俗学的奠基人；鲁彦被鲁迅誉为"乡土文学"作家；张石川为中国电影拓荒者，一生编导故事影片100多部。新中国成立后，这里涌现出著名画家贺友直、陈逸飞，音乐家周大风，翻译家李俍民，被称为"留学生文学"鼻祖的作家於梨华，科技精英、工商实业家有中国近代植物学研究奠基人钟观光、中国味精最早创业者张逸云、打捞事业先导童葵轩、国产电表首创人丁佐成、"亚浦耳"牌灯泡创造者胡西园、首支国产温度计研制者张季言、爱国实业家李善祥、航海界的巨子顾宗瑞等。北仑的土地上，还孕育了於崇文、李志坚、王阳元、吴祖泽、贺贤土、杨雄里和乐嘉陵等院士。

⊙ 昔日的小港口（陈一鸣提供）

历代名人为北仑所留诗词甚多,皆情意融融,诗帆点点。唐代僧人宗亮有《题瓶壶峰》:"红树鸟啼知客到,碧潭龙出有云从。老僧求作石桥记,指点瓶壶说旧踪。"瓶壶峰,即北仑区域内的灵峰。宋代王安石在考察水利时,留有《浮石湫之壑以望海》诗:"蜿蜒水沟穿芦丛,茫茫海滩涉潮涌。天怒水狂生灵忧,嘱民浚渠筑堤垄。"石湫,在大碶南部,村有石秃山,岩石裸露,其山下有潭,清澈见底,故名。元代项信禄有《后所城成》:"卧龙峦耸势凌空,天设岩疆锁浙东。信国深谋先筑址,吴侯伟绩继成功。江环震坎规模壮,楼接兑离羽檄通。奕奕山城褫卉服,雄名千古表寰中。"后所城,在柴桥街道后所村。明代乐舜宾有《入灵峰山寺》诗:"一亭曲入梵王家,百折千盘路亦赊。山鸟能知游客意,数声啼上石楠花。"灵峰山寺,即灵峰寺。清代姚燮有《大浃江楼》:"苍黄万叶一川浮,俯以危阑百尺楼。孤绝吾怀寻住境,纷来群象纳空秋。鬓丝欲入中年感,行客难为日暮愁。莫藉屏山遮雨气,入城风势劲谁留?"姚燮之墓,在剡岙泗洲寺,即今小港街道后。

⊙ 昔日的大碶古育王涌见岩(陈一鸣提供)

北仑的港口资源,可谓首屈一指。其地岸坡陡峭,水深流顺,不冻不淤,南、北两条深水航道,可供超大型船舶自由进出。坊间相传,昔日北仑东北角金塘洋面曾栖有神牛,因其长年在金塘海底来回奔走,故把北仑山伸向海底的礁石踏得既深且坦,遂成海底通道。20世纪70年代中期,水文地质和海测工作者发现了这个区域,其深水岸线长达10多千米,水深可与世界第一大港即荷兰的鹿特丹港相媲美,可建成万吨级至20万吨级泊位30多个。经国务院批准后,工程于1978年2月上马,1982年5月竣工,同年11月迎来第一艘海外巨轮。此后,域内逐渐建成北仑、大榭、穿山和梅山等港区,跨越五洲,纵横四海。

如今的宁波舟山港,由镇海、北仑、大榭、穿山、梅山、金塘、衢山、六横、岑港等19个港区组成,现有生产泊位620多座,其中万吨级以上大型泊位近170座,5万吨级以上的大型、特大型深水泊位超过100座,自然条件得天独厚,核心港区主航道水深在22.5米以上,30万吨级巨轮可自由进出港,40万吨级以上超级巨轮可候潮进出,260条集装箱航线连接着190多个国家和地区的600多个港口,是中国超大型巨轮进出最多的港口,也是世界上少有的深水良港。古时渔舟投浦,如今港通天下。

北仑还是浙东著名侨乡,现有宁波北仑籍港澳同胞、海外侨胞1.3万余人,分布在20多个国家和地区,其中不乏工商巨头、科技精英、社团首领和社会名流。无论是经商还是从事其他各业,都成绩斐然,不仅为所在国家和地区经济社会发展做出贡献,更为故乡人民赢得了荣誉。因而北

⊙ 北仑山(陈一鸣摄)

仑对这些业界精英、商海游龙来说,就是学海文林、义海恩山。

旧时北仑多庙宇、庙会。民国《镇海县志》载北仑区域内有庙190余所,著名的有坐落于大碶街道的号称"第一灵山"的灵峰禅寺,曾与天童寺、阿育王寺并称为"甬东三大古刹"的瑞岩寺等。时各庙界内百姓皆称"界下子民",所祀之神大致可分为前代贤哲、行业祖师、民间传说人物、保境安民将领诸类。前代贤哲有张世杰、文天祥、陆秀夫等,行业祖师有鲁班,民间传说有裴将军,保境安民有关羽等。

被称为"天妃""天后""妈祖"的海神娘娘,因其职司航海行船平安,故被渔民尊为保护神,北仑区新碶下三山、高潮,梅山七姓涂,大榭丁家塘等都建有天后宫。

庙会俗称"行会",是旧时群众性的祭神活动。行会时,要表演当地特色的各种民间技艺,如造跌、高跷、炮担、鼓阁、舞狮、舞龙和各种彩灯。据载,旧时北仑区域的行会,有大碶庙会、柴桥礼拜会、小港丁家山裴将军会、霞浦青苗会、昆亭稻花会等,如遇瘟疫流行,各地就行太平会。

尤值一提的是,位于甬东穿山半岛主峰太白山北麓、北仑区大碶街道嘉溪村、西南与鄞州区宝幢接壤的"古育王"。古阿育王遗址始建于西晋太康三年(282),是阿育王寺佛国珍宝——佛祖释迦牟尼真身舍利宝塔

⊙ 中国港口博物馆(陈一鸣摄)

发祥之处，因舍利塔由此涌出，故有亭曰"瑞应亭"，亭内置"涌见岩"石碑，铭曰："晋慧达大师自并州来至此山，结茅以居，夜闻钟声，见此涌起，而获舍利宝塔，后人因名之涌见岩。"今宁波阿育王寺丛林之兴，与此关系密切。

旧时北仑的造船业和渔业都比较发达，民间流传不少与之相关的封建又有趣的禁忌，如造船开工，要择吉日良辰；与船老大见面，要说"顺风"或"满载"；渔船出海，谓之"开洋"；渔泛结束，称之"谢洋"；船上不许双脚荡出船外，以防"水鬼拖脚"；不许在船上吹口哨，以免招风引浪、惊动龙王；船上不许拍手，意谓"双手空空"；船靠岸不叫"到了"，讳"船倒了"；不准七男一女同船过渡，意为"八仙过海浪滔滔"；剩饭菜弃海不能说"倒掉"以忌翻船，应说"卖掉"或"过鲜"；席间端菜上桌要将鱼头对着船老大，意为拦住鱼群之头，以及不许在船头撒尿、出网时不许大小便、不许妇女上船、忌妇女跨越船头等。

北仑的不可移动文物，多与历史上的军事活动有关。总台山烽火台位于北仑区东南部的郭巨，是浙东的重要军事基地之一；戚家山营垒，位于北仑区戚家山街道蔚斗社区戚家山山顶，北与金鸡山对峙，东北为笠山和小浃江口，占地1万平方米，平面呈椭圆形，墙体用块石垒成，可容3000余兵力，中间营房虽已荡然无存，但四周墙体仍保留着原来的轮廓；金鸡山瞭望台，位于北仑区戚家山街道蔚斗社区金鸡山山顶，与招宝山威远城隔江相望；靖远炮

⊙ 总台山烽火台石屋（陈一鸣摄）

台,位于北仑区戚家山街道蔚斗社区金鸡山东北麓沙湾头;金鸡山上督师御敌碑,在甬江口入海处的北仑戚家山街道一侧;镇远炮台,位于北仑区戚家山街道蔚斗社区开发区四号桥西南侧,其东北为小浃江口;宏远炮台是北仑区现存的规模最大的一座炮台,位于甬江南岸笠山上,是甬江口的屏障;钳口门炮台,则是浙江省内最大的抗日炮台群,位于甬江口钳口门南侧的小港街道青峙村;布阵岭[1]作为旧时郭巨、柴桥、大碶通往镇海、江南的重要官道和御敌要隘,独当一面,担山挑海。

海风虽然把过去的故事一瓣一瓣地吹远,但人类依然需要近距离解读,因为人类需要让太阳照亮大海,而北仑正是离海与太阳最近的地方。

---

[1] 又名莆陈岭。

⊙ 北仑三江汇流处(俞婉君摄)

奉化溪口

弥勒道场,民国名镇,蒋氏故里

圣贤者,天地之替身。

奉化是传说中弥勒化身布袋和尚后成长、出家、圆寂、埋骨之地。在布袋和尚被公认为弥勒化身后,奉化雪窦寺被佛教界公认为弥勒道场、佛教圣地。

《宁波市志》载:奉化县名由来,县东五里有奉化山[1],因以名县;另一说以民淳,易于遵奉王化,故名。宋元之际"浙东学派三大家"之一的王应麟在《奉化重修县治记》中有云:"越之东境为鄞,汉属会稽,唐合鄞于鄮。开元中州以四明山名,始建县曰奉化。"明代张时彻《奉化城垣碑记》则谓:"奉化县故为鄞地,隶会稽郡。隋并鄞入句章,置鄞州。唐改鄮县,开元中析置奉化县,属明州,历代因之。元贞元初升为州,国朝洪武二年(1369)复改为县。"

奉化溪口镇,是首批全国特色景观旅游名镇,乃蒋介石、蒋经国父子之故里,以"民国名镇""蒋氏故里"闻名遐迩。

《四明谈助》载溪口:"雪窦后为烂平山,雪窦前出寒碧亭,过十里平

---

[1] 现称南山。

⊙ 武岭门

路,至溪口。溪口为奉邑一大镇,百货俱集,远近居民数千家。左为鹁鸠山、清修岭,入鄞界。右即公塘,为剡源第九曲出口。"

《宁波市志》载:溪口镇位于大桥镇[1]西偏北13公里,东北距宁波37公里。北宋景德三年(1006)有村落,南宋宝庆间(1225~1227)居民聚居数千人。1919年置镇,因剡溪经此,溪两岸为武岭山与溪南山,中间是通道口子,故名。蒋介石故里,自然风光,人文景观,特色独具,与雪窦山、亭下水库相连,列为省级风景名胜区。现为国家级重点风景名胜区和国家5A级旅游景区。

溪口风景名胜区为首批国家5A级旅游区,位于宁波市西南20公里处,东靠武岭,南濒剡溪,北临雪窦山,山环水绕,景色秀丽。景点以蒋氏故里为主,有武当庙、武岭城门、文昌阁、小洋房、武岭学校、蒋氏宗祠、丰

---

[1] 时奉化市人民政府驻地。

镐房、玉泰盐铺、摩诃殿、蒋母墓园、蒋父墓、武岭公园、溪口博物馆等。

武岭门是进入溪口镇的必经之道,扼古镇门户,其名称来历有多种说法,按下不表。武岭之顶原有武岭庵,传蒋介石之母笃信佛教,常来此念经拜佛;1930年蒋介石将其改建为武关式城门建筑,门额之正面"武岭"匾额为国民党元老、著名书法家于右任所书,背面则由蒋介石亲笔所题。武岭门内有三里长街,聚集着文昌阁、小洋房、武岭学校、蒋氏宗祠、丰镐房、玉泰盐铺等诸多景点,有剡溪之水依偎结伴。

其中的文昌阁,始建于清雍正九年(1731),乃溪口文昌会、文武会、锦溪(剡溪)书斋诸会人士拜祭文昌帝君和同人聚会之所,有"奎阁凌霄"之称,是清代"溪口十景"之一。1939年12月12日,6架日军侵华战机轰炸溪口,文昌阁被夷为平地。现建筑,为1986年按民国时期的样貌复建。

小洋房,建于1930年,结构小巧。因其所用建筑材料水泥也称为"洋灰",且民国时期乡间少见洋房,故得名。1937年4月,蒋经国携妻儿从苏联回国,蒋介石安排他们在此居住和学习。1939年12月12日,蒋经

⊙ 昔日的溪口文昌阁(水银提供)

国之母毛福梅被侵华日机炸死,蒋经国闻讯后急忙从江西赣州赶回奔丧,发誓报仇雪恨,挥泪写下"以血洗血"四个大字,刻碑于丰镐房后门毛福梅遇难处。溪口沦陷后,日寇毁了此碑。现存石碑为1946年重刻,后移存至小洋房。

武岭中学前身为蒋介石创办并命名和题写校名的武岭学校,始建于1927年,教育楼、办公楼、校舍、宿舍楼、操场、膳厅、图书馆、大礼堂等设施一应俱全,屋宇轩敞,花木茂盛,位列全国中小学一流,人称"小黄埔"。1948年1月,其所属的普通中学部定名为"武岭中学"。

溪口风景区宗族祠庙的主要建筑有武山庙、蒋氏宗祠、摩诃殿等。蒋氏宗祠始建于清代中期,是蒋氏家族祭祀祖先和先贤的场所,由新老两座祠堂组成。1930年蒋介石扩建丰镐房时,把蒋姓三房的堂前也买进,扩大了地盘。同时为供奉堂前迁出的先祖神位,蒋介石出巨资建造了新祠堂,落成后亲题"忠孝传家"匾额,供奉蒋氏自元末蒋仕杰始祖迁居溪口

⊙ 蒋氏故居

后的历代祖宗神位,提炼了蒋氏600多年的家族史。

雪窦山绵亘数十里,山岭蜿蜒,古木参天,幽谷飞瀑,秀甲四明,古代道家称其为第九洞天第五十七福地,其以雪窦古刹、千丈岩瀑布为中心,东起入山亭,西接徐凫岩,南临亭下湖,北至商量岗,今有"四明第一山"之称。雪窦山相关之记载甚多,元代邓牧有《雪窦游志》云:

> 越二岭,首有亭当道,棅书"雪窦山"字。山势奥处,仰见天宇,其狭若在陷井。忽出林际,则豁然开朗,一瞬百里。次亭曰隐秀,翳万山间,溪声绕亭址出山去。次亭曰"寒华",多留题,不暇读。相对数步为漱玉亭,复泉,窦虽小,可汲,饮之甘。次大亭,值路所入,路折为两。先朝御书"应梦名山"其上,刻石其下,盖昭陵梦游绝境,诏图天下名山以进,兹山是也。

北宋大文豪苏轼曾发出"不到雪窦为平生大恨"的感叹,并在《过圆通寺》中留下"此生初饮庐山水,他日徒参雪窦禅"之句。雪窦山的景点,以雪窦山牌坊、入山亭、御书亭、张学良第一幽禁地、锦镜池、千丈岩、妙高台、三隐潭、徐凫岩、商量岗等为主。宋代楼钥有《雪窦山锦镜记》,元代邓牧解释其池名之由来:"亭之下为圆池,径余十丈,植海棠环之,花时影汪水涣,烂然疑乎锦,故名。"

《四明谈助》记千丈岩瀑布、飞雪亭,其岩绝壁千仞,故名"千丈岩"。而水至半壁,有石突出隔之,洒若飞雪,而后复为瀑布,亦名"瀑布山"。宋真宗敕曰:"东浙瀑布"也,作飞雪亭于其上,俯之以纳奇观。

妙高台又名妙高峰、天柱峰,是雪窦山景区的主要景观。妙高台的周边,古树茂密、翠竹蔽日、凉风习习,是一处理想的避暑胜地。站在妙高台前沿,可瞭望亭下湖的自然景色。

三隐潭位于雪窦寺向西2.5公里处,有源自四明山最伟岸的山峰——商量岗。潭前有三折瀑布,因隐匿于山谷,又有三处瀑潭,故称

"三隐潭"。其从上至下，分别为上隐潭、中隐潭和下隐潭。北宋著名文学家梅尧臣咏："山头出飞瀑，落落鸣寒玉。再落至山腰，三落至山足。欲引煮春山，僧房架剡竹。"王阳明、张邦奇、张时彻、丰坊、黄宗羲等皆于此间留下踪迹。

徐凫岩在雪窦寺之西十多里处，以瀑布飞泻、绝壁环列之壮美蜚声于世。传有仙人骑水鸟徐徐升天而名。其间的块山岩，看似猴子鞠躬，故别称"鞠猴岩"。此地亦是"浙东唐诗之路"东支线的主要站点之一，刘长卿、皮日休、陆龟蒙、方干等不少唐朝大诗人，在此流连吟咏。皮日休有诗曰："堪羡鞠侯国，碧岩千万重。烟萝为印绶，云壑是提封。泉遣狙公护，果教猱子供。尔徒如不死，应得蹑玄踪。"陆龟蒙则诗云："何事鞠侯名，先封在四明。但为连臂饮，不作断肠声。野蔓垂缨细，寒泉佩玉清。满林游窋子，谁为作君卿。"

对雪窦山之雪窦寺，《四明

⊙ 昔日的千丈岩瀑布（王之祥摄）

谈助》记为："自麓至巅,高可十里。四山环合。中有平田数百亩,至者忘其为山也。左右各出一水,至西南山缺处,合流而为瀑布。""上有雪窦寺,西五里有奉慈寺。山多奇胜,名人题咏甚多。"

雪窦寺又名瀑布观音院、雪窦资圣寺,《四明谈助》载雪窦资圣寺,唐会昌元年(841)立,咸通八年(867)重建,赐名"瀑布观音院"。北宋咸平二年(999)改为"雪窦资圣寺"。仁宗尝梦至名山,诏图天下山川以进,披览及于雪窦,恍与梦合,特敕赉其寺僧。南宋淳祐四年(1244),理宗御书"应梦名山"四大字赐之。

据有关史料记载,西晋元康元年(291),有尼在雪窦山结庐,因瀑布湍飞,取名"瀑布院",是为梵刹开辟之始。宋咸平二年(999),真宗赐额"雪窦山资圣禅寺"。宁宗嘉定年间(1208~1224),雪窦寺被定为天下禅院"五山十刹"之一。明太祖洪武十五年(1382)册封天下名寺,雪窦寺被列为"天下禅宗十刹五院"之一。雪窦寺经历了发展、鼎盛、衰落、又兴盛、再辉煌的过程,距今已有1700多年历史。

雪窦寺今有全球最高的露天坐姿铜制弥勒大佛造像。雪窦寺历代著名高僧众多,如禅宗开山第一祖、唐代的常通禅师,复兴之师、后周的智觉延寿禅师,云门尊宿、宋代的明觉重显禅师,中兴之师、清代的石奇通云禅师,佛界泰斗、近代的太虚大师,以及后来重建雪窦寺的光德法师,为雪窦佛教名山不断增辉的现任大和尚、中国佛教协会第十届理事会副会长、浙江省佛教协会会长怡藏法师,等等。

雪窦寺自1985年开始重建和扩建,现为中国佛教五大名山,已经形成了以雪窦古刹、大慈佛国、太虚讲寺、华林苑[1]、祖师塔院、光德塔院等6处为主体的建筑群落格局,拥有殿、堂、楼、阁、轩、寮、居室1236间,规模超过以往任何时期。其中的古刹建筑群为明清风格,由东、中、西三条轴线贯穿组成,殿堂依地势而建,层层递高,错落有致。中轴线自外向内依

---

[1] 即弥勒佛学院。

⊙ 雪窦寺鸟瞰

次为七佛塔、山门、放生池、照壁、龙珠桥、天王殿、弥勒宝殿、大雄宝殿、乳峰泉(桥)、藏经楼、颂古堂、圆觉轩、宗镜阁等;东轴线依次为含珠亭、湖音楼、钟楼、客堂、观音殿、玉佛殿、延生堂、应供堂、药师殿、聚贤楼、香积厨、染香楼、朝日堂、山神庙等;西轴线依次为五百罗汉堂、鼓楼、库房、地藏殿、祖堂、往生堂、凝远楼、云水寮、弥陀殿等。雪窦寺乃弥勒道场,宋代陈著《重修雪窦资圣寺记》记载:

⊙ 弥勒大佛

维雪窦山秀甲四明,正峰昂首下视,臂左右引,宽抱百顷,平麓之阳,资圣禅寺宅焉。山出二水,交于寺西南隅,战险喷怒,泻峭舞空,俯之以纳奇观,有飞雪亭。汇支涧而池,环池植美花佳木,关其坳,延揽风月,有锦镜桥。径而北陟,悬崖纵寻丈许,立万仞表。其下群山紫翠,远近映带,数老松在上,多过龙迹,筑危栏曲槛,以壮临眺,有妙高台。寺擅名胜,天境参错,居者、游者如在半空五云中,盘礴不能去。至元庚辰(1280),师善来以宿望公选领此寺。日以葺,岁以营,气象益以宏丽。

弥勒道场之弥勒,乃印度人氏,是佛教创始人释迦牟尼的大弟子,与文殊、普贤、观音、地藏同列佛教五大菩萨。佛教自两汉传入中国,弥勒信仰则自两晋传入,流传过程中渐与中华文化交融,宋代后几乎被中国式布袋和尚的形象替代。所谓文人多于才子,豪杰易于圣贤也。

四明古号"三佛地",分别为阿育王之释迦舍利、戒香之哑女维卫、岳林之布袋弥勒也。"三佛地"者,即过去佛、现在佛和未来佛。过去佛,是早已毁去的城内戒香庵哑女维卫古佛;现在佛,是藏佛舍利于阿育王寺的释迦牟尼佛;未来佛,就是弘法于雪窦寺等、圆寂于岳林寺的奉化布袋和尚弥勒佛。

《四明谈助》载布袋和尚:"名契此。常以杖荷一布袋,凡供身之具悉贮袋中。入市,见物则乞,时号'长汀子'。雪中,体不濡。示人祸福,辄应。""莆田县令王仁佶先遇于江南天兴寺,后以〔于〕福州官舍复见之,怀中出一圆封授王,曰:'七日不至则开。'逾期发之,乃偈也。曰:'弥勒真弥勒,化身千百亿。时时示世人,世人俱不识。不得状吾相,止此是真□。'王令记其事,并刻其偈于碑。崇宁中(1102~1106)赐号'定应大师'。"

一片神奇的土地,几段感人的别才往事,一圣一狂,一仁一暴,令人耳根尽彻,眼界俱空,能理心绪,可平意乱。

前童古镇

江南不凡古镇的原版

曾几何时,在一些地方的古村落单薄似纸。

宁波市宁海县的前童古镇,幸为所容,如今是中国历史文化名镇、国家 4A 级旅游景区、浙江省首批旅游风情小镇、浙江最美十大古镇,是浙东地区保存至今、最具儒家文化古韵的原版古镇。

据《宁波市志》记载,前童镇位于宁海城关镇西南 10 公里,以童姓聚居命村。童姓于南宋绍定六年(1233)由黄岩迁徙至此,有前童村,遂以村名镇。1928 年置塔山镇,后改为塔林乡;1951 年为前童乡;1987 年复置为镇。

南宋绍定年间(1228~1233),官居迪工郎的始迁祖童潢,游历时相中这块前有石镜山后有梁皇山、塔山和鹿山左右对峙、白溪与梁皇溪汇流而至,山环水绕、古木掩映、围而不塞、藏风得水的宝地,于是举家从台州的黄岩迁徙到此。因此地早有居住人家,于是就暂驻慧明寺前,所以名叫前童,即寺前童村。慧明寺遗址,即为前童发祥地。

始迁祖童潢,字天水,余姚人赵挥谦曾为之作《宋迪工郎童天水先生传赞》。童氏经过数代繁衍,人丁日盛,逐步奠定了发展根基。

立定脚跟后,童姓祖先依据八卦的基本理念,系统布局,合理安排,

渐益堆积,初见端倪。至明正德四年(1509),族人童继乐等开始率众筑堤拦洪,开渠引流,把溪水引入村庄,流经家家户户,既可满足生活用水,又可用于灌溉农田,同时还种学绩文,勤力务时,以蓄其用。

经过历代不懈努力,给后人留下了鳞次栉比的古建筑群、分布密集的深门宅院、凝聚情感的宗族祠堂、传承文化的书院牌坊,以及数以百计的楼房民宅和挨户环流的汩汩溪水、门户相连的小桥流水与遍布鹅卵石的穿巷小道,构成一幅水带环抱、动静结合、声色美妙、古韵浓烈的宏图漫卷,诞生了塔峰晓日、鹿阜斜晖、双溪钩月、石镜寒泉、孝女湖莲、学士桥柳、石涡龙吟、梁山鹤唳等名胜古迹,遂成江南不凡古镇的原版。

⊙ 前童古镇民居(徐培良摄)

童氏家族在发展过程中,也发生过一些变故。明洪武年间（1368~1398）,蜀献王曾聘请方孝孺为世子之师。方孝孺,字希直,又字希古,宁海人,曾任翰林院编修,年纪尚轻,而著作甚丰。时朝廷招文臣幕僚,方孝孺绝食拒诏,朱棣大怒,爆发了明史所载的方孝孺草诏被戮案,死者达八百七十余人。此惨案不仅株连九族,连他的学生等也惨遭迫害。因洪武十八年（1385）塔山童氏大房派祖先童伯礼在南岙创设"石镜精舍",曾礼聘方孝孺讲学,故对前童也造成了严重的创伤,遭此颠沛,为之慨然,今日重提,莫不叹息。

源于良好的学风,前童有不少求学藏书的私家教育处所,如职思其居、谨节堂、文昌阁、聚书楼、聿修楼、德邻书院、雁塔书院、鹿鸣山房等。职思其居的匾额下条石有"告往知来,一隅可发；未雨绸缪,拙义通达；量入为出,礼言周匝；勤俭成家,唐魏足法；山西圳间,今时气甲"家训石刻,至今依然清晰可辨,浓厚的学风充实的不仅仅是自己,乡贤的作用不可或缺且可云善矣。

或许是因为山水奇缘,葛洪曾在道教圣地梁皇寺炼丹,《徐霞客游记》在开卷第一篇描述山川景物时,即把梁皇山作为游历记载的第一座山:"癸丑之三月晦,自宁海出西门,云散日朗,人意山光,俱有喜态,三十里,至梁皇山……"有活泼趣也。

梁皇子亦曾隐居过的梁皇山,先有山川之秀、山果之香、山泉之洁,方有遁隐山林心迹。时梁皇子或左手执壶,或右手举杯,左斟右酌,迄今乃有东天门、石鲤门、梁皇寺、摩崖石刻等景致。缘此之故,花落花开,香远香近,在山下的双溪汇流处,铸就了前童古镇的历史传奇,也形成了古代建筑的十足成色,才有幸留给后人约各占一半的明清建筑。其中四合院157座,民国时期和新建的各约占四分之一,清一色的黛瓦白墙。其独一

⊙ 职思其居、明经堂（徐培良摄）

无二的海马虹梁，高大粗壮的庭柱等，都是难得一见的古物。

前童还有不少宗祠，如童氏宗祠、俨思祠、永言祠、崇本祠等，规模不等，大小不一。其中童氏宗祠建于明洪武十八年（1385），典型的明代风格，建筑由南向北依次为正门、戏台、天井、东西二厢及正厅，为封闭式四合院。门口设有两组旗杆架，正厅共三间两弄，梁与枋素面不施油彩。其穿斗抬梁混合结构的木架、卧蚕型的雀替、圆鼓型的柱础、覆盆式的磉盘、五凤楼状的戏台等，在全国已不多见。祠中有戏台，为村中祝寿、拜年、祭祖、宴请、看戏等重要活动提供场地和设施。

前童民俗博物馆，原为童保暄叔父之宅，曾经用作粮仓，后成为首个由村级单位自筹资金建立的省级民俗博物馆。馆内布置了家具、婚俗、服饰、农具、灯具、陶罐、打火石、烟灯等日常用具，多为明清和民国时期的民间器物，展现了这一地区从古至今的农村文明史。

童保暄,字伯吹,1886年出生于宁海前童。1911年为响应武昌起义,其以浙江临时都督之职光复杭州,后任浙江援宁支队参谋处长光复南京,因功授陆军少将。经二次革命、倒袁护法,历任浙军第十二旅旅长、浙军第一师师长,逝后追赠陆军上将衔,年仅33岁。因推崇敬重他的品德和度量,西湖边曾建有童公祠,章太炎先生亲自为其撰写《童师长祠堂记》。水车村东南方董家田山上的童保暄墓,竖有段祺瑞题写的墓碑。

前童老街,可前望塔山、回望鹿山。街面看似破旧,实则韵味撩人。作为历史见证者,经过数代风雨洗礼,它不仅承载着人们对过往的怀念,流露着人们耐人寻味的流盼目光,也记录着年代、岁月和季节的痕迹。民国时期,老街上还有十余家店,经营糕饼、绸布、日杂、药材等;凡结婚、行会等活动,老街是必经之地。到了集市的日子,小吃、山货、特产等挤满老街,人声鼎沸,到处洋溢着历史沉淀下来的各色韵味。更有那名为花桥街、书院巷的,光名称都充满了浪漫色彩与诗意雅情。如果运气不错,走着走着还可能得见秘藏的圣旨、匾额、对联、宗谱和寿屏,甚至还有住家箱子里的藏本与古籍。

别具一格的石花窗,也是沿街墙面的一大特色,其装饰图案有宝瓶、花卉、寿字、祥龙、瓜果、蝙蝠、鲤鱼等。山墙上作为窗户的花栏杆也很有特点,其大多为"状元及第""五福临门""双龙抢珠""众星捧月""光芒万丈""刘海戏金蟾""香草龙"等内容,给人更多猜测与期望的空间。

但在想象面前,前童人追寻的还是本质的东西,于是他们称塔山为"塔峰晓日",皆因旧时山上有塔,且山脚有孝女湖等景观,可张目对日,明察秋毫。他们谓鹿山为"鹿阜斜晖",源于此山本无草木,后有鹿来,化身为土,使寸草生辉。他们颂双溪为"双溪钩月",因举人童培为溪水合流之和美,赋"两派溪流映月明,一轮冰魂共泛青"诗。他们述石镜山"石镜寒泉",是因为山石间瀑布寒光如镜,方孝孺讲学处又在其下,历代文人名士有诸多题咏,故有激而云。他们抒孝女湖为"孝女湖莲",盖因孝女常在湖边汲水,后投湖自尽,香肌玉骨化作莲花。他们取学士桥为"学士

桥柳",因与童潢同时代的南宋左丞相叶梦鼎,荣归故里时曾在桥柳之下憩息,新知旧识笑相视。他们名石泻潭为"石泻龙吟",是因童培有"南山之谷有龙母,一声震啸风云吼"诗,可得而闻,石破天惊。他们喻梁皇山为"梁山鹤唳",源于南北朝时梁王子隐居此山,而生无穷猜度,引无限曲情……

前童的物产非常丰富,土特产亦多,其中豆制品名声尤大,尤其是前童豆腐。作为名优特产,前童豆腐的制作工序十分讲究:以本地优质早豆和清澈之水浸泡,用石磨手工磨制出浆,再以盐卤点入,将凝成物置入箱体内自然沥干,使肉质更为嫩白坚韧,口感香润,具有鲜、嫩、白、爽、香、滑等特点,乃"前童三宝"[1]之一,远销四方,堪称一绝,并由此诞生了闻名遐迩的前童"豆腐节"。当地特色美食还有麦糊头、麦饼、麻糍等。

⊙ 前童古镇(缪军摄)

⊙ 花桥街(徐培良摄)

---

[1] "前童三宝"中另外"两宝"为前童空心豆腐、前童香干。

⊙ 前童古镇元宵行会（缪军摄）

  曾被中央电视台新闻频道、中央电视台《新闻联播》、中央电视台《新闻会客厅》、浙江卫视、宁波电视台直播和连线的前童元宵节，则是前童的又一亮点。前童以正月十四为传统元宵节，《宁海县志》载：宁海以正月十四为元宵节，称十四夜，有吃汤包、团子、米饺筒等美食和做彩灯、耍狮舞龙、走船灯等习俗，其中又以元宵鼓亭台会最为闻名，因此前童曾被宁波市文化部门命名为"鼓亭之乡"。据地方史料记载，前童元宵节始于元代至正十六年（1356），该年方国珍聚众攻占台州和宁海，因其母初一、十五素食，故将节日提前一天。

  前童还有一棵被称为"浙江第一古樟"的巨樟，因其五杈巨枝郁郁葱葱如虬龙而上，故又称"五杈樟"，距今已有1200多年。该树常年馨香四溢，而中间却有树洞，大小如空屋，可藏匿十几个玩耍游戏的孩子，既可避暑纳凉，又可遮风挡雨，白天多嘈杂，夜晚则安静祥和。

前有千古,后有万世,是苍天的厚爱和后人的智慧,使前童既平淡又亮丽,这与坚忍不拔的文化自觉、自信和良知,以及保护所必须的经营禀赋分不开,故它能经久不衰,彰显自然环境和人文特色,成为乡土文化的一朵奇葩。不久前开设于古镇核心保护区内的原"尺木草堂"旧址的童衍方艺术馆新馆,紧邻作为历史建筑的老馆,有前楼、中院、后堂,延续了石基、砖墙、黛瓦、石窗等的基本历史风貌,乃往者可及、来者可追的注脚。

当然,保护需要成本,需要智慧和决心,需要时刻不停地保持危机感和弘毅精神,亦需要每一双关注的眼睛。愿很多年以后,前童的建筑依然是旧时的模样、今人的骄傲。

⊙ 童氏宗祠(童国健摄)

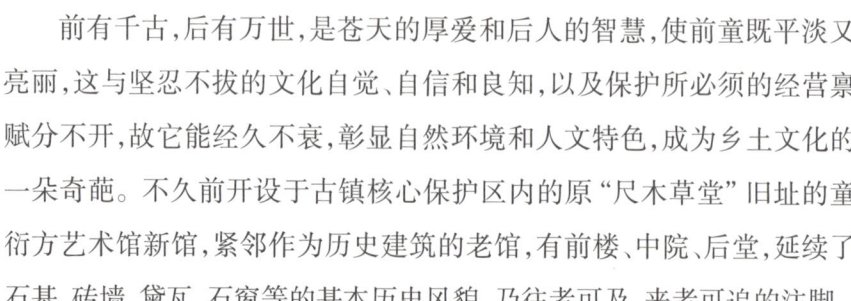

余 姚

东南最名邑

东汉的严子陵、三国的虞翻、东晋的虞喜、唐初的虞世南、元末明初的滑寿、明代的王阳明……

学者梁启超曾在给《余姚评论》的信中说:"余姚区区一邑,自明中叶迄清中叶,二百年间,硕儒辈出,学风沾被全国及海东。阳明千古大师,无论矣;朱舜水以孤忠羁客,开日本德川氏三百年太平之局;而黄氏自忠端以风节厉世,梨洲、晦木主一兄弟父子,为明清学术承先启后之重心;邵氏自鲁公、念鲁公以迄二云,世间崛起,绵绵不绝。……生斯邦者,闻其风,汲其流,得其一绪则足以卓然自树立。"

东南最名邑余姚,位于宁波市西北部,东邻海曙、江北,南接奉化和绍兴嵊州,西连绍兴上虞,东北毗邻慈溪,西北濒临杭州湾。

余姚县城,为双城隔江合璧。北城始筑于东汉建安五年(200),吴将朱然为余姚长。南城筑于明嘉靖三十六年(1557)至三十七年(1558),时为防倭患,且因人口增多北城不能容纳,遂筑。

隋开皇九年(589),撤余姚县并入句章县。唐武德四年(621),析句章县,复余姚,置姚州。武德七年(624),州废,复县,仍属越州。宋属绍兴府,元属绍兴路。元元贞元年(1295),撤县升余姚州。明洪武二年

⊙ 20世纪70年代的余姚镇（余姚市文物保护管理所供图）

（1369），撤州复县，属绍兴府，至清末。1914年属会稽道。1927年道废，直属浙江省。1932年属省第五行政督察区。1935年属省第三行政督察区。1941年4月23日，日军侵占。1945年至1948年先后属省第三、第二督察区。新中国成立后，属宁波专区。1983年实行市管县体制，改属宁波市。1985年撤县设市（县级），仍属宁波市。

余姚江又名姚江，流经余姚故名，系平原河流，为甬江主流。其发源于四明山夏家岭，于丈亭汇慈江东流，历半浦、大西坝、邵家渡、新渡、青林渡至老市区姚江大闸东去，经解放桥，出新江桥至三江口，与奉化江汇合为甬江，全长100多公里。

清初著名思想家、史学家黄宗羲在《余姚县重修儒学记》中写道："贞元之运，融结于姚江之学校，于是阳明先生者出，以心学教天下，示之作圣之路……今天下万国皆有学，亦复有先师如阳明先生者乎？阳明非姚江所得私也，天下皆学阳明之学，志阳明之志，使吾姚江之士，沟犹瞽儒，嚯嚯然不能效门室之辨，有一阳明而不能有之，不其恧欤！圣天子崇儒尚文,诸君子振起以复盛时人物,行将于庙学卜之矣。"

王阳明(1472~1529),本名王云,字伯安,号阳明,名守仁,余姚人,出生于官宦世家,乃南京吏部尚书王华之子。据明钱德洪等编的《王阳明年谱》载,王阳明乃东晋大书法家王羲之的后裔,其迁姚始祖为王羲之的第二十三代孙王寿。

明弘治十二年(1499),时年28岁的王阳明考取进士,授兵部主事,曾受兵部尚书王琼荐举,官至南赣巡抚。后因功高遭忌,辞官回乡讲学,在绍兴、余姚一带创建书院,宣讲"王学"。嘉靖六年(1527),广西境内发生战乱,王阳明被朝廷再次起用。平定战乱后,其又在南宁创办书院。嘉靖八年(1529),因病重上疏请求回乡养病,翌年初病逝于归途中,归葬于绍兴花街鲜虾下南麓,终年57岁。后追赠新建侯,谥号"文成",万历十二年(1584)从祀于孔庙。因其曾在绍兴阳明洞隐居读书,后创办阳明书院,明者处世,故世称"阳明先生"。

⊙ 昔日的余姚通济桥(水银提供)

宁波名胜文史撷拾

王阳明是明代杰出的哲学家、政治家、军事家、教育家,心学的集大成者,不但精通儒释道各家学说,还能统军作战,是中国历史上罕见的全能大儒、一代宗师。作为士大夫,他自小就立志"读书学圣贤",以"立德""立功""立言"的"树立德行、建树功绩、建立学说"为人生最高境界,有如此宏志者不少,但能实实在在取得这样的成就,在中国数千年历史中屈指可数。清代著名学者王士禛说:"王文成公为明第一流人物,立德,立功,立言,皆居绝顶",足见其人格魅力,倘若志不大,何以佐乾坤。其一生虽功业卓著,但仕途坎坷,且经长期磨砺,到五十多岁时才提出"心即理,知行合一,致良知"三大纲领,形成影响深远的姚江学派,终弟子盈天下。

阳明学,又称王学、心学。阳明心学是中国思想文化史上的重要学说之一,也是王阳明的一大贡献。有学者认为,陈献章开启,湛若水完善,王阳明集大成,是阳明心学发展的基本轨迹,其不仅是心理之学,而且也是中国古代思想家既强调道法自然,又主张天人合一,更重视人的主观能动性等一系列哲学思想之集大成者,其主要著作有《传习录》《王阳明全集》等。站在今天的历史角度,传承发扬阳明心学,有着重大的理论价值和现实意义。《传习录》全书分为上、中、下三卷,由王阳明先前所授的弟子们整理编辑。后又经汇整增补,堪称"王门之圣书""心学之经典"。本书不仅影响了中国几百年,而且还享誉海外,在明治维新以来的日本、经济

腾飞期的韩国等,都被视作精神范本,最为绝唱。

王阳明故居位于余姚龙泉山北麓武胜门路60号。故居内各大建筑按中轴线由南往北依次为门厅、轿厅、砖雕门楼、大厅、瑞云楼、后罩屋。大厅两侧各有侧屋,其中瑞云楼是王阳明当年出生的地方,今已辟为王阳明史迹陈列馆。大厅为王氏家人议事及重要庆典活动场所,其他建筑如砖雕门楼、轿厅等历经岁月沧桑,仍保持了原有风貌,并正式对外开放,乃第六批全国重点文物保护单位。

过武胜桥,入武胜门(北城门),即武胜路。有专家称,武胜桥是有历史记载的浙东最古老的桥梁。清乾隆《余姚县志》载:"武胜桥在县城大北门外,南北向跨后青江(北江),系单孔陡拱石桥……东晋隆安二年(398)十月,晋将高雅之克孙恩于此,故名。"武胜门一带,则是余姚古城现存核心保护范围最大的历史文化街区,也是姚江学派和浙东学派的发祥地,有相对完整的历史风貌、街巷系统和成片的传统民居群落。历史上,此地曾产生了状元王华和两位民间状元——莫子纯与王阳明,还有一位探花、一位参赞机务阁老、四位学士[1]、三位伯爵、六位尚书、二十多位进士等。文人巨擘辈出,留下了宋礼部侍郎倪文节故祠雪昼堂和倪思祠、明

---

[1] 含大学士、翰林院学士、保文阁学士。

◉ 王阳明故居开馆仪式(余姚市文物保护管理所供图)

礼部侍郎倪宗正故居清晖佳气楼和锄经堂、新建伯坊、明广东右参政管见故居、明翰林第、明霍天官府、大方岳第等名人史迹。

沿武胜门路延伸的街巷，有管家弄、太守房路、智慧桥路、健康路、山后路等。位于管家弄 100 号的黄家墙门，是著名民主主义启蒙思想家、史学家、学问家黄宗羲先生的曾孙黄武万自黄竹浦迁居到余姚城内西北隅的住宅。黄宗羲是余姚人，其在史学方面的造诣与成就影响极深，代表作有《明夷待访录》《明儒学案》《宋元学案》《明文海》《南雷文定》《弘光实录钞》《行朝录》等，因其著作被当时的一些权贵看作触忌犯讳，故屡遭禁毁。其培养的著名人物有万斯大、万斯选、万斯同、李邺嗣、郑梁、黄宗会、邵廷采、全祖望等。有专家称黄宗羲史论犀利深刻、针对性强，首创断代学案体，注重野史及传状墓志铭修纂，指导弟子编定《明史》，开启清代补志、补表学术研究之风。其史学著作涉及哲学、史学、天文、地理、数学、文学、艺术、宗教、教育等诸多领域，乃浙东学派的理论奠基者和学派创始人，世称"梨洲先生"，与顾炎武、王夫之并称为"明末清初三大民主主义启蒙思想家"。黄炳垕则是清代后期的天文学家、历算和史地学家，为黄宗羲的七世孙，其宅第附近还有清翰林房遗址、管家弄邵宅、太守房遗址等。

在余姚市余姚镇龙泉山南坡，里人为纪念余姚历史名人严子陵、王阳明、朱舜水、黄梨洲，建有四先贤故里碑亭。

余姚原县衙营建地在秘图山，乃城内制高点。《嘉泰会稽志·余姚县》卷第九载："秘图山在县北六十七步，《旧经》云，上有石匮，夏禹所藏灵秘图之所，旧号方山，天宝六年（747）改今名。上有严公堂、高风阁，皆以子陵而名。此山旧为寿圣观址，县治在其南麓。观既废于建炎（1127~1130）兵火，遂以弓手营地广福观，易之以广县治。"据清光绪《余姚县志·公廨》记载，经宋代扩建的县衙"县署宋治堂曰：正厅，左为东厅，后为清心堂，清心堂之左为不欺堂，夹堂直北临池有轩，曰'鉴止'，鉴止少东北转，曰'芙蓉亭'，芙蓉亭南折而东，曰'翰墨堂'……"由治堂南出为仪门、谯楼等。而尉廨，即县尉的官署，在治东南一里许，宋代曾先后担任余姚县尉的史浩、魏杞曾居此,两人后官至丞相。至明万历十二年(1584),县治因岁久废圮,知县丁懋逊重建。清光绪十七年(1891),知县周炳麟于治堂东北临莲池建芳洁亭等。时县衙紧依城隍庙,东临县东街、巡防署、城守署,西临虞宦街,东南为试院。至20世纪90年代撤县设市,管理机构迁址最良桥畔,拆除了旧县署等,并削山建房,遂成今日模样。

被道家尊为第九洞天的余姚丹山赤水风景区,则是一处以绝壁、奇岩、古桥、溪水、飞瀑为依托,以道教文化和浙东古山村风貌为内涵的特色风景名胜区。景区由丹山赤水、鹰岩洞天、狮王悟道、淡瀑飞水、八卦仙台、仙人指路、秋水长滩、四明道观等组成。其中"丹山赤水"四字,为宋徽宗御笔。

⊙ 姚城鸟瞰(余姚市文物保护管理所供图)

⊙ 姚城瑞雪（余姚市文物保护管理所供图）

另据光绪《余姚县志·典祀》记载，位于余姚市阳明街道龙泉山南麓，坐北朝南，背靠龙泉山，面临姚江的龙泉寺，始建于东晋咸康二年（336），唐会昌二年（842）废，大中五年（851）重建，南宋建炎年间被毁。宋高宗因躲避金兵追踪途经余姚时曾登龙泉山，并赐金重建龙泉寺。元至元十三年（1276）又毁，元贞元年（1295）重建，规模最大时有弥陀阁、千佛阁、蟠龙阁、罗汉院、上方寺、中天院、东禅院、镇国院、唤仙亭、更好亭、龙泉亭等，后虽饱经事变，但自南至北沿中轴线依然还有山门、前殿、垂花门、正殿（大雄宝殿）、观音阁等，现仅存正殿、东侧配殿和观音阁，是余姚最著名的一处佛教圣地。

素有"东南最名邑"和"姚江人物甲天下"的余姚，不愧为浙江省第一批公布的历史文化名城，8000年的井头山遗址、7000年的河姆渡文化在这里延续、发展，让人目不暇接，亦无所不思。

河姆渡遗址

宁波文化的重要符号

历史虽无情,但河姆渡遗址的历史和文化遗产却是个深情的恩赐。

河姆渡原先只是个古渡口,1973年的一次偶然发现让现代文明与远古村落相遇,将河姆渡人的史前生活场景与文化景观展现在了人们面前,犹如打开尘封数千年文物储蓄柜的一角,突如其来的转折出乎意料,虽深入不了骨髓,但也恰若惊鸿一瞥,使中国历史教科书中,有了"河姆渡"的精彩书写。

1973年的春夏之交,原余姚县罗江公社决定在姚江北岸渡头村西端新建一座排涝站,以防御雨季来临时的突发洪水。开挖基坑至地下3米左右时,突然发现有许多碎石瓦片、动物骨头和坛罐碎片,一个深埋于地下静候了数千年的史前人类村落,就这样审时度势地与今人不期而遇,并惊天惊地惊千古。文物部门就此进行了历时60余天的第一次考古发掘。

1977年10月至次年1月,河姆渡遗址又进行了第二次发掘。先后两次发掘,出土距今7000~5300年的各种陶、石、骨、角、牙、木器等编号器物6197件,陶片近20万片,以及大量的动植物遗存,丰富充实了河姆渡遗址的文化内涵与科学认识,再次震惊了世界。

而此前,当地村民们只大概知道这里在古时候是个海湾。曾经的一

些零星发现,也只是土层岁月中的一些痕迹,未引发强烈反响。河姆渡遗址,进一步揭开了中国远古文明的崭新篇章,同时也证明除黄河流域外,长江流域也是中华文明的重要发祥地。

那么,数千年前的第一个劳作者是谁?第一个用手捏制出陶坯的又是谁?其历史究竟离我们有多遥远?问号是开启科学的钥匙,碳十四测年法给了我们部分答案。

碳十四是一种放射性同位素,因死亡的生物体不能从外界获取碳十四,故根据测量样品中剩余碳十四的含量能够计算出死去的动物或植物距今有多长时间。因碳十四量衰变一半的时间是5730年,且因实验室普遍将1950年作为"今"之分隔,故以此获知河姆渡人在距今7000年前,已在这片土地上繁衍生息,并创造出古代文化。

从某种意义上讲,河姆渡遗址的发现将中华文明史向前推进了2000年。远古已然不再是梦里的温存,如今它从泥土中重见天日,展现在人们的眼前。

若以一代十,以点断面,当我们踏上这块神秘土地的时候,最吸引眼球的首先是那座古朴典雅的大型石雕。这座由三块巨石组成的呈"品"字形的拱门雕塑,像张开的巨型双掌,不仅为人类掌门,同时还在不停地

⊙ 河姆渡遗址博物馆

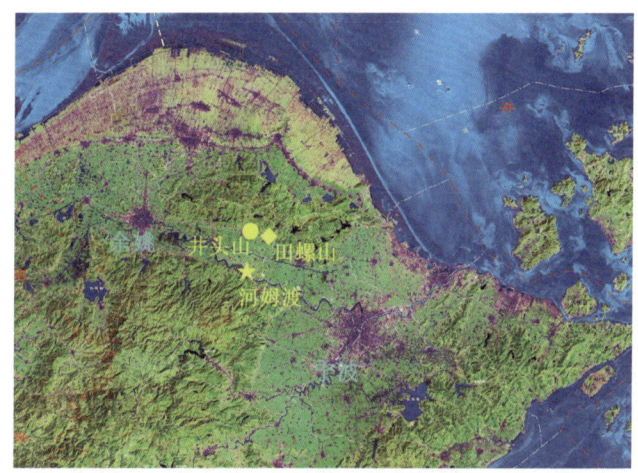

⊙ 井头山遗址、河姆渡遗址、田螺山遗址相对位置示意图（井头山遗址考古队供图）

⊙ 井头山遗址发掘基坑（井头山遗址考古队供图）

诉说着先知的先觉。上面雕刻的图样，即河姆渡遗址的"双鸟朝阳"[1]标志，它体现了河姆渡先民对以太阳为主的天体崇拜。

穿过拱门雕塑，即可通向河姆渡遗址博物馆，这里集中展示了河姆渡先民以其勤劳的双手和非凡的智慧所创造出的古朴而灿烂的史前文明。

---

[1] 又称"双鸟舁日"等。

○ 河姆渡遗址

遗址公园，是当年的考古发掘现场。凭栏俯视，地上的凹凸痕迹已成惊骇的铺陈，布满7000年前河姆渡先民留下的密密麻麻的建筑木构件和散布其间的文物，虽不完全是7000年前远古村落的原貌，然"以貌取人"，未为至论，故延伸的古道，并没有拒人新足。

触摸河姆渡人生活过的土地，一种沧桑之感油然而生。目睹存在过的远古事物，则更容易理解起源之后的故事。故事要是断了，结局就改变了。

据《宁波市志》载，距今约7000年前的河姆渡遗址，位于宁波市区西25千米余姚市罗江乡河姆渡村东北，其南背靠四明山，北为余姚平原，东有门前山，东北有角山等山丘，属新石器时代遗址。该遗址1973年被发现，总面积达50000平方米。

河姆渡遗址地层厚度达4米，先民们遗留下来的遗迹遗物十分丰富，包含了四个时期（四个文化层）。第一、第二文化层厚度约2米，遗物以陶、石器为主。第三文化层的出土物，以木器、陶器、石器、骨器等为

⊙ 河姆渡遗址鸟瞰

主。第四文化层遗物，以陶、石、骨、角、木器为主，还有大量的稻秆、稻叶、稻谷堆积，各类植物果核，动物骨骼和干栏式建筑的木桩和木构件。

2001年，经中国社会科学院考古研究所和全国一百多位专家学者评选，河姆渡新石器时代遗址发掘入选"20世纪中国百项考古大发现"。

另则，河姆渡遗址之所以能够保留如此众多的文化遗存，皆气候、地貌、水文、土壤和动植物等要素与周边环境使然，湿热的气候、丰沛的水源、庞大的山系、泥质的海相层、复杂多样的自然界生物以及相似的地球化学环境等，致大旱不涸、大雨不盈，方有山峦连绵、层林密布、丘陵起伏、平原广阔、河湖流畅、沼泽遍野、鱼虾穿梭、飞禽游弋、植被茂盛、走兽

出没之自然景象。

河姆渡遗址大量出土的稻秆、稻叶、稻谷、秕谷和其他的植物枝叶与木片,以及石斧、石锛、石凿、骨耜、木耜、尖头木棒、锯齿状骨器、鹿角鹤嘴锄、木杵等,再现了先民们从耕种、除草、收割到制作农业生产工具,以及渔猎、采集和动物驯养、家畜饲养等人类经济生活活动,应验了《易·系辞》中"断木为杵,掘地为臼,臼杵之利,万民以济"等的记载,昭示着文化生命的顽强。

与史料记载完全不同的是,河姆渡遗址的历史由诸多文物与遗迹编写而成。已知的河姆渡文化时期,诸如烧煮、炊器、编织、疗疾、装饰、建筑、雕刻、陶塑、彩陶等物件,或只是冰山一角。其中较具代表性的"双鸟朝阳",是绘刻在蝶形象牙片上的一幅远古画面,画面中有一对巨鸟从两边拱护着一轮太阳,给人以光明向上的激情,有专家认为这是河姆渡先民审美意识的代表作。

亦有专家推测河姆渡遗址出土的骨哨为管乐之祖。其截取自大型禽类肢骨,直径1厘米左右,长约10厘米,内外光滑,两头直通,管壁同一侧面开有小孔,是当时存在音乐的物证。

1974年冬天,浙江省考古工作者曾经携带300多件最具代表性的河姆渡遗址出土文物赴京,向国家文物局等汇报展示,吸引了文物、考古、博物馆等大批知名专家和学者前往参观指导。时,专家和学者普遍认为河姆渡遗址年代早、文化样貌新、价值大,是我国新石器时代考古的重大突破。

另外,河姆渡文化的主体虽为稻作文化,但它独特的地理环境,使之兼具海洋文化属性,故其文化的传播具有多向性。

显然,存在决定意识。而在当地农村老人看来,他们世代生活于此,并未觉得异样,平常的粗茶淡饭和四季的遮身布头,世代终养老小和不断繁衍子孙,这就是他们的生活。

对碳十四测定得出的距今约7000年的时限,他们中的有些人似乎既忐忑不安,又安然淡漠,小时候经历和观照过的播种收割、饲养繁殖、木杵舂米、煮饭煨粥、纺纱织布、吊桶打水、砌基建舍,以及古树作衣架、姚江当洗盆的情景,已经随着时代的变化消失了,但他们并未陶醉或满足,有时甚至还有耕牛何处去、田野荒芜兮之感。

遗闻不多,遗籍更少。如今留下的居民,有多少是在这块土地上生活过的先民的后裔,实在难以判断。然足以导致此地种族绝灭的瘟疫、杀戮、灾害等巨灾奇祸,也似乎未曾有过。也许,谁都不愿把恐怖的经历,作为回忆往事的资本。

由是观之,先人们是不是也像候鸟一样择暖而栖,其地域性、延续性、相通性、传承性、巧合性等不言而喻。

于世纪之交,笔者曾陪同著名文化学者魏明伦先生等一行参访河姆渡遗址。魏先生亦应邀欣然命笔"河姆渡七千岁矣"。名流之间的对话,我不敢插嘴,怕一开口,就暴露了幼稚。

⊙ 河姆渡遗址博物馆

我国古代典籍浩如烟海,但有关河姆渡遗址的史料却鲜为一见。现有志书断限多在其后,否则,不知会有多少人将它们翻得底朝天或残缺不全。或者,那也是它们最好的归宿。

诚然,诸如河姆渡文化的创造者及其聚落形态,其所处的社会发展阶段等更为全面的历史信息,还有待多学科专家与学者的进一步研究。

2021年4月13日,井头山遗址入选2020年度"全国十大考古新发现"。该遗址是继河姆渡遗址发现近50年之后,在浙江沿海发现的又一处具有里程碑意义的新石器时代遗址。现场发掘出土了露天烧火坑、食物储藏坑、生活器具加工制作区等聚落遗迹,出土遗物有人工利用后废弃的大量动植物、矿物遗存,以及陶器、石器、骨器、贝器、木器、编织物等人工器物。

井头山遗址所处的具体位置,是在余姚市三七市镇三七市村井头山南麓。2019年9月,井头山遗址由浙江省文物考古研究所、原宁波市文物考古研究所(现宁波市文化遗产管理研究院)、余姚河姆渡遗址博物馆三家单位联合正式发掘。该遗址将宁波的人文历史向前推了1000余年,为追溯河姆渡文化的源头提供了重要线索,是浙江沿海乃至我国东南沿海地区发现的埋藏最深、年代最早的海岸贝丘遗址,为认识距今8000年前沿海地区地貌环境以及海岸线的变迁提供了非常重要的实物资料。

2021年4月18日,井头山遗址发掘领队孙国平先生利用休息时间,在现场为笔者等一行详细解读了这处距今8000多年、我国东南沿海地区埋藏最深、年代最早的海岸贝丘遗址。这也是继慈溪上林湖寺龙口越窑窑址、宁波元代庆元路永丰库遗址、慈溪市上林湖后司岙唐五代秘色瓷窑址分别入选1998年度、2002年度、2016年度"全国十大考古新发现"后,宁波考古事业的再次荣耀之光。

凡举这世上东西,纵有深义侠情与沐恩赐许,但由于年代久远,更需要人们踮起脚尖、俯下身去,更何况是那7000年前的河姆渡文化、8000年前的井头山遗址。

335

上林湖越窑遗址

最神秘高贵的文化符号

一部陶瓷史,半部在浙江。

中国是瓷器之乡、瓷器之都,而浙江省宁波市慈溪上林湖越窑遗址,是中国陶瓷史上最重要的遗址之一,是中国古代瓷器的一座巅峰。作为唐宋瓷都、露天青瓷博物馆、青瓷发源地,尤其是它的秘色瓷,乃中国陶瓷史上最神秘、最高贵的文化符号。

众所周知,瓷器因为具有性能稳定、颜色多变、耐磨抗腐蚀、不容易变形褪色和艺术性高等特点,成为一个最具质感和光泽度的名词china,并因此远销海内外,外国人则索性将China作为我们国家的代名词。

慈溪是块千年福地,先人的遗赠非常丰富。烧造年代久远、规模最大、窑场分布最集中的青瓷窑址群,就位于慈溪上林湖。虽然上林湖越窑遗址在地理层面只是个小地方,但却是国家陶瓷史上举足轻重的一枚指针。无论是从泥土到青瓷的变身,还是从符号到文字的跳跃,只有见证过千百度的熊熊炉火和千百年的沧桑历史,才能留下如此众多的文化碎片,才会有如此强大的吸引力。尽管那段变迁的路途距离我们已非常遥远,但如今依然保留着那个伐薪、取泥、运载、制陶、烧窑的烟熏火烤与汗水直流的过程。

⊙ 上林湖远眺（慈溪市文物保护中心供图）

⊙ 上林湖（慈溪市文物保护中心供图）

　　作为唐宋时期越窑青瓷的鼻祖与烧造中心,上林湖不仅是青瓷的生产基地,同时还是秘色瓷的原产地,代表了瓷器美学境界至高点。有历史学家说,中国除了石器时代、青铜时代、铁器时代,还应有个瓷器时代。

　　位于今慈溪市桥头镇栲栳山北麓的上林湖,形如桃叶、口狭腹长,不仅名字绿得宁静,而且当身处其中时,绿得就更为真实与自然。通过这个接近古代文化的入口,我们回眸、追远、问瓷,古人是怎么把软和的泥土塑形焙烧、塑胎炼骨,使它能够容纳和延伸出如此众多的文化形态,体现出如此深厚的审美价值,并变得如此炽热和美艳?徜徉在这个世界上现存青瓷遗址中规模最大、保存最完整、烧灶沿用时间最长的窑址群中间,我们不得不格外恭谨小心,因为我们真害怕一不小心会踩痛了她的历史神经。

　　越窑是中国古代最著名的青瓷窑系,中国最早的装饰品就是在东汉年间的越窑龙窑里烧制出来的。慈溪是越窑青瓷的中心产地,也是海上陶瓷之路的起点之一。1988年12月28日,上林湖越窑遗址被国务院公布为全国重点文物保护单位。上林湖作为越窑的杰出代表,自晚唐至北宋初的近两个世纪里,兴盛不衰,遂成名副其实的"唐宋瓷都"。其中古银锭湖区窑址群是越窑遗址中唯一的南宋窑址群落,寺龙口窑址就是其中的重要窑厂之一。

　　古银锭湖原为潟湖,早年已废为田。沿岸分布的窑址群是上林湖越窑的重要组成部分。寺龙口青瓷窑址,作为古银锭湖窑址群中具有特殊地位和重要价值的窑址,位于匡堰镇乾炳村古银锭湖南侧钓杆山西坡、寺龙村之北。考古资料表明,寺龙口青瓷窑始于唐代晚期,一直延续至南宋初期,且长期烧制秘色瓷进贡朝廷。1998~1999年,浙江省文物考古研究所会同北京大学考古文博学院、慈溪市文物管理委员会,对寺龙口窑址进行了两期发掘,出土各类瓷器、窑具5万余件,显露龙窑遗迹一处、作坊遗迹两处、匣钵墙遗迹四处,首次发现了南宋龙窑窑炉,揭示了南宋时期龙窑的构造特点和装烧程序。同时,南宋地层的确立,也是这次考古发掘的重大突破,越窑烧造的历史延至南宋初。这次发掘被评为1998年度"全国十大考古新发现"之一。

明嘉靖《余姚县志》有"秘色瓷,初出上林湖,唐宋时置官监窑"等的记载。宋代《谈荟》中的"吴越时越瓷愈精,谓之秘色,即所谓柴窑也",也对秘色瓷的产地和含义等做了一定的诠注。茶圣陆羽在《茶经·四之器》中记载盛茶之瓷碗,称:"碗,越州上,鼎州次,婺州次;岳州次,寿州、洪州次。或者以邢州处越州上,殊为不然。若邢瓷类银,则越瓷类玉,邢不如越一也;若邢瓷类雪,则越瓷类冰,邢不如越二也;邢瓷白而茶色丹,越瓷青而茶色绿,邢不如越三也。"其比喻精到,恰到好处,认为越窑青瓷最好,亦与秘色瓷有关。

《宁波市志》载:上林湖越窑遗址位于浙江省宁波市慈溪市鸣鹤镇西栲栳山麓上林湖一带[1],为越窑青瓷主要产区之一。因古代地属越州,故名越窑。1967年始,浙江省文物管理委员会、北京故宫博物院多次调查,发现慈溪上林湖、古上岙湖、白洋湖、杜湖(里杜湖)及古银锭湖四周古窑址120余处。上林湖最集中,沿湖木杓湾、鳖裙山、茭白湾、黄鳝山、燕子坤、荷花芯、狗头颈山、大埠头、陈子山、吴家溪、周家岙等,窑场密布。烧制始于东汉,盛于唐、五代,延至宋。

栲栳山,在湖水之南,又名仙居山,相传曾经是仙人居住的地方,"清泉绕溪流,嶙峋岩石怪。传说多神妖,明灭照寒沙"即其写照。

瓷器有细腻、环保、稳定、易洁和古朴典雅、飘逸流畅、精致内蕴、神韵优美等特点。瓷器比之与陶器,更为坚固耐用和清洁美观,而比之铜器、铁器,则造价更为低廉。其原材料分布广泛,蕴藏量丰富,因而越窑青瓷种类多、花样繁,令人目不暇接,其发展亦与丝织品同,为明州港输出的主要商品。唐代开辟的从明州通向海外的"陶瓷之路",北达高丽,东至日本,南经广州,一支向东南通向菲律宾、马来西亚、印度尼西亚诸国,另一支向西南,沿海岸至越南达泰国、缅甸,经孟加拉湾,再到印度、巴基斯

---

[1] 原属余姚县。

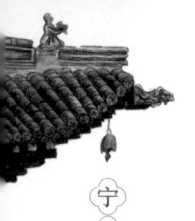

坦,以至直抵波斯湾和地中海沿岸伊朗、埃及等。现代印度、伊朗、埃及、日本等国的古港口、古城堡遗址,均发现有上林湖所产的青瓷遗物。

有资料显示,后司岙窑址是上林湖越窑遗址中的核心窑址之一,也是烧制贡品秘色瓷的地方,其位于上林湖越窑遗址中部的西岸边。在此地发现有厚5米多的晚唐、五代、北宋时期丰富的地层堆积,是个完整的窑场。包括龙窑炉、房址、贮泥池、釉料缸等作坊遗迹。遗迹呈"凹"字形分布,中间是烧瓷的龙窑,左侧是碎瓷废料堆积区,右边则是当时制瓷上釉的作坊。

荷花芯窑址是上林湖越窑遗址群中的重要窑址之一,依山而建,沿山麓而上呈不规则的长方形,由火膛、窑床、窑尾所组成,长约41.8米,宽约2~2.8米不等,上下高度差约6.5米,右侧有7个缺口,此为古代投送柴火的口子。

东汉至隋代,前期瓷器较为简朴。东汉时常见的器物主要有罍、罐、壶、洗、钵、碗等,釉呈青灰、青绿或褐色,后期则主要生产碗、罐、碟、鸡首

⊙ 荷花芯窑址(朱恒摄)

⊙ 上林湖越窑博物馆鸟瞰（慈溪市文物保护中心供图）

壶、水盂等。到了唐代，瓷业繁荣，从1977年上林湖出土的罐形墓志、虎头足鼎形炉等可以看出，前者与文献所载的上林湖置官监窑相合，后者则证明晚唐上林湖已在烧制进贡瓷器。

在宁波的各海运码头遗址中也均有越窑青瓷出土，宁波和义路唐代海运码头遗址曾经出土过700多件瓷器，其中以越窑青瓷居多，主要有壶、碗、盘、罐、钵、罂、盆、杯、灯盏等生活用瓷，以及脉枕、座狮等医疗用具和陈设瓷，其种类之多、质量之精、数量之大，在陶瓷考古中并不多见。

五代十国时，吴越国建官窑于上林湖等地，进口宫廷及进贡中原之用，因而随应者众多。在宁波的其他码头遗址出土的五代北宋瓷器中，亦有碗、盘、壶、盅、碟、盒、灯盏、托具等大宗产品，经查对窑口，发现上述越窑器物中，晚唐的出自越窑的上林湖窑口，五代北宋的则出自上林湖窑口和新兴的东钱湖窑口。

世称"皮陆"的皮日休与陆龟蒙乃好友,其诗皆以写景咏物为多,为唐朝隐逸诗人代表。皮日休有《茶中杂咏·茶瓯》诗:"邢客与越人,皆能造兹器。圆似月魂堕,轻如云魄起。枣花势旋眼,蘋沫香沾齿。松下时一看,支公亦如此。"陆龟蒙则在《秘色越瓷》诗中云:"九秋风露越窑开,夺得千峰翠色来。好向中宵盛沆瀣,共嵇中散斗遗杯。"茶瓯指茶杯。皮日休在诗中说,邢州的邢窑能造白瓷,越州的越窑能造青瓷,无论横看侧看,其器型皆如圆月,更何况器质轻盈剔透,如冰雪薄云,令人爱不释手,又生怕稍一用力便会捏碎杯盏云云。陆龟蒙则以秋色美景等形容越窑青瓷的釉色:在深秋露重的时节,窑炉口徐徐地打开,炭火中生成的产物,竟然是千峰凝翠般的精灵;这清新纯净的青瓷,在夜深人静、月上中天的时候,承接着天地的灵气、吸收着日月的精华,与"竹林七贤"之一的嵇康煮茶共饮,这才是人生有时、意趣横生呀!

五代吴越时,越窑瓷器作为吴越王钱镠御用贡品"臣庶不得用"。唐末至五代间文学家、福建省历史上第二位状元、莆田人士徐寅,亦有《贡余秘色茶盏》诗:"捩翠融青瑞色新,陶成先得贡吾君。巧剜明月染春水,轻旋薄冰盛绿云",盛赞贡窑青瓷,为秘色抹上了一层靓丽釉彩。

往事越千年,以上林湖为代表的越窑青瓷,自晚唐、五代和北宋,产品无论是从原料处理到器物成型,还是从图案纹饰到烧制技艺,都达到了很高的艺术水准,故在很长的历史时期内被用作贡品瓷和外销瓷而闻名遐迩。

青色是中国古代色系中最为尊贵的颜色之一,是大自然的垂青,亦是历史中的最好一段。与青花瓷不同的是,越窑的青瓷釉层柔和淡雅,釉色深沉幽静,瓷质细腻,匀润如玉,清澈碧绿,似水如冰,淡定从容,这是一种接近青绿色、湖绿色的颜色。这种色如玉而不浮光、质如冰而不流俗的如谜般的色彩,让人无法真正明白它,故被称为秘色瓷,乃越窑青瓷中的最高艺术成就,风华绝代。

显然,唐代秘色瓷的诞生,将越窑青瓷推上鬼斧神工般的完美境地。

○ 上林湖越窑国家考古遗址公园

于是上贡朝廷,下传民间,远销海外。而从某种意义上讲,秘色瓷更多的是与皇家的尊贵与神秘联系在一起,使这山这湖这溪水,在经历了多少劳累与辛酸、艰辛与牺牲,掩埋了多少精美与别致、精妙与绝伦,沉积了多少神秘的传奇、历史的故事之后,方有此"秘色"一说。

炉火早灭,但余烬犹在。考古使年代和文化等变得透明起来,让今人能够看得明了,摆脱了霸气与奴性的越窑青瓷,减省了呆板与冷酷,超脱了灵动与沉稳,就像是历史的剖面和那延伸的血脉,使之能够从曹操的盘盏、李隆基的鸡首壶、陶渊明的酒杯、宋徽宗的笔架中挣脱出来,以其特有的脆薄且悦耳的声音,让我们恍惚看到、听到那世事更替与富贵荣华。这也意味着,我们可以触摸到那些朝代,不管它已经冷却了千年万年,我们依然触手可感,肌肤可亲。

作为海上丝绸之路最主要的贸易商品之一,上林湖瓷器的贸易时间之长、数量之多,在各类商品中名列前茅。史料载,唐中后期起,以上林湖为起点、由明州港通往海外的"海上陶瓷之路"逐渐形成。经明州港外销

○ 上林湖遗址考古探方（朱恒摄）

的越窑青瓷,曾为唐宋时期的经济繁荣和促进各国之间的文化交流做出了杰出贡献。

如果没有1987年4月陕西法门寺塔唐代地宫出土的13件专供皇帝玩赏、庶民不得用的越窑青瓷,上林湖秘色瓷的面纱还不知会等到什么时候才能揭开。法门寺因保存世界上唯一的释迦牟尼佛指舍利而享誉中外,法门寺秘色瓷的出土为确立上林湖区域秘色瓷产地带来了全新力证。

遗憾的是,在某些浮躁的时代语境中,个别人只盯住秘色瓷的商业价值,只注重它的物质形态,而忽略了它的人文内涵,漠视了它的精神质地。对此,青瓷以沉默表示蔑视。

好在窑火虽已熄灭,但火种依存,只要轻轻一点火花,就会迸发出耀眼光芒。真诚希望人们的到来,能为上林湖秘色增添新的光彩,使窑火生生不息,越烧越旺,除了进入博物馆、拍卖行、收藏家的家,还能飞入寻常百姓家。这既是上林湖越窑遗址的"秘色",也是人间应有的光色。

虞洽卿故居

先生之风,山高水长

伏龙,指潜伏着的龙,亦喻隐居待时之贤者。

伏龙山,海拔不足300米,却是三北平原诸多濒海孤山中最高的山峰,因状如巨龙赴海而名。旧时,伏龙山有莲塘春晓、蓬苑秋香、霜凝丹樨、云亭残照、横玉叫天、白虹凌空、后岭层松、杰阁飞帆等八景,如神龙变幻。唐代开国元勋尉迟恭,宋代政治家王安石、大文豪苏东坡、民族英雄文天祥、哲学家黄震,明代抗倭名将戚继光,思想家黄宗羲,清代抗法名将欧阳利见,民国商帮巨子虞洽卿等名宦显贵、文人墨客,均在观览之余吟诗寄情,或留下遗迹传说。正所谓山不在高低,而在于灵秀。

宁波慈溪伏龙寺,坐落于伏龙山巅盆地之中。唐贞元十二年(796),伏龙山尚为孤岛。马祖道一法嗣大梅法常禅师渡海登山,筚路蓝缕,披荆斩棘,构筑梵宇,始建伏龙寺,距今已1200多年。

据文献记载,伏龙禅寺最终于唐咸通三年(862)由鉴诸禅师建成。至北宋熙宁年间(1068~1077),更名寿圣禅寺。南宋绍兴三十二年(1162),高僧寿峰普宁禅师于此广弘药师法门,施医济药,刺史柳公武以其事迹奏请,诏改寺额为广福禅寺。从此"东海佛国,药师道场"的名号名扬十方。

千年佛地伏龙寺,历史上曾遭到过数次劫难,时石冷苔寒,蛇龙混杂,香火零落,最后竟毁于日军战机,旷时废日之后,百废待举。有道是"江山不能无常主,小士又不可以大任",更何况,非威德无以致远,非慈厚无以怀众。至明代,戚继光写《伏龙寺》诗:"梵宇萧条隐翠微,丹枫白石静双扉。曾于山下挥长戟,重向尊前醉落晖。衰草尚迷游鹿径,秋云空锁伏龙矶。遥看沧海舒孤啸,百尺仙桥一振衣。"

日历翻至2006年,经政府批准,伏龙寺恢复开放,礼请时任宁波市七塔禅寺监院的传道法师主持修复工作。传道法师出生于佛教世家,家族长辈中有近现代中国佛教界著名高僧,因而祖德宽、佛缘广、根基深。时山上有松可荫,有泉可汲,却无地可蔬。然法师难而能为,伸展拓张,直为受之米豆杂粮与人事无穷,无论是一寺一院还是一斋一室,极尽堆石凿池、起楼竖阁、种竹栽花之能事,数年间竟把旧江山换成新图画,其行路之难、功力之苦,不予言传,适为人道。

今履而行之,从伏龙山下古佛道入口,过山腰大型石雕山门牌坊,有仙人桥、千丈岩、刺史桥、摩崖石刻、蛇打滚、梵天捞米洞、石坛、乳井、龙脊柱、止观亭、禧福洞天、莲花池、新四军纪念碑、弘一大师闭关房等新胜旧迹。宏观者,寺院布局严谨,依山势构筑了药师琉璃宝殿、三圣殿、天王殿、祖师殿、惟贤长老纪念馆、祖师塔林、药王殿、伽蓝殿、弘一书画院等,恢复药师道场之繁盛,再现东海佛国之庄严,使发展面临前所未有之机遇。

地因人而旺,庙以德为邻。亲近过妙善、惟贤、星云、传印、广修、圣辉、乘清等诸山长老的传道法师博学远览,福田广种;季羡林、文怀沙、沈鹏、陈佩秋、沈定庵、李莉娟、丰一吟、朱关田、刘江、高式熊、游本昌、叶辛、刘心武、王宏甲、钱文忠等名人大家,躬逢其盛,又神解心悟;合众为药师道场留有真迹墨宝,弘扬佛教文化行且不息,祈福心灯照亮人间净土。钱文忠先生云:"佛门得龙象,伏龙寺得中兴之祖。"

宝庆《四明志》卷第十八载:"伏龙山,县西北八十里。一名箬山。

⊙ 龙山镇山下村（慈溪市文物保护中心供图）

其山跨东海、西海之门，宛若龙头、龙尾之形，又若龙赴海之状，因名伏龙山。内有刺史门、石坛、乳井。水产紫菜，独胜他所。著名伏龙菜饼。"

伏龙山下的龙山镇方家河头村，地处慈溪市东南，是慈溪市唯一保存完整的千年历史文化古村落，也是国内方姓大村。村子东临达蓬山、九龙湖两大风景旅游区，南依翠屏群峰，西靠鸣鹤古镇，村内树茂水秀、巷陌联捷，遗存其多，独成高致，刺史第、兰屿大屋、鹤琴大屋、纪章大屋以及门头、庙宇、古道等，格清意古，遂成历史文化保护区。传方姓一源自北宋末方腊后裔，二乃元代始祖桂四公迁入，三为明初方孝孺后裔，皆位高名大。

龙山镇的山下村，亦乃迎吉纳祥之地，是早期宁波帮代表人物、"海上十大闻人"之一虞洽卿的诞生地，也是依山傍水、尚存田园牧歌气息的好地方。闻一知十，时该镇地居余姚、慈溪、镇海三县的北部，故又称"三

北";因伏龙山当户,故镇以山名;又因村居山下,有古寺为邻,山下者以上为优,山上者以下为基,上下起伏,是故,名山名寺名镇名村与名人之名,彼此成就,伏久飞高。

虞洽卿(1867~1945),出生于镇海县龙山乡[1]山下村,名和德,字洽卿,以字行。其父,名万峰,曾在村头开裁缝铺,兼售卖小杂货。虞洽卿7岁时,其父因病去世后,母亲经理家务。虞母方氏,有弹棉絮技艺,亦略懂医术,给别人缝衣扎扣、合成汤药,自己却孑然一身、空掩年华。一家人勤耕补不足,常敛助不够,后虞洽卿幸得塾师虞民世相助,时断时续地读了三年书,方知礼当持体,义当明分。然,人之至苦者莫甚于贫。为筹生计,15岁的虞洽卿,经族人虞鹏九介绍,告别母亲和弟妹,到上海瑞康颜料行拜师学业,开启了他苦辣酸甜与忧乐共济的闯荡生涯。

初历大上海,偏逢雨天,为了不让母亲新做的布鞋被雨水淋湿,虞洽卿拎着鞋子赤脚迈进瑞康颜料行,不料地面湿滑,冷不防摔了一跤。好在他遇到识宝的老板,调侃他赤足一跤,四脚朝天,状如元宝,财神驾到。果不出所料,虞洽卿勤而任之,又敏于言辞,因而初学生意,便知门路。自他进颜料行后,店里盈利倍增,为此深受店主奚润如的器重,三年满师后即升为跑街,之后又赠其两成干股。留意于物,往往成趣,此赤足一跤,为其的"赤脚财神"名,留下许多精彩与传奇的故事。

有道是"寮小难容""大器不可小用",最终有一天,虞洽卿被德商鲁麟洋行聘为跑楼,不久又升任买办[2]。如同蚕的化蝶,此后一次次华丽转身,他交日广、技日巧、识日长、入日丰,虽也事艰情苦,然果敢之气与发财之道历久弥新。不仅在上海等地业业循环,对家乡也施惠不倦。

小时候的虞洽卿,经常在伏龙山脚下的海涂上拾卖蛤蜊、泥螺等小海产以补贴家用。其所在村庄,如今已成宁波市历史文化名村。电视连续剧《向东是大海》即在该村的虞洽卿故居取景。该剧淋漓尽致地展现了

---

[1] 即今龙山镇,1954年行政区域调整,划归当时的慈溪县管辖。

[2] 买办,指中国近代史上,帮助西方与中国进行双边贸易的中国商人。

⊙ 虞洽卿故居（慈溪市文物保护中心供图）

宁波商人闯荡上海滩跌宕起伏的历史，2012年在中央电视台黄金档播出后，引发全国追剧热潮。

虞洽卿故居，位于伏龙山下的山下村。始建于1916年，完工于1929年。整座建筑通面宽59米，通进深94米，占地面积5546平方米，建筑面积5670平方米。建筑前三进为中国传统风格，后两进为西洋风格，建筑布局以一条中轴线贯穿始终，左右对称，错落有序，是中国传统建筑文化和外来建筑文化完美结合的成功范例。2001年，龙山虞氏旧宅建筑群被公布为全国重点文物保护单位。

故居内诸多匾额均出自名人之手，如"天叙堂"匾乃李瑞清所题，"输财报国"匾则出自蒋介石之手，"乐善好施"匾由黎元洪褒题，还有于右任赠的匾等，墨宝非常。故居内有关"海上闻人"虞洽卿的简介称："因四明公所事件，虞洽卿在旅沪宁波帮中崭露头角，自1908年起，陆续创办四明银行、南洋劝业会、上海证券物品交易所，以及宁绍、三北、宁兴、鸿安四家轮船公司，先后担任上海总商会会长、淞沪商埠市政会办等商政职务,成为早期旅沪宁波帮的头面人物;1927年以后曾任上海特别市参议会董事、中央银行监事、公共租界工务局华董等,与黄金荣、杜月笙等人一起被称为'海上十闻人';抗战期间,其还曾任上海难民救济会会长,上海沦陷后转至大后方创办了多种工商实业……"众所周知,上海自开辟租界后,华人屡受洋人凌辱。基于民族义愤和爱国之心,也为了保护自身权益,气长力足、龙性初成的虞洽卿,多次参加沪上反帝斗争。他还组织沪商武装,被公推为全国商团公会名誉会长,时虽因种种原因未正式成立,但因此却促成了上海各行业商团的总联合,统一的上海商团由此正式诞生。随着委重投艰之事不断增多,经过一定时期的岁月磨砺,虞洽卿竟也如商海游龙般脱颖而出,渐成沪上器局不凡、素有定力的知名人物。

  1906年,清政府应日本政府观操之邀,虞洽卿亦奉命以随员身份参加,受到日本工商界友好人士和旅日侨商的欢迎,尤其受到著名爱国华侨

⊙ 虞洽卿故居(慈溪市文物保护中心供图)

巨商、同乡远亲吴锦堂的热情款待，因此萌发了兴办实业的决心。回国后，他克服各种困难，加紧推进上海四明银行的筹办和开业，并在创办宁绍轮船公司、创立扬清皂厂、倡议筹办"南洋劝业会"等事上展现出不凡的才干与魄力。与此同时，他逐渐壮大了自己的力量，开始跻身上海商界上层。此后无论是保路运动、立宪活动还是支持起义部队，特别自1911年中国爆发辛亥革命以来，虞洽卿从倾向、支持到参加，一步步为推进和发展民族资本主义做出了不懈努力。

1912年元旦，中华民国诞生。虞洽卿等上海各界人士欢迎孙中山就任临时大总统，并选派商团一队负责保卫孙中山到南京成立临时政府。时孙中山无力对独立各省进行有效控制，财政亦十分吃紧，虞洽卿虽有绂冕之绪，亦有让爵之高，常与王一亭等为其筹钱认捐。

虞洽卿对家乡的贡献更是有目共睹。当年在瑞康颜料行任职时，曾随身携带一本用来记录银钱往来的小本子，上有一句"欲任天下事，必自家乡始"的格言。自瑞康颜料行做跑街到鲁麟洋行当买办，从自营房地产和进出口业务到转任外资银行要职，再到创办四明银行和宁绍轮船公司等，他的经济实力持续增强，至谷粟充盈，财用不匮。有钱正好行善。于是1906年，他在伏龙山下的山下村东首自家住宅边创办了一所完全小学，名"龙山学堂"，时有4个初级班，可纳160多名适龄儿童免费入学。后来，他又在宅南建造了新的校舍，将班级扩大到6个。抗战前夕，学堂改名为"虞洽卿小学"，依然免除学费，对贫困村民和邻村子女有困难者，还发放生活费或提供免费住宿，成为当地师资及教学设备较好的一所小学。中华人民共和国成立后，该小学由当地政府接办，改名为"山下小学"。

1912年春，慈北遇厄，沿海一带发生海啸，田亩被淹，粮食歉收，灾民愁如云聚，虞洽卿等人旋即调集粮食，办理义赈，济饥饿，庇孤寒。1922年，三北遭受水灾，百姓泪若水流，虞洽卿等闻讯后又紧急购买济灾物资分赠予民。此后家乡又多次发生水涝旱荒，虞洽卿与旅沪同乡等都及时

⊙ 虞洽卿故居内院（慈溪市文物保护中心供图）

⊙ 虞洽卿故居内景（慈溪市文物保护中心供图）

筹集资金与物资,接济乡民渡过难关。1930年初,虞洽卿还和其弟弟虞善卿共同倡议捐资疏浚、兴修凤浦湖等家乡水利设施。为了使乡人和农产品出入方便,虞洽卿早年还在伏龙山东面建造码头,费时3年,于1914年竣工。时因淤泥容易涨涂,他又花巨资建造防止涨涂的海塘古堤。他还热心于航运和修建公路、水泥桥等公共事业,其创办的三北轮船公司,购置了以"镇北""慈北""姚北"命名的轮船,每艘可装货100多吨、载客200多人,航行于甬江、三北、穿山、舟山等地。当年所立"三北轮埠公司"梅园石石碑,今尚在。

1919年5月4日,五四运动爆发,全国人民反帝爱国热潮高涨,上海各界响应迅速,虞洽卿也连发通电要求释放学生、严惩国贼,并在上海共同组织召开2万人的国民大会,组织游行和罢工、罢市等活动。五四运动后,虞洽卿在全国工商界中的声誉和知名度,有了更大的提高。

⊙ 伏龙湖畔虞洽卿塑像(杨凤丽摄)

1920年初,各地工商代表云集上海,经票选,虞洽卿当选全国工商协会会长。1924年,上海总商会换届改选,虞洽卿又当选会长。1925年5月30日,上海发生"五卅惨案",虞洽卿从北京返沪后领导上海总商会积极活动,同时也因此被扔炸弹,幸未受伤。

此后,无论是在南京国民政权时期,还是内战期间抑或抗战前后,不管风云如何变幻,不论私交与国务,虞洽卿都能泰然处之,不断缔造旅商传奇。1936年10月1日,随着为虞洽卿七十生辰而改上海西藏路为虞洽卿路(今西藏中路)的命名典礼日的到来,虞洽卿以其才情、声望、名位和时运,在社会上的声望达到峰顶,时有包括董事长、理事长、会长、顾问、咨议等各类名誉头衔达上百个。

世事茫茫,得失难量。凡人皆有俗虑情怀,人生不可无憾,人称"阿德哥"的虞洽卿深谙此道,花繁柳密处拨得开,风狂雨急时立得定,每每受惊受挫之后更为成熟,足见其手段与定力。

1945年初,抗战胜利在望,作为宁波帮与江浙财团的代表人物,虞洽卿正盘算重振三北之际,却忽然得了急病,于4月26日在重庆病逝。白手起家,擅敛财喜疏财,既做实业又当慈善家,一生充满传奇色彩的海派实业第一人、民国沪上"十大闻人"之一的虞洽卿,生命自此落下帷幕,终年79岁。同年11月,运载虞柩的专用轮船抵达上海,迎柩和参加追悼会的各界人士达数万人,其后运柩至三北家乡,尊其意愿,葬于伏龙山。

虽然虞洽卿也曾在短期内反对二次革命,并在经济方面支持过"四一二"反革命政变,但他热爱家乡、坚不附敌、拒当汉奸、保持民族气节等行为,足以说明他是一位有影响、有作为的中国民营航运业巨子,是一位爱国爱乡的民族资本家。年逾古稀的他,仍思之大业,亲自率领车队奔走在滇缅线上,抢运物资,支援抗战。

位于伏龙山的虞洽卿墓,在伏龙寺前院门前西侧,坐西朝东,面向大海。墓园大体成方,墓地平缓无冲,南北长42米,东西宽43米,周边翠竹掩映,身旁古木参天。自莲花池侧之石板墓道蜿蜒向北,可见拱门石坊及虞公像。虞洽卿因其"财神"绰号流传甚广,故人们到此都要抚摸一下塑像的手指以沾财气,今虞公塑像之手已被万众触摸得乌光锃亮。墓园内还有乳井、六角亭等古迹。墓位在墓园西北部大型石台上,呈圆形帐篷状,包粉色石板,墓碑卧式,上额"既吉且安",下书"虞公洽卿之墓",两边有"寄情东海迎潮涌,埋骨龙山邀竹眠"之句,由其孙、香港慈溪联谊会会长虞寿铭先生等出资所建。2011年1月,虞洽卿墓被公布为慈溪市第六批市级文物保护单位。

伏龙寺僧众知其前定,心身能感,愿效其行,故而有应,日常打理虞洽卿墓园,总有循环经文为归人超度,显然是对虞洽卿慎始而善终、落叶

⊙ 伏龙寺鸟瞰(朱恒摄)

⊙ 伏龙寺琉璃宝殿（朱恒摄）

当归根的顺与应、鼓与呼。承此关爱之情，虞寿铭先生等亦常怀感恩之心，念相助之人，一念孜孜，唯善是图。

今伏龙寺踞呈吉之地，得天地自然，隆隆而升，锐进不已，寺庙文化兴隆，香火旺盛，所设弘一书画院、弘一讲堂等早已闻名遐迩，且经10多年的建设，不断地与群俱兴、与时俱进。据了解，传道法师陪同各界人士参观虞洽卿故居、寺院伽蓝殿内虞洽卿塑像、虞洽卿墓园等地已有数百次，每每介绍虞公往事，才高语放，姿态传神，让人流连忘返。笔者曾多次陪同文朋亲友拜访伏龙禅寺，传道法师皆亲陪走访。法师日常有许多应酬滋扰，但百忙中仍拨冗指引，思之所至，知行知止，千百高情，俨然已成宣传虞洽卿等唯贤唯德的代言人。人生知己者，屈指能有几？而人有真气真情，方有真知真意，方为真朋真友。

述往事，思来者，窗外世界图展开，车水马龙头儿埋。

鸣鹤古镇

鹤鸣于九皋,声闻于野

"鹤鸣于九皋,声闻于野。"出自春秋时代《诗经·小雅·鹤鸣》里的田园画卷,神仙府地,竟真出现在鸣鹤古镇。

鸣鹤古镇,位于宁波慈溪东南部,是座典型江南风貌的千年古镇,也是省级历史文化名镇。古镇之美,不仅因为历史悠久、人杰地灵,还在于其背靠三山、坐拥两湖等独特的自然环境。因为风景好,风水也好,故有江南绝美之誉,其形神俱备之处,着实令人神往。著名画家陆一飞参观鸣鹤古镇后,发出了"中国古镇数江南,江南古镇在江浙。江浙古镇美如画,首屈一指是鸣鹤"的感慨,道出热爱家乡的一片情愫。

《宁波市志》载:鸣鹤镇,位于浒山镇东南14公里,杜湖、白洋湖在境内。唐元和午间(806~820)里人虞九皋,字鸣鹤,中进士,殁于京,乡人哀之,因名其所居曰鸣鹤。宋咸平年间(998~1003)置盐场,称鸣鹤场。后滩涂淤涨,盐场外移,灶户聚居,遂成集市。民国时设鸣鹤乡,1952年置镇,后改乡,1984年复置。

《四明谈助》载:"鸣鹤山,县西北四十五里。父老相传:昔有鹤栖此山,一旦飞鸣冲天。上有黄文洁(震)墓。""慈邑西北六十里。一云:唐元和间(806~820),虞九皋,字鸣鹤,第进士,乡人尊之,因以名其所居。"

一云：形如鹤，翅舒而喙张，有飞鸣之状，故名之。"

唐开元二十六年（738）明州与慈溪县设立之前，鸣鹤为越州之境，时属句章或余姚。宋元明清时，今观海卫、掌起两镇均属鸣鹤乡。唐至中华民国初，鸣鹤境域相对稳定。根据1992年编制的《慈溪县志》记载，鸣鹤乡从余姚划归慈溪，时间约在806年至866年之间。而据《慈溪日报》2020年11月29日所载《鸣鹤建乡及隶属慈溪时间的新发现》一文则称，鸣鹤乡划归慈溪的时间大约是在766年，采用因境内鸣鹤山而得名，并依据新发现的《刘宗墓志》相关记载，认为鸣鹤建乡的历史可由1200年上溯到2220余年。事不一一，悉可稽考，或容后续告。

鸣鹤古镇背靠三山，名五磊峰、剡岭峰、仙居峰，山峰秀、山石奇、山泉洁，既有其形，亦有其神，山山有画本，处处有诗材，好风袖中知，好景各所宜。

⊙ 鸣鹤古镇鸟瞰

鸣鹤古镇东南侧的五磊峰,又称莲花峰,是江南佛教发源地。山中有初建于三国时期的五磊寺,乃浙东地区修建最早的寺院。佛教传说中五百罗汉之一的三国时期由印度来华的高僧那罗延尊者的墓,就在五磊山麓。五磊峰有古树、清泉、怪石等奇景。其中古树,以寺院前栽种于北宋年间的迎客松为最,高数十丈,树腰需4人合抱,云深松老,鹤梦非凡,另此间百年以上树龄的古木有50多棵,乃树中神品,冠宁波景区之首。其溪潭流泉,以清洌甘甜、久旱不涸著称,据说饮之可祛病驱邪、使人聪颖多慧,如观照月亮池之水,更能求仁得仁、启人智慧。五磊坐佛,由巨石自然形成,高约80米,形似乐山大佛,凝神静坐,气定神闲,蔚为壮观。

鸣鹤古镇南侧的剡岭峰,又称大霖山巅,是著名的浙东避暑胜地,被誉为"上海滩的后花园"。早在魏晋时期,虞氏家族就在峰顶构筑别墅,为今天留下了虞墅岭的地名。著名文学家柳宗元在纪念好友虞世南族孙虞九皋的一篇诔文中写道:"前进士虞九皋,字鸣鹤,终于长安亲仁里……"唐末,名士袁充避地于此,号清隐居士。元代时建有清隐庵,至清末已扩建为大霖禅寺。民国初,上海清虚观道士姚瑞清等资建造道观阳觉殿,依山因势,肃穆壮观。

鸣鹤古镇西侧的仙居峰,山顶有棋盘石,生有长生草,传是神仙弈棋、居住之所,一年四季草木丰盛,一枝一叶见精神。人称白龙潭瀑布的"大泡水"亦在此,《慈溪地名志》载:大泡水,在鸣鹤镇西南3.6公里。两边高峰夹一溪,水流湍急,出口处地势骤降,形成大泡水奇观,意味无穷。

鸣鹤古镇的杜湖、白洋湖两湖,屋庐深邃,桥梁往来,亦极清隽,是中国古代文化史上的两大圣湖。

鸣鹤古镇东侧的杜湖,又称杜若湖,以屈原"山中人兮芳杜若"之句而名,喻湖如杜若草般芳洁。杜湖古有湖址,唐刺史任侗重加浚筑,灌溉鸣鹤一乡之田,号第二重天,曾孕育中国传统文化中的一个重要流派"魏晋易学";此流派的开创者即三国时期的虞翻,这位为《老子》《论语》《国语》做过训注,并著有《明扬释宋》,注有《周易注》的著名易学家,后人称

其为"大开岭南学风"。杜湖南滨,旧有虞翻故居,亦称虞都尉讲舍。东吴大帝孙权曾说:"虞翻若不及伏羲,则可与东方朔为比",清代浙东学派的重要代表人物全祖望有《虞都慰讲舍》诗。杜湖有南北之分,俗称"里杜湖"与"外杜湖",里杜湖众山环抱,从高处看里杜湖似一大明镜,尤以青山在水中之倒影最为美妙;外杜湖因湖中有堤,将湖分为东、西二湖,东湖极广,有大、中、小洋山三岛,山容水意,皆出天然。而位于杜湖东南之滨的杜洲书院,亦为世人所重。

鸣鹤古镇西侧的白洋湖,古称伯阳湖。唐景龙年间(707~709),余姚县令张辟疆修筑,与杜湖相连,西界余姚;湖之南滨,是我国青瓷文化的一个重要生产基地和港口,是以上林湖为中心的唐宋瓷都的重要组成部分。2002年浙江省考古研究所、慈溪市文物管理委员会联合对湖滨的石马弄窑址进行抢救性发掘,在晚唐、五代至北宋时期的青瓷本中,发现一件秘色瓷盘与陕西法门寺地宫出土的秘色瓷盘相同,说明在晚唐至吴越国时期,白洋湖畔是秘色瓷产地、贡窑所在地之一。白洋湖中有七塔,旧有白洋十景,留诗甚多。晚清著名诗人姚燮有"空水了无翳,天色浮之莹。一碧曳山远,薄岚含渐暝"等诗句,达意畅神。南临白洋湖的是千年古刹金仙寺,民国时期弘一大师亦曾多次云游于此,和风渐起、迷于所美。

初建于南朝梁大同年间(535~545)的金仙寺,原名精进庵。唐乾元年间(758~759)改名福林。宋治平年间(1064~1067)赐额金仙寺。寺院几经毁建,至明清已闻名于南方禅林,素有"以山而兼湖之胜"之誉。近代的太虚、谛闲、芝峰、弘一、静权、大醒等高僧曾驻锡于此,名僧亦

幻、月西等曾任住持,名人频出,超凡脱俗。

宋人谓读义理书、学法帖字、澄心静坐、益友清谈、小酌半醺、浇花种竹、听琴玩鹤、焚香煎茶、登城观山、寓意弈棋等人生之乐,鸣鹤皆有。鸣鹤古镇的测天楼、白湖诗社、御药供奉与一应俗居雅品亦然。此地的书香、酒香、茶香、药香、品香及一切世间往事,穆和、典丽、醇正,应验了此情、此景、此境的从容洒脱与风雅脱俗。

雅俗共赏的还有鸣鹤古镇老街,东起陡塘桥,西至沙滩桥,依河而建,店铺林立。自唐元和年间(806~820)开镇至民国末年,有天芝堂、滋德堂国药店,同信孚、锦恒泰火油行,致和、润和、中存仁酱园,协和、协泰磨坊,张同德、琴信康、茂和成、叶隆泰、正大元、同德和等百货店,泰来、永大昌、协成、万昌等糕点店,郑泉来、俞纪生、沈文祺、楼秀宏、楼秀康等水作摊店,永泰鸿号生漆行及数尚轩等数家肉店,还有糖坊、典当、蜡烛、篾器、米粮、蔬菜、家禽、鱼鲜等铺,被誉为"三北第一集市"。每月一、三、五、八集市日更是热闹。曾作为三北地区农副产品等重要的集散中心,直到20世纪70年代,集市还相当热闹,散发着真实的人间烟火味和十足的

⊙ 金仙寺鸟瞰

⊙ 鸣鹤古镇

鸣鹤味道。此地还有一个当地人都很熟悉的称呼——"鸣鹤场",这是因为唐宋时,这里是一处较为著名的晒盐场。

鸣鹤古镇的中医药事业起步早、规模大,是浙八味的浙麦冬、浙贝母、浙红花等的主要产地,明代中后期至新中国成立前夕,国内知名国药店也大多为鸣鹤人所开,亦有在其中担任要职,如清代南北两大国药店北同仁堂和南种德堂,分别为鸣鹤乐氏和叶氏所开。仅鸣鹤乐氏一家,就开设有天津的达仁堂和宏仁堂、山西太原的乐仁堂、山东济南的宏济堂、河北石家庄的乐仁堂、北京的永仁堂等。时杭州、温州等地规模最大的叶种德堂、叶同仁堂等,均为鸣鹤叶氏所开。此外,鸣鹤宓家埭人在湖州周边地区、鸣鹤杜家桥人在绍兴地区、鸣鹤方氏在台州地区、鸣鹤王氏在萧山地区等,都开设有相当规模的国药店。虽然在民国以后,杭州胡庆余堂逐渐超过叶种德堂,但当时胡庆余堂掌门人也是鸣鹤人俞绣章。乐氏、叶氏、韩氏等药商所建的古建筑群,虽有部分损毁,但大部分保存得较为完好。

鸣鹤古镇不仅有众多古迹和山水奇缘,还有在众多领域表现出色的人才。鸣鹤乡虞氏,乃慈邑大家。居第著名的有:虞翻,字仲翔,三国著名易学家,少好学,有豪气,孙权时为骑都尉,文武全才,被誉为东方朔、诸葛亮式的人物;虞喜,字仲宪,晋代著名天文学家,少有操行,博学好古,无意仕途,专心钻研经传,旁及研读谶书纬书,注述共有数十万字,流行于世;虞预,字叔宁,虞喜之弟,著名经史学家,少孤,好学有文,著《会稽典录》《诸虞传》等;虞荔,字山披,南朝大臣,幼聪敏,有志操,及长,博览善文,为士林馆学士,南朝陈天嘉二年(561)卒,赠侍中,丧还,帝临送之,有子世基、世南;虞寄,字次安,南朝大臣,少聪敏,及长,好学善文,太建八年(576),加大中大夫,无子,以兄子世南为后;虞世南,字伯施,余姚县人,初唐名臣,与房玄龄等共掌文翰,享年81岁,获赠礼部尚书,人称"唐人书品,世南第一";虞九皋,以文行称,唐贞元中(785~804)举进士,遽卒于长

⊙ 鸣鹤古镇内景

◉ 金仙寺远眺

安,唐代著名文学家柳宗元有谏文,称其"传袭儒风,彪炳文史,克恭以孝,惟礼是履",传虞九皋乃虞世南族孙。

虞氏家族除了仕宦绵延不断,在经学、史学、文学、书法学、天文学、历法学、金石学、医药学等领域,都有重要表现和突出贡献。据相关资料记载,自东汉至唐,虞氏家族先后有20余人载入诸如《三国志》等史籍,有50余人载入其他历史典籍,有70余人留名于各类文献,其中封侯者有7位,官至三公九卿者达10余位,出任守令者则更多,历东汉、三国、晋、南朝、隋、唐、五代十国等。

神交古人,尽思极神。深藏于山水间的鸣鹤古镇,其白描淡墨与满眼青翠,是一种不会褪色的美。其淡雅和润与酒樽诗卷,是一种内心姿态的雅,着实令人称奇称妙,妙不可言。

好景有期,期待明天的旅程。

象山渔港古城·石浦

美丽的中国渔村

这里有灿烂的海洋文化,孕育着美丽的中国渔村。

位于东海之滨的宁波象山,三面环海、两港相拥,海洋资源丰富,生态环境优美,文化底蕴深厚,具有"东方不老岛、海山仙子国"之美誉。6000多年的文明史、1300余年的立县史,孕育了渔文化、象(吉祥)文化、

⊙ 石浦鸟瞰

丹（不老）文化等特色文化。连续举办20多届的中国开渔节被列为全国十大民俗节庆之一,针对象山海洋文化的研究,如中国海洋论坛、徐福文化象山研讨会等,犹如春兰秋菊,各逞一时之秀。

《四明谈助》载象山"在县北半里。为县主山,形如伏象。县治筑作龟形,所以取'象见龟则止'之意也。山腰旧有水曰'象潭',顶曰'圆峰',又曰'圆峰山'。峰顶旧有'望海楼'。山之半,南有'观澜亭',北有'白鹿饮泉亭'。俗传白鹿饮泉于此,即之不可得。后人创亭,今废"。

明代周希程在《筑象山县城记》中有云:"象邑阻三面而濒海,与东夷接壤,寇盗易于登劫。洪武初,汤信国之行边也,建议筑城,阻于时论,遂于沿海一带设一卫八所及四巡司以守之。"

《四明谈助》载象山县治:"象环邑皆山,而治奠于象山之麓。周为越东南境地,汉为治县封内地,与鄞[1]联界。……神龙二年(706),析宁海,置象山县。代宗广德二年(764),始从台来属。历五代、宋、元、明,迄今

---

[1] 今奉化界。

○ 石浦渔港古城城楼

无改。辟门四:东'宾旸',南'来熏',西'迎恩',北'拱极'。水门三:北一南二。"

秦王嬴政二十五年(前222)置鄞县时,象山属鄞县地。东晋永和三年(347),属鄞县、宁海地。隋开皇九年(589),属句章、章安地。唐武德四年(621),属句章[1]、宁海地。唐神龙二年(706),析台州宁海、越州鄮县部分地,立象山县,属台州,设县治于象山西南的麓彭姥村[2]。广德二年(764),改隶属明州,此象山隶明郡之始。南宋亦然,后改庆元府,元属庆元路,明、清属宁波府。1914年属会稽道,1927年废道属省。1932年、1946年分别属于省第五、第六行政督察区。

《象山县志》载称,早在秦代,方士徐福为秦始皇求长生不老之药,曾留居被称为仙岛之一的象山蓬莱山,历代文人骚客乃至帝王将相亦有歌咏诗文传世。象山也是我国的炼丹发源地之一,相传陶弘景曾在城西山麓炼丹,故象山县城也雅称"丹城"。

石浦镇是象山诸多街道乡镇之一,位于丹城镇南30公里,居象山半岛南端,早时因"溪涧入港处山岩直逼海中",故称石浦。明洪武二年(1369),置巡检司,旋改千户所,筑所城。清道光三年(1823),置石浦厅。1912年划属南田县为县治,次年仍归属象山。1932年建镇,1953年复置,典型的中国渔村。

《四明谈助》载:"石浦所,郡治南三百七十一里。东南面海,西北因山,城周围六百七丈。旧隶昌国卫。明洪武二十年(1387),因本卫移置东门,将石浦原设巡检司徙于象山〔青山头〕,遂调前后千户于石浦。辟南、西、北三门。"

石浦以瓮城为标志,分城里、城外,故称"古城石浦"。它是东南沿海著名的避风良港,兼渔港、商港之利,系全国四大渔港之一,也是中国最早的海洋渔业发祥地之一。港湾具有包容性,此地各种寺院、道观、庵堂、宗

---

[1] 唐武德八年(625)改称鄮县。
[2] 今丹城西北。

⊙ 石浦古城老街

祠等相处共存,寄托着因不同原因迁徙而来的人群不同的信念信仰,其中以妈祖庙、渔师庙为最。清代著《大梅山馆集》的姚燮有《西沪棹歌》:"百蜀渔帆出内洋,上婆无作一屏当。占风若遇天妃暴,子细沉锚碇破塘。"写的是渔民若遇三月廿三日妈祖诞辰前后的风暴时,宜在就近的象山港内西沪港避风,则无险。

石浦古城沿山而筑,依山临海,城门就形而构,城墙随势起伏,居高控港,古朴雄强,城在港上,山在城中。其老屋拾级而建,街巷拾级而上,蜿蜒曲折,峰回路转。有碗行街、福建街、中街、后街等,淳厚古朴,保留完整。江心寺、关帝庙、城隍庙、王将军庙、侍郎府、大夫第、文林第、金鸡山烽堠、源生钱庄、宏章绸庄、栽兴烟馆、大皆春药房、耕海牧渔馆、亚洲第

一飞人馆、钱大当铺、识字亭等古迹新遗，皆适得其所，历历在目。源远流长的海洋文化、渔业文化、海防文化、渔商文化等，各具特色，在此完美交融。

福建街是城外一条颇有名望的老街，居者祖籍多为福建，《渔光曲》摄制组曾下榻于此，取景拍摄。1935年该影片在苏联莫斯科国际电影节上获得荣誉奖，这是我国第一部在国际上获奖的有声电影，好评如潮。

碗行街与福建街会合处即瓮城。入门拾级而上，便是老城的制高点"城头顶"。过避火墙的月洞门是中街，街中立有五道避火墙，上刻"固若金汤""泽通瀛海""河山并寿""庆溢康衢""物阜民康"等字样。旧时街两侧有绸庄、布庄、钱庄、鞋店、当铺、烟馆、春楼、药店等商家店号100余家。互为交织且扑朔迷离的后街、巡检司弄、酒坊弄、烽台弄、吉士弄、药局弄、公馆弄等，巷陌相乱，自成淳古。这里有最热烈的街谈巷议，也有最淡定的茶余偶谈，百说不厌的是开渔节，唠叨最多的是那些开

⊙ 石浦古城老街

渔前的家中祭、庙里祭、船头祭，丰收时的丰收祭，结束时的谢洋祭等民俗风情，还有旧时女子不上船、船头不解小便、登船不得说"落船"、获鱼多者三年不捕等禁忌。

与石浦村隔海相望的东门渔村，是石浦镇的一个古村，依山傍港，历来就有"新石浦老东门"之说，是中国现存最完整的渔村之一。距离东门城隍庙400米处有始建于宋嘉定二年（1209）的天后宫，1998年重修。每年的农历三月廿三是妈祖的诞辰日，也是东门渔民扬帆出海的启程日，此乃渔村盛事，一般都要举办庙会，择涨潮时分，备三牲福礼，虔诚祈祷，之后演戏酬神，有时甚至日夜连演数日，号"出洋戏"，天后宫常被围得水泄不通。而每当东门渔船返航归里时，天后宫也格外热闹，有"谢洋戏"或"还愿戏"，颇有渔家风情和海岛特色。

位于石浦港畔的中国渔村，乃中国四大民间渔港之一，集全国渔区文化、生活风情于一体，数百种鱼类、甲壳类、贝类在这里汇聚，是个海鲜王国。渔文化民俗街、皇城沙滩、欧美风情小镇、石浦渔港、石浦古街、檀头山、渔山岛、渔人码头等交错混杂，可谓实至名归。沿着赶海大道，穿过景区大门，到处都是海洋生物的印记，观之满身皆活。以三桅船为中心并逐渐铺展开来的海洋、沙滩、空气、阳光与绿色，畅享之感扑面而来。当地特产堆山塞海，美食小吃水陆并进，异域情调像风刮过，游玩娱购足以聚客，传统与现代并存，文化与生活缠绕，充满诗情画意。

其中黄沙细如练绢的皇城沙滩，呈弯月形，长达1800米，宽约300米。坡度缓，沙质佳，看似细滑油润的铁锈色沙滩，退潮时却坚如铁板，人过无痕，车过无迹，故当地人称为"铁板沙"，此为国内罕见。

"三月三，踏沙滩"，是个热闹日子。渔家汉子抬着各式抬阁，吹着一人多高的"长号"，人们舞动着东海龙，提着各式各样的灯饰，敲打着渔家鼓，尽情欢乐，极有海洋气息。而它的由来，据说是因为三月初三前后气温升高，此时海洋中的腹足类软体动物要爬上滩头，即当地俗语说的"三月三，螺子螺孙爬上滩"，人们便会在这个时候背着鱼篓，提着沙蟹桶，带

⊙ 皇城沙滩

着沙蛤耙去沙滩拾捡。后来,由于海洋资源逐渐枯竭,人们怀念过去的情景,于是就自己踏上沙滩演示一番。欢乐的沙滩之上,人越来越多,螺越来越少,热闹中多少带着点凄怆。

中国开渔节作为中国渔村的民间大典,从1998年开始,一年比一年红火。特别是1999年中国(宁波·石浦)第二届开渔节祭海典礼,犹如天外来石,石破天惊。时任象山县县长承全县53万人民及县外人士之意,敬献礼品,协奏民乐,祭颂大海于宋皇城沙滩之滨,祭海文曰:

混沌初开,大海漫漫。吞吐日月,含孚星汉。蕴无量之宝藏,涵不尽之资源。利舟楫而通五洲,奉鳞甲以济兆民。赖海恩泽,富民兴邦。泱泱中华,景曜东方。

浙东象山,缘海而邑。纵横百里,海域广袤。远古六千年,塔山人耕海牧渔。历秦汉南朝,传徐福、弘景居蓬莱。千百年来,先民勤朴,后昆淳良。张银网而罟海错,奋铁臂以创锦绣。佑平

安妈祖渔师传显征,靖海氛潭使戚军逞神威。世世代代,伴海而生,发愤图强,庶几海邑建乐园。

人与自然,休戚攸关。陆与海洋,脉脉依偎。21世纪,瞩目海洋,前景广阔。然向大海索取无度,必危及人类自己。纳百川可不竭,节细源使永远。故自"九五",施行休渔开渔。政府立法,渔区尊奉,以保长渔久业。

方今世纪之交,建国五秩,开渔庆典又届。千余平方公里境域,龙腾虎跃。荔湾象港松兰皇城,舒怀开放。海内宾客踵至,

⊙ 石浦渔港夜景（纪申浦摄）

万民空巷云集。船队列列，龙旗猎猎，征鼓阵阵，待等令下，千轮竞发，驰骋疆场。诚以阅师之际，祈告沧海，愿旗开得胜，丰产安康。襄我邑民，再创辉煌，幸哉，尚飨！

此外，以灵岩山为大背景，结合山、岩、洞、水、林等自然景观所建的象山影视城，占地1000多亩，集影视文化与旅游休闲于一体，使游客流连忘返。

象山旅游名胜星罗棋布。其中，松兰山滨海旅游度假区，以大海、沙

滩为主要元素。位于丹城东首的东谷湖,有门楼、塔山、文峰塔。坐落在象山南部三门湾口洋面上的花岙岛,洞幽、滩奇、岩峻,有张苍水抗清兵营遗址。宁波第一大岛南田岛上的风门口海岛森林公园,有烽火台遗址等诸多景点。泗洲头镇中部的灵岩山风景区,由彩虹飞瀑等五大景区组成。西周镇东南丘陵谷地中的儒雅洋村,有千年古驿。位于墙头镇的象山蓬莱观,则有徐福奉秦始皇之命赴蓬莱岛寻觅长生不老药之来象遗迹等,登高远望,归深欲窥,闻者神往,见者意倾。

明朝驻守石浦游击将军张名振,字侯服,曾以石浦为基地,建立抗清大本营。名将张苍水,名煌言,字玄著,号苍水,诗文著述甚丰,有《张苍水集》等,其文武双全,终不幸被执于象山南田悬岙岛(花岙岛上之古村落),唯付浩叹耳。今宁波中山公园内有张苍水故居,其旁为苍水街,常有人前来纪念这位抗清英雄。

汪目望洋,念之在心,石令人古,水令人远。传统文化是民族精神得以传承不可或缺的组成部分,其与中华文化有着千丝万缕的关系。象山石浦古城的特色文化,是对中华文化的一个补充,正是由于这些地域特色文化的支撑,中华民族文化才会如此博大精深,如此丰富多彩。

点头听,击节赏,风喝彩,雷鼓掌。

⊙ "威镇浙洋"城楼

主要参考书目

（按引用先后排序）

001 ［北宋］徐兢撰：《宣和奉使高丽图经》，文渊阁《四库全书》本。

002 ［南宋］胡榘修，方万里、罗濬纂：《宝庆四明志》，故宫博物院影印本1950年版本。

003 ［南宋］张津等纂：《乾道四明图经》，《宋元方志丛刊》，中华书局，1990年版本。

004 ［南宋］吴潜修，梅应发、刘锡纂：《开庆四明续志》，徐氏烟屿楼校本。

005 ［南宋］魏岘撰：《四明它山水利备览》，文渊阁《四库全书》本。

006 ［元］王元恭修，王厚孙纂：《至正四明续志》，［清］徐时栋校刊。

007 ［明］张时彻撰修，周希哲订正：嘉靖《宁波府志》，国家图书馆出版社2019年版本。

008 ［清］徐兆昺著，桂心仪、周冠明、卢学恕、何敏求点注：《四明谈助》，宁波出版社2000年版本。

009 ［清］曹秉仁、万经等纂修：雍正《宁波府志》，道光二十六年（1846）刻本。

010 ［清］全祖望撰：《全祖望集汇校集注》，上海古籍出版社2000年版本。

011 ［清］胡文学辑选，李邺嗣叙传，袁元龙点注，宁波市鄞州区政协文史资料委员会整理，袁元龙注解：《甬上耆旧诗》，宁波出版社2010年版本。

012 ［清］徐松辑，刘琳、刁忠民、舒大刚、尹波等校点：《宋会要辑稿》，上

海古籍出版社2014年版本。

013 [清]董沛、忻江明辑,袁元龙点校,袁良植、袁慧参校,宁波市鄞州区政协文史资料委员会整理:《四明清诗略》,宁波出版社2015年版本。

014 [清]张潮撰,孙宝瑞译:《幽梦影》,中州古籍出版社2008年版本。

015 浙江省地方志编纂委员会编著:《宋元浙江方志集成》,杭州出版社2009年版本。

016 [中华民国]张传保、汪焕章修,陈训正、马瀛纂:《鄞县通志》,鄞县通志馆1935—1951年版本。

017 宁波市地方志编纂委员会编,俞福海主编:《宁波市志》(全三册),中华书局1995年版本。

018 宁波市地方志编纂委员会编,俞福海主编:《宁波市志外编》,中华书局1998年版本。

019 [北魏]郦道元撰,陈桥驿校证:《水经注选译》,中华书局2007年版本。

020 宁波市鄞州区地方文献整理委员会编,陈训正、马瀛纂,张传保、赵家荪修:《鄞县通志》,宁波出版社2006年版本。

021 宁波市海曙区政协文史委编,王国宝编著:《甬城胜迹》,宁波出版社2021年版本。

022 林士民著:《三江变迁——宁波城市发展史话》,宁波出版社2002年版本。

023 宁波市暨各县(市)区政协文史资料委员会编,许孟光主编:《宁波文物古迹保护纪实》,宁波出版社2000年版本。

024 政协宁波市委员会文史资料研究委员会编:《宁波文史资料(第一辑)》,1983年宁波日报印刷厂印刷版本。

025 政协宁波市委员会文史资料研究委员会编:《宁波文史资料(第二辑)》,1984年宁波日报印刷厂印刷版本。

026 政协宁波市文史资料研究委员会编:《宁波光复前后:纪念辛亥革命八十周年专辑》,1991年宁波日报印刷厂印刷版本。

027　姜勇著:《王安石鄞县图鉴》,人民出版社2017年版本。

028　宁波市档案馆、海曙区档案馆编:《宁波人与辛亥革命:纪念辛亥革命100周年》,宁波出版社2011年版本。

029　王永杰等编:《政坛名人:民国政治舞台上的浙东人物》,中国文史出版社1998年版本。

030　郁东明、郑学溥编著:《浙江第一个商埠:宁波》,浙江人民出版社1958年版本。

031　许孟光主编:《宁波揽胜》,宁波出版社1996年版本。

032　林士民、沈建国著:《万里丝路——宁波与海上丝绸之路》,宁波出版社2002年版本。

033　陈守义主编:《明州风采》,海洋出版社1993年版本。

034　黄炳辉主编,宁波市政协文史资料委员会等编:《三江口巨变——宁波城市建设纪实》,宁波出版社1999年版本。

035　虞浩旭编著:《中华历史文化名楼:天一阁》,文物出版社2012年版本。

036　童介眉绘画,王宏星撰文:《天一阁画史》,宁波出版社2003年版本。

037　徐季子、周冠明著:《千年月湖》,宁波出版社2002年版本。

038　杨古城、曹厚德著:《四明寻踪》,宁波出版社2002年版本。

039　宁波市佛教协会编:《宁波佛教志》,中央编译出版社2007年版本。

040　一退著:《品中国帝师》,上海文艺出版社2014年版本。

041　柴隆著:《千年郡庙:宁波城隍庙的前世今生》,宁波出版社2017年版本。

042　宁波市海曙区档案馆等编:《宁波府城隍庙》,西泠印社出版社2020年版本。

043　龚烈沸编著:《宁波现存碑刻碑文所见录》,宁波出版社2006年版本。

044　杨贻诚编:《竹洲文献》,1934年浙江鄞县县立女子中学25周年纪念校友会印版本。

045　姜红娜著:《师道天下:历代帝师的那些招儿》,团结出版社2012年

版本。

046　谢俊美著：《翁同龢人际交往与晚清政局》，上海书店出版社2018年版本。

047　王嘉伟、徐卫民主编：《甬城名医录（中医卷）·传承与发展》，宁波出版社2019年版本。

048　刘毓庆著：《上党神农氏传说与华夏文明起源》，人民出版社2008年版本。

049　惠焕章、崔彦编著：《炎帝神农氏百谜》，陕西旅游出版社2004年版本。

050　周时奋著：《风雅南塘》，宁波出版社2012年版本。

051　宁波观宗讲寺编，释宗真主编：《延庆观宗讲寺志》，中国炎黄文化出版社2008年版本。

052　王荣国著：《海洋神灵——中国海神信仰与社会经济》，江西高校出版社2003年版本。

053　吴春明著：《环中国海沉船：古代帆船、船技与船货》，江西高校出版社2003年版本。

054　万本根、陈德述主编：《中华孝道文化》，巴蜀书社2001年版本。

055　[清]阮元校：《十三经注疏:附校勘记》，中华书局1980年版本。

056　胡平生译注：《中国古典名著译注丛书:孝经译注》，中华书局1996年版本。

057　骆承烈编：《中国古代孝道资料选编》，山东大学出版社2003年版本。

058　王国宝主编：《大爱妈祖:妈祖信仰在宁波》，宁波出版社2017年版本。

059　黄浙苏、钱路、林士民编著：《庆安会馆》，中国文联出版社2002年版本。

060　象山渔文化研究汇编，丁爵连主编：《象山妈祖文化述略》，2004年内部印务版本。

061　宁波市政协文史委、政协宁波诗社编，周律之主编：《宁波地名诗》（上、下集），甘肃人民美术出版社、宁波出版社2009年版本。

062　黄浙苏主编：《海峡两岸妈祖文化学术研讨会论文集》，中国文史出版社 2010 年版本。

063　黄浙苏著:《信守与包容——浙东妈祖信俗研究》,浙江大学出版社 2011 年版本。

064　陈寥士编纂:《七塔寺志》,中华佛教出版社、百通(香港)出版社 2004 年版本。

065　骆海飞著:《月西法师评传》,上海书店出版社 2021 年版本。

066　白玉凯著:《七塔寺史话》,上海社会科学院出版社 2019 年版本。

067　宁波市鄞州区文物管理委员会办公室主编:《鄞州区第三次全国文物普查丛书·历史的回声之四:堇风甬水》,宁波出版社 2012 年版本。

068　孙善根著:《聚财与散财:近代宁波帮义商严康懋传》,浙江大学出版社 2016 年版本。

069　柴隆、潘瑶菁著:《江厦观潮:甬上商贸盛衰的世事沧桑》,宁波出版社 2017 年版本。

070　张全民著:《钱湖烟雨:山水城市的栖居理想》,宁波出版社 2017 年版本。

071　麻承照编著:《东钱湖的传说》,中国文联出版社 1999 年版本。

072　《天童寺志》编纂委员会编:《新修天童寺志》,宗教文化出版社 1997 年版本。

073　《阿育王寺新志》编纂组编纂:《阿育王寺新志》(上、下两册),1989 年版本。

074　鄞州区地方文献整理委员会主办,戴松岳主编:《鄞州文史·第二十四辑》,2017 年宁波精英制版彩色有限公司印刷版本。

075　鄞州区地方文献整理委员会主办,戴松岳主编:《鄞州文史·第二十八辑》,2020 年宁波精英制版彩色有限公司印刷版本。

076　鄞州区地方文献整理委员会主办,戴松岳主编:《鄞州文史·第十八辑》,2014 年宁波精英制版彩色有限公司印刷版本。

077　海飞主编:《它山传奇:四明首镇鄞江记忆》,大众文艺出版社 2013

年版本。

078 ［宋］魏岘著，俞福海、方平点注：《四明它山水利备览》，当代中国出版社2001年版本。

079 朱金茂、杨胜隽主编：《四明遗韵：宁波市传统村落拾贝》，宁波出版社2013年版本。

080 周宏杉、李红伟主编：《李家坑》，中国文史出版社2017年版本。

081 应义植编著：《蜜岩千古情》，天马出版社2011年版本。

082 《蜜岩村志》编写组编写：《蜜岩村志》，1991年版本。

083 宁波市鄞州区政协文史资料委员会编：《鄞州百村》，宁波出版社2008年版本。

084 梁昕浩编著：《宁波传统村落田野调查·走马塘村》，宁波出版社2020年版本。

085 葛振家著：《崔溥〈漂海录〉评注》，线装书局2002年版本。

086 仇柏年著：《外滩风云：西风东渐下的宁波缩影》，宁波出版社2017年版本。

087 宁波市文物考古研究所、国家水下文化遗产保护宁波基地编著：《宁波考古六十年》，故宫出版社2017年版本。

088 郭学勤著：《镇海十七房郑氏宗族》，浙江大学出版社2018年版本。

089 董顺德编著：《慈城慈孝甲天下》，宁波出版社2017年版本。

090 钱文华、钱之骁著：《天赐慈城：解读中国古县城的标本》，宁波出版社2017年版本。

091 宁波市镇海区政协文史资料委员会编：《镇海海洋文化专辑》，中国文史出版社2013年版本。

092 谷声图书编著：《不一样的江南小城：招宝山的慢时光》，中国旅游出版社2014年版本。

093 乐胜龙编：《北仑景观》，当代中国出版社2001年版本。

094 《奉化市志》编纂委员会编：《奉化市志》，中华书局1994年版本。

095　奉化政协文史资料委员会编:《人间弥勒》,宁波出版社2008年版本。
096　袁国松著:《溪口谈助:蒋氏故里文化品读》,宁波出版社2015年版本。
097　《雪窦寺》编纂委员会编:《雪窦寺志》,宁波出版社2011年版本。
098　朱晓明撰文,冯国宝摄影:《灵山秀水隐前童》,河北教育出版社2003年版本。
099　胡惠瑞编著:《阳明故里见闻录》,中国文史出版社2012年版本。
100　[明]王阳明著:《传习录》,中国画报出版社2013年版本。
101　[明·清]黄宗羲、李伟著,李伟注:《明夷待访录译注》,岳麓书社2008年版本。
102　刘军著:《20世纪中国文物考古发现与研究丛书:河姆渡文化》,文物出版社2006年版本。
103　张东著:《发现中国:重回河姆渡》,上海古籍出版社2010年版本。
104　陈忠来著:《太阳神的故乡——河姆渡文化探秘》,宁波出版社2000年版本。
105　俞强主编:《上林秘色:中国作家眼里的上林湖》,宁波出版社2011年版本。
106　俞丹桦主编:《宁波的中国之最》,宁波出版社2006年版本。
107　汪仁泽、姚伟琴著:《海派实业第一人:虞洽卿商旅传奇》,团结出版社2011年版本。
108　慈溪市政协教文卫体和文史资料委员会编:《慈溪文史资料第二十七辑:史海帆影》,宁波出版社2013年版本。
109　弘一书画院编:《甬上留香:弘一大师在宁波》,天津人民美术出版社2020年版本。
110　方煜东编著:《江南山水古镇鸣鹤》,中国文联出版社2013年版本。
111　白国璋主编,史奇山撰稿:《渔港古城石浦》,浙江人民出版社2006年版本。
112　张利民著:《张苍水被执始末考》,中华书局2010年版本。

113 宁波市教育委员会编:《宁波市教育志》,浙江教育出版社1996年版本。

114 水银编著:《宁波疫鼠纪实》,宁波出版社2015年版本。

115 叶向阳编著:《宁波1931—1939王之祥摄影珍存》,宁波出版社2018年版本。

116 郁伟年著:《阿拉宁波人》,宁波出版社2019年版本。

117 宁波市文物保护管理所编:《最后的遗存:宁波市老城区文物与传统类建筑掠影》,2003年版本。

118 邱枫著:《宁波古村落史研究》,浙江大学出版社2011年版本。

119 周达章、周娴华著:《宁波老事体》,宁波出版社2014年版本。

120 哲夫主编:《宁波旧影》,宁波出版社2004年版本。

后 记

　　文化兴则城市兴,文化强则民族强。文化是了解和应答城市历史的重要视角,同时也是城市生长的灵魂和价值。它无疑为擦亮城市名片聚势赋能,为锻造高品质城市奠定坚实基础。

　　宁波是一座历史悠久、文化厚重、崇文重教、风光秀丽的魅力之城,是一座神秘、浪漫与优雅,散发真气、才气和烟火气的宜居城市,更是一座集古老与时尚、美景与美味、自然与人文、生机与希望、向往与追求于一身的活力之城。

　　今日之宁波,虽早已不是以前按图索骥的明州,但在传统与现代、历史与现实、继承与保护、经济与文化等问题日益突出的现代,每个人都对

每座城市的印象、理解和记忆更趋个性,没人能够完整地描绘出一座城市的精神、品质、个性与风骨。而自古为人所不齿者,数典忘祖也,为之恻然,安能不恨?好在人们对城市人文气息和环境保护付出愈来愈多精力已有目共睹,因而回忆过去的往事,记录今天的生活,把握明天的旅程,显得尤为重要了。

士风一奋,稽古振今。今大千世界,表象亿万,欲为之事,无穷尽也。不畏人知畏已知,岂为声名劳七尺。故触类引申,究古注今,聊纪于此,撰为拙作,然未敢以为是。

再者,此书亦是耗神费资之作,余时有奢侈疲倦之感,质疑和思辨比邻而居,彼此独立却又相互交融。随着人们不断的深入研究和成果涌现,终将出现更多、更新、更有价值的信息,这既是自我鞭策,又是共同勉励。幸屡得唐佐助、释传道、许孟光、虞浩旭、林国聪、林锦、徐卫民、水银、游红霞、蔡馨涯、林永国、叶向阳、陈志诚、唐路安、李恒迁、盛繁国、陈一鸣、夏伟媚、李佳、林奇松、王嘉伟、王磊等良师益友的指点鼓励,故能乐之勤之。感慨之际,敬仰之余,直为受之,方自若也。

盖因学力不足、识见不广、积力有限,故内中存有诸多不足,更或急言竭论,不教不知,且因按区域顺序编排,中心区域体例偏大,敬请斧正,期待关注,万望海涵,非同客语。

历史是一面镜子,照亮别人,也照亮自己;文化是一撮火苗,点燃古人,也点燃来者。名胜古迹是一个民族的独特印记,是一部生动的教科书,以此类推,心为一慰,挖心搜胆,深思自勉。

书中的图片除已署名的外,其他由周思聪、李博、江浩、侯长皓、周子轩、翁志刚等人拍摄,在此谨表谢意。

壬寅年春